Mouche-toi, Cléopâtre...

FRANÇOISE XENAKIS | *ŒUVRES*

Françoise Xenakis

Mouche-toi, Cléopâtre...

Éditions J'ai lu

Pour Iani

Pour Mâkhi.
Pour David.

Il va de soi que les dates éventuellement citées dans ce récit sont
à compter avant J.-C.!

Fx.

« Il n'y a pas une pinute à merdre. »

Lorsqu'elle était à bout, et elle l'était, elle inversait les mots des phrases qu'elle composait dans sa tête. Elle les ruminait, tels les prêtres des temples leurs prières, des heures durant. Ça avait d'abord été un jeu, puis, lorsqu'elle avait été obligée d'apparaître calme, hiératique, comme aujourd'hui, où depuis l'aube elle se tenait assise, droite, souveraine, ce jeu était devenu sa survie. Alors elle égrenait des chapelets de violence tout en souriant, figée, belle, si belle. Sereine, comme en conversation avec un au-delà.

« Il n'y a pas une pinute à merdre. Cette mascarade doit cesser. Il faut, et très vite, que je le fasse comprendre à ce ventre mou assis là, l'échine molle, à côté de moi : mon frère. Mais encore faut-il que je lui traduise, et dans son langage à lui, l'usuel, le pauvre ! » Alors, tout en souriant aux grands prêtres, elle lui murmura, faisant chanter ses voyelles — c'était son charme —, elle lui murmura sans qu'un trait de son visage bougeât, elle lui murmura :

— Il faut nous enfuir d'ici, toi et moi.

Il leva un sourcil, réussit presque à redresser son dos — né voûté — et croassa un :

— Tu n'y penses pas, nous voulons l'espérer.

Il adorait ce langage maquillé de componction qu'il croyait royal et continua de saluer les invités qui ne les regardaient pas, occupés, eux, à bâfrer.

« Que les yeux me tombent si je reste un instant de plus dans ce milieu où chacun s'empiffre, se fait vomir puis revient et chante sans joie et rit sans rire. Je le vois dans leurs regards vides. »

Les danseuses sacrées ont bu, elles aussi, trop bu, et nues, le corps oint d'huiles parfumées, se sont sur ordre, ainsi que quelques esclaves hommes noirs, mêlées aux dames de l'aristocratie. Maintenant des cercles se soudent et se dessoudent au travers des couches drapées de soies venues de l'Inde. La jeune femme, du haut de son trône, regarde une femme qu'elle connaît – c'est l'épouse d'un de ses dignitaires – s'emparer d'un sexe de marbre blanc qu'elle fait doucement – après avoir longuement caressé et la danseuse de sa main huilée et l'objet de marbre – doucement pénétrer au plus creux de l'esclave qui, yeux clos, corps arqué, râle.

Les couples s'arrêtent de copuler. Applaudissent.

Des serviteurs courent, amènent des arçons de bois où l'on attache des jeunes gens, et ceux qui veulent et peuvent encore se lever se dressent pour les fouetter. Sûrs qu'ils sont en train d'inventer un nouveau jeu et que leur sexe aux artères trop engorgées de mauvaise graisse va s'irriguer et enfin se dresser.

« Oui, que les yeux me tombent si je reste un instant de plus à cette fête : le mariage de Cléopâtre, fille de l'Aulète, l'ivrogne dit la Flûte non pour son sens de la musique mais bien pour le menu de ses jambes ! Ô Aulète... » Son visage figé semble s'animer. « Je crois bien que je t'aimais, vieux sac à vin... Le mariage de Cléopâtre, reine d'Égypte, moi ici présente, avec mon frère Ptolémée. »

Elle est debout maintenant, la petite Cléopâtre : qu'elle est menue ! Elle court. Quitter, quitter au plus vite cette immense salle où des centaines d'invités gisent ! Ivres morts. Les jeux sont finis, faute de participants. Alors les serviteurs et les esclaves, qui ont peut-être simulé l'ivresse, eux, se secouent et commencent à partir, mais à reculons — on ne sait jamais ! un de ces nantis peut encore avoir une colère s'il voit un esclave le regarder... Elle court, Cléopâtre, vers ses appartements qu'elle a voulus loin des salles de réception.

Nue, assise sur les dalles de granit rose et gris de la salle d'eau, de soins et de sports qui jouxte sa chambre à dormir, chambre d'apparat — elle dort le plus souvent à la belle étoile, ou dans une toute petite chambre, sous une couverture de berger posée à même le sol —, une petite jeune fille rousse aux cheveux bouclés court, aux yeux verts, si ronds lorsqu'ils sont lavés de tout maquillage, d'une pierre ponce rageuse se polit l'entrecuisse — elle ne supporte pas les poils qui lui sont poussés en cet endroit au moment de la puberté. D'un bond elle se lève, se plante devant un gigantesque miroir d'argent, poli, serti dans un portant d'ébène et d'or, et passe alors lentement ses mains d'enfant sur ses petits seins, si menus et si curieusement écartés, descend jusqu'à ses hanches, étroites et plates, et laisse une main descendre le long de ses fesses — elle aime le frisson qui la saisit alors —, de ses fesses qu'elle a hautes et serrées comme celles de ces jeunes garçons noirs qui viennent du fond de son pays pour la servir, tandis que de l'autre main elle se caresse, en un rythme qui n'est qu'à elle. Le même depuis sa plus petite enfance, là, à l'intérieur des plis qu'elle épilait tout à l'heure. Pressée, elle s'allonge, s'arrête de respirer un long temps, puis gémit avant que tout son corps ne s'apaise, que son visage ne rosisse et qu'un peu de sueur ne perle au-dessus de ses lèvres entrouvertes. Prête au sommeil. Pourtant elle se redresse, appelle ses serviteurs, s'irrite. Vite, que dans l'instant on apporte sa perruque, une perruque faite de cheveux lisses et noirs venus de Chine, à la frange si lourde qu'elle lui mange le front et lui fait rougir les oreilles trop enserrées dans ce carcan.

Qu'elle redevienne à nouveau la déesse Isis, dispensatrice de vie et de mort, Isis, maîtresse des phases de la lune, du cours des saisons, des crues et décrues du Nil. Isis, maîtresse absolue de la fécondité des bêtes et des plantes ; reine du soleil et du royaume des ombres, Cléopâtre, septième du nom, reine d'Égypte, princesse grecque, héritière d'Alexandre le Grand, va aller, elle, et son mètre cinquante et ses quarante kilos, chasser de son palais tous ces notables vulgaires venus assister à ce mariage, vital pour la survie de ce royaume. Son royaume.

Ce matin-là — on était au printemps de l'an 51 —, les prêtres de la cour — ils ne croyaient en rien, mais le peuple, lui, si —, mêlant des rituels de la religion grecque antique aux fastes de celle née en Égypte au temps des pharaons, avaient donc marié Cléopâtre, dix-huit ans, à son frère Ptolémée XIV, quatorze ans, pour obéir, disaient-ils, au testament de leur père, le roi Ptolémée, dernier descendant de Lagos, héritier de l'Égypte à la mort d'Alexandre le Grand. Héritier ? A tout dire, Alexandre, à la veille de sa mort, avait murmuré à ses généraux quelque chose comme un « au meilleur » ou « au plus digne » et chacun s'était alors taillé sa part à coups d'épée ! C'est ainsi que Lagos « hérita » de l'Égypte et que naquit la dynastie des Ptolémées jusqu'à ce père, mort dans une dernière soûlographie qui l'avait fait exploser au même instant par le haut et par le bas.

L'ordre de procéder à ce mariage était venu de Rome, à qui il avait eu le temps, acculé, ruiné, de « vendre » son royaume ; soleil du monde civilisé, Rome qui voyait d'un bon œil une terre aussi fertile, aussi riche, régentée par deux enfants ; le temps venu, rien ne serait plus facile que de s'annexer cette partie du monde. Mais, pour l'instant, les difficultés intérieures à Rome étaient telles... César n'en finissait pas de se débattre avec Pompée... « Alors qui envoyer là-bas ? Hein ? Un bouseux qui à peine arrivé se couronnerait d'or et se prendrait pour un pharaon ? Il paraît que ce pays rend fou. Autant laisser ces deux enfants-là occuper la place jusqu'à ce qu'on arrive », s'était dit Jules César : idée qu'il fit accepter par le sénat — il parlait si bien ! Et eux, ces enfants de soûlard ravis d'être monarques, ne pourraient que lui ouvrir, béants, les coffres du royaume ! Il en était persuadé.

Mariés ! Cléopâtre et Ptolémée XIV, eux, que leurs nourrices et précepteurs respectifs avaient élevés, dressés, dans la haine l'un de l'autre, chacun pariant que le moment venu « son » élève serait, quitte à aider la nature, l'unique maître de l'Égypte, et alors « à eux les honneurs et les richesses » !

*
**

Cléopâtre ne trouva plus dans la grande salle du palais que son frère Ptolémée XIV — il avait roulé de son trône — endormi, une main en coquille sur son petit sexe, l'autre repliée sous sa joue droite. Pothin, son eunuque préféré, celui qui lui servait de père, de mère et de valet — Nounou, se souvint Cléopâtre, l'appelait la Fille, et elle ajoutait même chaque fois qu'elle devait prononcer son nom : « aussi coupé de la tête que du milieu » — tandis que Pothin donc, qui ne le quittait jamais, dormait, lui aussi, mais entre les bras d'un gigantesque Noir et à l'autre bout de la salle vers les baies — ils avaient dû chercher un peu d'air frais.

Cléopâtre contempla un long temps son frère endormi... Il avait le visage enfin doux. « Dommage, peut-être que... Mais c'est trop tard, Pothin en a déjà fait une chenille molle. Même assis sur un tabouret à côté de moi, il ne me servira à rien. Tant de l'Égypte j'entends faire un gigantesque royaume. Un royaume qui recouvrira toutes les terres perdues d'Alexandre. » Alexandre le Grand, l'homme-dieu qui habitait ses rêves depuis son enfance solitaire.

A ce moment-là, une goulée d'air, lourde de tous les parfums venus des jardins où l'on cultivait des fleurs du monde entier, envahit la salle de banquet, balayant toutes les odeurs rances des humains, et Cléopâtre prit cela pour un doux signe des dieux.

Alors, recouverte d'une cape ocre, la petite reine du soleil et des aubes courut aux écuries. Là on lui prépara un char à deux chevaux. Elle le conduisit seule. Traversant Alexandrie endormie — des lampes à huile éclairaient encore quelques cabarets d'où l'on entendait sortir des rires : elle s'arrêta devant le portique de l'un d'eux pour acheter un melon d'eau —, Cléopâtre allait à son rendez-vous nocturne... dévêtue. Elle aurait voulu vivre perpétuellement nue, et lorsqu'elle n'était pas obligée d'être habillée en déesse elle se couvrait seulement de pièces d'un lin blanc crémeux, accroché sur son épaule par une simple broche d'or brut, elle qui possédait les plus beaux bijoux venus d'Orient et de Mycènes. Dévêtue, comme chaque nuit, elle se coula dans la mer calme à cette heure-là, éclairée par le seul phare d'Alexandrie dont les feux montaient jusqu'au plus profond du ciel, et nagea, nagea — jusqu'à épuisement, incapable pourtant cette nuit de se laver de tout. Et insouciante, de rire, rire tout en mordant à pleines dents dans son melon d'eau, sa passion. Émerveillée d'être là, entre ciel et mer et pas écrasée. Miracle terrifiant.

Le petit Ptolémée, mais oui, l'avait émue ce soir, endormi, si seul lui aussi. Pourtant, hier encore, elle le haïssait. Hier encore, les mains gantées de gros gants, tous deux s'étaient battus sous l'œil du maître du gymnase, et le maître avait dû arrêter la lutte tant aucun ne respectait les règles du jeu. Très vite Ptolémée avait arraché le gant de sa main droite, rageur l'avait jeté au sol et de ses doigts avait agrippé les boucles de sa sœur pour lui tirer la tête en arrière : qu'elle plie, tandis qu'elle le mordait au bas du ventre, rageuse, elle, de ne trouver pour y planter ses dents qu'un petit sexe replié et moite. C'est lui qui s'était écroulé, hurlant de douleur et de terreur. Redevenue sereine, elle avait alors elle aussi quitté ses gants, salué comme il convenait le maître de la salle, rechaussé ses cothurnes faits pour la grandir — sa taille exiguë l'humiliait au plus haut point — puis vite chipé un citron dans une coupe et l'avait pressé contre ses lèvres... Chasser l'odeur de ce frère qu'elle ne supportait tout simplement pas ! Quant à lui, il était en train d'ôter les morceaux de verre pilé qu'il avait cachés dans sa culotte ; connaissant les ruses de Cléopâtre, il avait espéré qu'elle s'y blesserait, mais il y avait longtemps qu'elle connaissait ce stratagème. En vérité, on le lui avait signalé et elle ne tapait ni ne mordait jamais là où il pensait qu'elle taperait ou mordrait !

Revenue sur la plage, elle se secoue, s'enroule dans sa cape. Elle ne rentrera pas au palais où personne ne l'attend, où personne d'ailleurs ne l'a jamais attendue. Nounou peut-être, autrefois. Mais morte depuis si longtemps déjà ! Empoisonnée — elle était toute bleue —, par qui... ?

Depuis, Cléopâtre se voulait seule, refusant à quiconque de se dire son ami. Elle étudiait, avec des maîtres venus de Grèce, jusqu'à ce que ses yeux se ferment et il était des jours où astronomie, hébreu, littérature grecque, mathématiques, latin — elle détestait cette langue bâtarde —, histoire du monde, commerce et politique ajoutés à l'arabe, au syrien, au mède, au parthe et quelques autres langues locales se mêlaient un peu ! Il lui arrivait même de se réveiller terrorisée, sa tête ne sachant plus en quelle langue rêver. Mais tout cela était bien le moins à faire pour une reine d'Égypte qui voulait reconquérir le royaume perdu de son unique dieu : Alexandre. Et tandis qu'allongée entre les jambes de ses chevaux, qui en avaient l'habitude et ne bougeaient plus, elle s'endormait enfin, jeune épousée du matin, elle eut encore le temps de se dire qu'il allait lui falloir préparer une flotte et aller à Rome rencontrer Pompée ou César. César peut-être, oui, César, il était plus jeune, elle s'entendrait mieux avec lui. Pompée, lui, connaissait trop son père et son sens effréné des complots politiques qu'ils avaient pourtant semblé partager si longtemps. Et elle sourit, mutine : « Je l'attraperai, celui-là, je me ferai miel, hydromel, louve et petit tigre à la fois. Que les Romains cessent de nous étrangler. Tous ces impôts, tout cet or perdu ! C'est du pillage. Moi, Cléopâtre, septième reine d'Égypte, je bâtirai un royaume unique. » Puis elle eut encore tout un frémissement du corps. Des éclats de rixes portés par le vent arrivaient jusqu'à sa plage, des hommes ivres s'injuriaient en hébreu, en araméen, en grec. Et, aussi impérative que naïve, si jeune ! elle se murmura encore : « Je me donne dix ans pour que tous ces hommes riches seulement de leur ailleurs ajouté à leur pauvreté, par mon vouloir, parlent tous grec ! Et alors nous serons le plus grand royaume du monde... »

... Injures imagées qui l'amusaient toujours, elle, la déesse d'Isis et d'Aphrodite revenue sur terre dans le corps d'une jeune reine. Reine d'un immense et fabuleusement riche royaume, mariée ce matin même à son jeune frère, enclin, lui, à écouter les flatteries les plus immédiates. Ce qui, disaient certains courtisans, arrangeait bien sa sœur. C'était peut-être vrai. En tout cas, le temps venu, s'il le fallait, elle se débarrasserait de lui par le poison ou la noyade. La noyade. Il adorait parader, ce coq déjà lourd du ventre, à l'avant de son bateau personnel, revêtu d'une cuirasse d'or pur... Avant, elle essaierait, et vraiment, de régner avec lui. Oui, vraiment, puisque tel était le vœu du roi, leur père...

Mais les dieux malins, tandis qu'elle avait cette dernière noble pensée, les dieux malins et pervers préparaient-ils un de leurs pièges qui font que les humains parfois se traînent des siècles durant dans les ténèbres, punis de n'avoir fait que leur obéir ? En tout cas, les dieux au même moment faisaient rêver Ptolémée XIV qui avait beaucoup trop mangé de gibier faisandé, cuit dans le miel — c'était sa passion, mais quelle pierre de marbre après dans le corps ! — rêver qu'il offrait à sa sœur, épousée le matin même, une corbeille de fleurs et de fruits — des poires, des pêches, des cerises venues de l'Attique — dans laquelle il avait caché un aspic noir affamé ; et elle, avec sa manie de toujours s'exhiber nue dans ses appartements (« Je suis vraie ainsi ») et avec son amour exacerbé des parfums, allait se pencher, yeux fermés, attendant que les odeurs montent en elle, ouverte, prête. Et alors...

*
* *

— Veux-tu bien, sale gnome aux bourses plates où aucune semence n'est encore venue gîter, quitter mes appartements ! Qui t'a permis d'entrer chez moi ?

— Mais tu es ma femme et je suis un homme. Aussi je veux être le premier à te couvrir !

— Écoute-moi bien, limace baveuse. Je te fais étrangler au lacet dans l'instant par ma garde noire, ou mieux je te livre à eux, graine de fille, si tu ne disparais pas dans l'instant, sac à vent. Dehors, toi et ton sexe recroquevillé comme un oxyure qui à la sortie a rencontré la lumière pour la première et la dernière fois.

Bras tendu, visage courroucé, elle était, Cléopâtre, l'expression parfaite de la colère provoquée par un outrage grave, tandis que montait d'elle une longue plainte muette, d'habitude mieux cachée...

« Ô mon petit, mon fragile ! Maudits soient ceux qui nous ont élevés dans la haine l'un de l'autre. »

*
* *

Et ce soir-là, terrorisés, trop soûls de solitude et de l'indifférence des autres, ils se sont endormis l'un contre l'autre. Innocents.

Lui cherche le sein de sa sœur, et elle, consciente de remplacer la mère que ni l'un ni l'autre n'ont eue — personne ne sait plus de quel ventre ces deux-là sont nés, est-ce bien du même ? — consciente, elle le laisse poser sa bouche sur son petit bout de sein brun qui se dresse... Elle sourit et même un instant caresse les cheveux de l'adolescent. Trêve.

***
****

Elle court sur la plage, juste au bord de la frange mouillée. Elle enfonce, fort, ses talons, que le sable s'envole ! Un jeune bouc terrorisé s'est mis à courir à l'avant du troupeau. Et la course commence entre la jeune fille et les centaines de chèvres et de brebis, le jeune bouc s'arrête aussi soudainement qu'il s'est emballé... et fixe Cléopâtre qui approche, robe de lin trempée. Elle aime cet instant de fraîcheur où son corps toujours brûlant semble s'apaiser. Elle saisit l'animal aux cornes et elle, pieds nus dans le sable, lui, les sabots enfoncés à l'équerre, tous deux arc-boutés, engagent la bataille. Ils se connaissent et aiment ce jeu. Elle veut, elle doit lui faire plier la tête, puis le poitrail et enfin les genoux. Après ils resteront l'un contre l'autre, accroupis au sol, occupés à reprendre leur souffle. Elle aime son odeur. Aujourd'hui elle gagne très vite. Car, aujourd'hui, elle est fière, elle a fait remettre aux autorités romaines des prisonniers égyptiens : les assassins des deux fils de Bibulus, un notable romain vivant à Alexandrie. Et les autorités les ont de nouveau fait remettre à la reine Cléopâtre : « Qu'elle les punisse elle-même, ce sont ses sujets. » Les prisonniers étaient suivis de serviteurs chargés de présents en remerciement de sa loyauté envers la grande Rome ! Cléopâtre, choquée par les manœuvres maladroites et hâtivement pensées de son frère, avait décidé seule de ce geste amical envers les occupants romains, tant elle était effrayée de ce frère-époux, asservi aux trois gredins responsables de son éducation, gredins qui pour mieux le dominer et l'abîmer assouvissaient tous ses désirs. Horrifiée de les voir, Pothin en tête, suivi de Théodote, le précepteur grec, qui n'hésitait pas à maquiller lois et théories — qu'elles ne contrarient pas son jeune élève ! — et pour finir Achillas l'Égyptien, général de son armée, mais qui occupait surtout ses jours à fournir des petits garçons au jeune roi que les femmes terrorisaient par trop. Coupé de toute vérité, le jeune Ptolémée, de plus en plus souvent ivre et drogué — on lui avait fait découvrir le vin, la bière et le pavot dès sa plus jeune enfance —, s'essayait à des rêves d'indépendance auxquels les trois autres applaudissaient, sûrs que, le temps venu, ils se débarrasseraient de cet enfant malingre et prendraient, eux, le pouvoir. Si chacun des trois pensait seul ? Oui, bien évidemment. Il arrivait qu'ils simulent des batailles dans les salles du palais : d'un côté les Romains que l'on rossait — cela pouvait aller jusqu'à de vrais massacres —, de l'autre les fausses troupes royales que l'on fleurissait et honorait. Titubant, Ptolémée s'approchait des esclaves déguisés en guerriers égyptiens et s'essayait à prononcer des discours verbeux... Mais, le plus souvent, il s'écroulait, assommé par les mélanges que lui faisaient préparer les trois autres. Alors les esclaves retiraient leurs armures, retournaient à leurs occupations, et les trois maîtres à leurs complots.

La veille, ses trois précepteurs, qui s'ennuyaient,

l'avaient persuadé de faire une grande fête pour flatter les naseaux des dieux et que ceux-ci se prononcent définitivement pour lui seul, Ptolémée XIV, roi d'Égypte. Une âcre fumée montait des cent bœufs et des cinq cents moutons qui grillaient en même temps, et Pothin murmurait, inlassable, à l'oreille du jeune homme :

— Il nous faut nous désengager.

Il avait abandonné depuis quelque temps le *vous* pour un *nous* que l'esprit toujours embrumé du jeune roi n'avait pas remarqué.

— Majesté, écoutez-moi, il nous faut nous désengager de ce pouvoir romain qui n'est qu'un parasite, une arapède sur notre royaume. Votre puissance (là, il disait *votre* avant puissance, il se méfiait encore un peu), votre puissance est telle, notre armée si forte, notre peuple ne veut que vous. Et tous ces impôts, toutes ces fortunes embarqués vers Rome nous reviennent de droit divin. Mais d'abord (il baissa la voix), il faut écarter votre sœur qui par jalousie devant votre puissance (il savait que pour réveiller le jeune ivrogne il fallait que le mot « puissance » revienne souvent) ne jure que par les occupants romains. Et elle vient de faire acte d'obéissance à leur égard : en leur livrant des Égyptiens qui auraient assassiné je ne sais qui, ce qui ne peut que la faire préférer à nous ! C'est une collaboratrice, elle les a choisis contre vous (là, il disait bien *vous*), elle prépare peut-être avec eux votre perte. Il faut agir, Majesté, peut-être a-t-elle même déjà reçu des assurances... Il faut agir vite et fort. D'abord la chasser, elle, puis, après, organiser une provocation contre les Romains. Alors il y aura guerre et nous la gagnerons, c'est évident. Mais je vous en prie, ô grand roi (et là il se fait doux, insinuant, caressant et c'est tout bas, tout contre l'oreille de Ptolémée qu'il continue), j'ai dit

« peut-être » deux fois, ô Votre Suprême Majesté, par respect pour votre épouse, votre sœur. En vérité, je le sais, elle a déjà fait alliance avec eux pour vous faire assassiner.

Il se tait un instant, car le jeune roi est vert, malade, secoué de rots et occupé à empêcher une envie de vomir de se concrétiser sur son collier de turquoises et d'or qui recouvre sa menue poitrine. En vain, le vomissement gicle.

A ce même moment, Cléopâtre, bien qu'elle n'ait pas été conviée à cette gigantesque fête, se présente, désireuse d'assumer son rôle conjoint de reine d'Égypte, et, peut-être aussi, soucieuse de le protéger, lui, encore de ses maîtres flatteurs. Mais il est furieux d'avoir vomi comme un enfant. Alors Sa Majesté Ptolémée XIV se veut grande, royale, mais ne sait qu'être teigneuse. Aussi, un peu dessoûlé, il se lève de son trône, laisse Cléopâtre s'avancer vers lui et lui crache au visage un jus tiède fait de bile, de vin et de bière aigre.

Il éructe :

— Fais gaffe, Cléopâtre, on te tondra, salope ! On te traînera par les cheveux, puis on te tuera...

— ... Un peu d'ordre dans tes projets, veux-tu, roi de mes deux que je n'ai pas, Dieu merci ! Si on me tond, comment veux-tu que l'on me traîne ensuite par les cheveux ? Et as-tu vu la longueur de mes cheveux, connard, minable connard ? Tu baves des cruautés sans même en comprendre le sens, pauvre chiffe, pauvre morve grasse et bleue de fin de rhume. Tu es si peureux qu'à ton premier combat tu te noieras dans ta pisse ! Tes trois maîtres ont fait de toi une chiure de mouche.

Et puis, parce que la colère l'a fatiguée et que, comme chaque fois, elle regrette sa violence une fois qu'elle en est sortie, elle se murmure : « Il n'a personne pour l'aider, pas même moi, occupée à me durcir pour survivre. » Et elle se souvient à nouveau de sa nounou qui la faisait marcher pieds nus sur des cailloux pas encore érodés par la mer. Les pieds en sang, la petite Cléopâtre pleurait : « Mais pourquoi, Nounou ? — Il faut que ton cœur soit encore plus dur que tes pieds si tu veux survivre. »

« Il a les pieds trop tendres, mon petit frère-époux. »

**
***

On était à l'orée de l'hiver de l'an 48, Cléopâtre avait été par trop naïve. Il lui fallut s'enfuir. Son frère était certes un imbécile, mais il était roi. Et elle, n'était-elle pas la reine d'Égypte ? Certes, mais femme aussi. Et les trois valets de son frère avaient levé une armée contre elle, massacré sa garde personnelle, et, ce matin, son chien qui s'était jeté sur le lait d'ânesse apporté pour qu'elle s'en lave le visage et les mains était mort dans de longues, très longues convulsions. Empoisonné.

« Pauvres pieds plats ! pas même capables de connaître un poison rapide — ça, je le sais, moi. Ou alors ils sont si perfides qu'ils ont choisi volontairement un poison lent, que la torture soit plus longue. »

Elle quitta, seule, le palais, déguisée en nomade. Mêlée à un groupe de marchands, elle put rejoindre la Syrie. Elle ne mit guère qu'un mois. Là, elle se fit reconnaître de quelques généraux grecs et de leurs légions oubliées dans les sables. Généraux amis de son père, restés fidèles aux vœux du roi défunt ? ou désireux de rentrer en ville pour enfin dépouiller moins pauvres qu'eux ? En tout cas, ils l'aidèrent.

... Elle échappa à tous les poisons, à tous les filets,

à toutes les épées que son frère envoya contre elle, et, paysanne parmi les paysans, marchande parmi les marchands, à la tête d'une armée de mercenaires de quelques milliers d'hommes ajoutés à ses quelques bataillons réguliers, tous en haillons, tous malades des fièvres, traversa le désert. Un matin elle engagea la bataille avec son frère qui s'était, entre-temps, fait sacrer unique roi d'Égypte à Alexandrie... Son âge ? Elle avait vingt ans environ.

Engagea-t-elle le combat trop près de la mer ? s'était-elle embarrassée d'hommes trop las qui ne voulaient plus se battre ? Acculée, cernée de morts à la nuit, il lui fallut à nouveau s'enfuir. Mais elle n'alla pas bien loin cette fois. Entourée de quatre soldats qui avaient juré de ne jamais la quitter, elle se cacha au milieu des brigands, des exclus, lépreux et prostituées malades qui vivaient groupés près d'une des portes d'Alexandrie. L'odeur... jamais — que les dieux la fassent vivre ce qu'ils veulent —, jamais elle ne pourrait se défaire de cette odeur de misère et de charogne. Les quatre soldats, pour se faire accepter par cette horde, jouèrent les pillards qui se sont emparés d'une proie de choix et bâtirent une cabane de pisé pour Cléopâtre reine d'Égypte, et jamais, jamais ne la laissèrent seule. Un allait tuer ou voler tandis que les trois autres la gardaient. Elle, enfouie sous des voiles, cuisait des galettes pour eux tous.

Et puis une nouvelle incroyable arriva jusqu'à eux. Son frère Ptolémée XIV avait fait assassiner Pompée ! le grand maître de Rome venu vers lui. Sûr qu'il n'avait plus besoin de personne, qu'il était dorénavant le seul roi d'Égypte, il avait fait mine d'inviter Pompée, qui, disait-on, las, fuyait Rome et Jules César pour finir des jours paisibles et luxueux à Alexandrie.

Un bateau couvert de feuilles d'or et dirigé par des rameurs du jeune roi s'était approché du grand bateau de Pompée, prétextant que le tirant d'eau de son bateau était trop grand pour accoster au pied des marches de marbre qui du palais descendaient jusqu'à la mer... Achillas, le maître des armées du jeune roi, s'était avancé et avait prié Pompée de descendre dans la petite barque au sol recouvert de tapis de soie rouge, lui affirmant que Ptolémée, roi d'Égypte, l'attendait sur la berge, entouré des offrandes rituelles, « si honoré qu'il ait choisi sa ville pour y demeurer »... A peine Pompée monté dans la barque, tous, sur ordre du général, sortirent un poignard de sous leurs robes et le massacrèrent.

Achillas, d'un seul élan, lui décolla la tête. Le jeune roi l'avait réclamée pour le dîner de ses chiens, mais lui, Achillas, voulait la mettre dans la saumure et la conserver. Il avait une idée : l'offrir à Jules César qui poursuivait Pompée.

Le soldat qui était revenu de la ville avec cette nouvelle n'en savait pas plus, si ce n'est que la ville était pleine de soldats en armes que Ptolémée avait fait revenir de tous les points forts qu'il tenait en Égypte. Soldats ravis de ne plus être brûlés de soleil, mourant de soif et mordus par les scorpions dès qu'ils se couchaient, mettant Alexandrie à feu et à sac depuis qu'ils étaient arrivés. D'ailleurs le ciel était constamment rouge au-dessus de la ville.

... Alors Cléopâtre, sans plus réfléchir, prend une barque et à l'aide d'une seule rame, que le bruit irrégulier n'alerte personne, à la fin elle fait même avancer l'embarcation de ses mains, accoste au creux d'une crique qu'elle seule quasiment connaît. Elle court aux écuries du palais ; là, elle se sait un ami, un des palefreniers — il aime tant sa manière de conduire à cru les chevaux ! Il lui annonce que

Jules César est arrivé le jour même et demeure dans son palais à elle, que pour l'instant Jules César se veut seul, occupé à vivre, dit-il, son deuil.

— On lui a ici en Égypte tué son ami, son vieux maître Pompée...

« Et amant », se murmure Cléopâtre, qui connaît très bien la chanson que chantent les soldats romains. Comment c'était déjà ? Elle relance l'air en elle ; que les mots lui reviennent. « Ah, ah ! vive Jules César, César le mari de toutes les femmes et la femme de tous les maris... » Oui, ce devait être à peu près cela. Agacée, elle supportait très mal d'avoir des trous de mémoire...

— Seul ? Tu dis qu'il est seul dans mon palais ? Dans mes appartements ?

— Enfin, presque seul... Il s'est recouvert le visage de cendres et il pleure et jeûne depuis ce matin.

« Ça ne peut sûrement que lui faire du bien et lui laver le sang et les humeurs », pense-t-elle encore.

Elle sourit, Cléopâtre... Lorsqu'elle a pris la barque et qu'elle est arrivée, mains nues, au palais, elle ne savait pas ce qu'elle venait y faire. Elle savait seulement qu'elle devait être là...

Droite, radieuse, elle va jouer son va-tout. Elle sait.

*
*

Mais d'abord elle retourne à la mer.

Là, elle demande au palefrenier de la laver :

— Brosse, je te l'ordonne.

Elle veut que cette odeur de mort et de carne qui semble sourdre d'elle disparaisse.

Puis, revenue au palais et cachée dans les écuries, elle ordonne au fils du palefrenier de se glisser dans son palais. Elle veut sa perruque, sa coiffe de reine d'Égypte, quelques bijoux. Elle hésite un instant. Elle se veut belle, la plus belle des plus belles. Comment va-t-elle se présenter à lui ? En déesse ? En petit lutteur ? Nue... ? Elle sait. Elle se bande les seins, qu'ils disparaissent, puis s'enduit le reste du corps d'huile de sésame, qu'elle puisse, si les gardes la saisissent, leur glisser des mains et s'enfuir, et enfile une chemise de lin trempée elle aussi dans l'huile, que ses hanches et ses jambes apparaissent, moulées... Un éphèbe. Par contre, le visage, son visage, sera celui de la reine Cléopâtre. Alors elle accentue le trapèze de khôl noir qui fait se rejoindre ses yeux et ses tempes, alourdit ses paupières de poudres vert et or, recouvre ses joues de fards ocre. Sa vie de sauvage lui a trop tanné le visage. Puis elle donne des ordres au palefrenier, subjugué à nouveau.

**
*

« ... Et s'il a le ventre plein de pets, gonflé et brillant comme un cadavre avant putréfaction ? et s'il a les yeux chassieux ? et s'il pue des dents ? et si je ne lui plais pas ? Mais qu'est-ce que je fais là ? pourquoi ne pas avoir plus longtemps réfléchi ? pourquoi ne pas lui avoir envoyé des émissaires ? quels émissaires ? tu n'as plus rien, ma mignonne. Reine de quoi ? des cailloux, des serpents et des scorpions du désert ! Des émissaires ? comme si tu en avais encore... » Dieu, qu'elle a peur, elle a mal au ventre. Si tout cela ne finit pas au plus vite, il va arriver un malheur...

« Bien sûr, j'aurais dû être plus soumise. D'abord être vraiment la femme de mon frère : je l'ai humilié, ce nain, et ça n'est jamais bon ; seuls les grands supportent la critique. Oui, être l'épouse de mon frère, contrôler que l'impôt est bien levé partout, m'offrir les soirs de trop grande froidure un giton magnifique et muet et accoucher d'enfants consanguins qui auraient été hydrocéphales, mort-nés ou que l'on aurait aidés à partir... J'aurais été une reine honorée et repue. J'aurais grossi et, doucement, me serais acheminée vers cet état d'obésité où tout alors doit être si doux. Encoconnée dans mes chairs, me cacher au milieu de mes chairs... Mais, bon Dieu, qui a osé me faire boire ce lait qui me fait ruer et n'obéir à personne ? et qui fait que je suis là, serrée, étouffée, depuis des heures dans ce tapis, de soie d'accord, mais Dieu qu'il pue ! Qu'est-ce qu'on a traîné comme carne dedans, ou quel est le chacal qui a pissé et conchié dessus ? Ou alors c'est cet homme, le seul à s'être incliné devant moi aux écuries et m'avoir obéi, qui pue le vieux bouc et la merde à ce point ? Et tout cela, tout cela pour charmer, ensorceler Jules César — ce bou-bic, ce Romain, ce terrien — pour qu'il me rende mon royaume et chasse cette brindille sèche de frère que j'ai là... Moi, reine d'Égypte, je n'ai plus qu'à jouer mes armes de femelle, et je dois gagner en un instant avant qu'il n'appelle sa garde. Mais comment vais-je le prendre, ce coliqueux de Jules César ! Coliqueux ? mais pourquoi ce mot me vient-il à la bouche ? » Bien sûr, elle avait entendu des ragots — les cours royales fourmillent de ce genre d'anecdotes —, ses conseillers riaient avec les émissaires venus de Rome et racontaient que César était obligé soudain d'arrêter de se battre et de relever sa toge...

Elle s'arrête. Était-ce vraiment bien le moment de se souvenir de toutes ces inepties ? En tout cas, ça fait reculer la terreur en elle... Tout se passera en quelques minutes : « Ou je gagne et le subjugue, ou il me fait assassiner, et ça sera tant mieux. »

*
**

Un homme a osé s'introduire dans la chambre d'apparat de la reine Cléopâtre où Jules César, épuisé par le voyage et, dit-il, le chagrin, se repose, seulement protégé par deux gardes endormis, ivres morts.

Un homme a osé s'introduire dans la chambre et s'approche de la couche où Jules César nu somnole, épuisé, soûl lui aussi de ce vin d'ici décidément très lourd — et ce goût de résiné qui fait que l'on ne se méfie pas.

Sur son épaule, l'homme porte un tapis roulé...

Jules César croit percevoir un mouvement sur les dalles de marbre, ouvre les yeux... L'homme alors se jette à terre, visage contre sol, et murmure : « Grand Jules César, mon maître te prie d'accepter ce présent venu du fond de l'Orient et tissé de fils de soie et d'or rien que pour toi... », et d'un mouvement de la main entrouvre le tapis et Cléopâtre apparaît.

Il était temps, plus que temps. Des heures elle est restée immobile, à la limite de l'asphyxie. Des grains de sable et de mica se sont accrochés à l'huile dont elle s'est enduite. Elle apparaît et, mutine, esquisse une révérence légère et virevoltante.

— Salut, Jules César. Bienvenue chez moi dans mon palais. J'espère que ma couche t'a été douce, car je dois te dire que tu es présentement couché dans mon lit et que moi, je n'ai pas dormi dans un lit depuis plus d'un an déjà. Car (et elle lui offre alors un de ses sourires qui lui relèvent un rien la

25

lèvre supérieure et qui affolent, elle le sait, toute la faune masculine — bêtes et hommes), car, je ne te l'ai pas dit, mais je suis Cléopâtre, reine d'Égypte, chassée par son frère, et viens te réclamer justice.

Alors, seulement, elle se prosterne, ne lui donnant plus à voir que la courbure de son dos et ses petites fesses.

Jules César — pourquoi ? lui qui ne se préoccupe jamais de ces choses-là — s'était, au moment où elle était apparue, comme recouvert le bas du corps d'un pan de tissu... Qu'elle était belle ! Muet. Pétrifié, Jules César ! D'abord il a eu peur, très peur, lorsqu'il a vu un homme dans sa chambre, un homme qui avait déjoué toute sa garde. Et puis elle est apparue, mi-femme mi-homme. Jamais, jamais il n'a vu un être aussi beau, aussi vif, non, jamais... Et cette myriade de scintillements sur son corps.

Mais elle s'avance, Cléopâtre.

— N'aie pas peur, Jules César.

Comment a-t-elle deviné ?

— Je ne suis pas venue te souhaiter seulement la bienvenue chez moi, mais aussi t'apporter, moi, reine d'Égypte, un présent. Tiens.

Elle lui tend une fleur d'or et au même instant appuie sur un petit poussoir : aussitôt la fleur s'ouvre et s'en envolent — au bout d'un fil d'argent — deux petits oiseaux d'or. Elle a gardé ce jouet depuis son enfance. Une caravane venue de Chine l'avait apporté à son père et elle, subjuguée — elle avait à peine quatre ans —, l'avait dérobé, et depuis, reine ou errante, elle a toujours emporté avec elle cette fleur qu'elle n'ouvrait que pour elle.

— C'est pour toi, César, je te la donne.

Enfant émerveillé, lui aussi, il tend la main, et ça n'est pas la fleur qu'il touche, mais sa main, sa toute petite main à elle qui tremble et qui, à peine posée dans la sienne, le fait trembler lui aussi.

Il se lève, bouleversé, veut saluer cette femme enfant belle comme une aube, lavée, là, de toutes les impuretés humaines, saluer cette femme enfant reine chassée et qui est revenue chez elle. Elle a osé, avec pour seule armée un valet, braver la force de Rome. Et elle rit, le corps lové dans ce lin mouillé qui se glisse au plus creux de son sexe. Constellée de morceaux de sable, elle brille. Le maquillage a coulé, elle a dû avoir si chaud dans ce tapis, combien d'heures y est-elle restée cachée, attendant le moment d'apparaître ! « Comme elle est belle ! » se chante-t-il, lui qui prenait toutes les femmes, celles qui lui plaisaient, certes, mais aussi celles qu'il devait diplomatiquement honorer pour affirmer son pouvoir, femmes d'amis à vaincre, lui l'amant hâtif qui ne s'était jamais soucié du plaisir de l'autre, sauf peut-être, adolescent, du moins jeune homme, lorsqu'il était devenu l'amant de Pompée, lui montrant ainsi qu'il le reconnaissait pour maître, et qu'exalté, heureux, fou d'admiration, il voulait que l'autre se perde de volupté en lui. Devenu Jules César, le grand, l'unique, il lâchait parfois tout de même, en un réflexe quasi urbain mais seulement quand le partenaire était une femme, un « Alors, heureuse ? » quand repu parfois mais toujours las et bien sûr déçu il se dégageait d'elle — l'union n'avait le plus souvent duré que le temps que prend à un bègue de dire : « Bonjour, madame, bonsoir, madame. » En effet, Jules César souffrait le plus souvent d'éjaculation précoce dans le meilleur des cas, car il lui arrivait aussi de s'endormir, exténué, avant d'avoir le membre assez raide pour pénétrer la dame. Et pourtant, oui, il cédait parfois aux rites urbains et murmurait, avant de se retourner et de s'endormir, un « Alors, heureuse ? » auquel les dames pas encore remises de la rapidité du voyage, à vrai dire toujours à quai, y allaient toutes bien sûr quand même d'un « Tu as été merveilleux, ô mon Jules... », sauf, sauf sa femme légitime, la douce, la terne, la fidèle Calpurnia aux ovaires secs comme des raisins de Corinthe séchés au soleil d'août qui, lorsqu'il la couvrait et qu'il y allait de son « Alors, heureuse ? » répondait, intimidée mais honnête (bête, bien sûr, disaient ses amies) : « Mais pourquoi faut-il que je le sois ? que vous le soyez, vous, me comble et m'honore. » Et lui, ma foi, heureux, soulagé, s'endormait, et alors ses cauchemars habituels arrivaient moins vite. Ce qui fait que depuis quelques années on lui prêtait plus d'aventures qu'il n'en avait vraiment, et, le plus souvent, quand le besoin de loin en loin s'en faisait sentir, c'était, lorsqu'il n'était pas en campagne, avec son épouse Calpurnia qu'il l'assouvissait, espérant aussi toujours que peut-être enfin naîtrait de ces étreintes-là un enfant : un fils.

Bien sûr, il était arrivé qu'après des combats durs, et pour oublier sa peur, il écrase encore sous lui des corps de jeunes soldats en sueur et aussi terrorisés que lui, mais il n'en avait plus jamais aimé un comme il avait aimé Pompée. Pompée, son maître, son père, son amant devenu son ennemi puisqu'il n'avait d'autre destinée que de devenir plus grand que lui.

Ébloui, il s'avance vers Cléopâtre, et, sa main dans la sienne, l'entraîne vers les baies de la chambre à dormir. Il veut que le ciel et les étoiles le voient, lui, Jules César, tenant par la main Cléopâtre, reine d'Égypte, reine enfant, bouleversante de beauté, de solidité et de fragilité mêlées. Elle parle, Cléopâtre, et chacun de ses mots entre en lui comme une couleur, comme une odeur, comme une lame de feu. Soudain il se souvient de Marc

Antoine. De retour d'Égypte, il lui avait raconté qu'il avait entr'aperçu une des filles de Ptolémée et que jamais, jamais « il n'avait entendu une voix pareille ». « Elle ne parle pas, elle chante », avait-il précisé. C'est vrai que sa voix chantait, mais surtout elle avait une façon à elle de poser des blancs avant de dire ses mots, puis soudain de les précipiter ou d'ajouter des accents là où les autres n'en posaient pas : « Que son grec est beau et chantant », avait dit encore Marc Antoine. Mais comment diable est-ce que tout cela avait pu rester dans sa tête caché et revenir là tout frais ? Il avait même ajouté : « Elle s'appelle Cléopâtre, et un jour je retournerai en Égypte pour elle. »

La voix disait :

— Je suis entrée, ici, pour vous réclamer vengeance... Mon frère, mon époux, disent les prêtres, m'a chassée puis a tué votre ami Pompée, ce qui entre nous — gens de pouvoir — arrange miraculeusement vos affaires ! même si je veux bien croire à votre peine. Vengeance et association. En échange, je suis venue vous offrir vaisseaux, or et soldats égyptiens, mais, avant, il faut que vous tuiez mon frère, un traître aux engagements de mon père envers Rome, « pour venger Pompée, le grand Pompée », répondrez-vous à ceux qui s'étonneront. Mais qui s'étonnera ?... Oui, j'ai tout bravé pour venir vous proposer ce marché. Et maintenant, voyez, je tremble. Mon corps plie aux genoux et le souffle me manque pour vous dire encore, pourtant il le faut, je crois, monsieur, que je vous aime... Aussi faites de moi ce que vous voulez.

Elle se laisse glisser au sol. Il faut que son cœur cesse de cogner ainsi et arrête d'envoyer si fort le sang dans ses veines. Il va finir par lui gicler des oreilles si elle ne se calme pas... « Mais qu'est-ce qui m'arrive ? qu'est-ce qui m'arrive ? »

Elle arrache sa perruque de reine d'Égypte aux cheveux trop noirs et à la frange trop lourde, ouvre la broche d'or qui retient sur son épaule sa robe de lin. Elle est nue. Seule la bandelette qu'elle a enroulée autour de sa poitrine demeure... alors il s'approche, César, et lentement, lentement, libère ses deux petits seins, puis la conduit vers la grande couche. Elle a peur, il le voit dans ses yeux. « C'est une enfant », et lui le soudard ne veut pas l'affoler ; alors il la couvre à nouveau de sa robe.

— Nous attendrons le temps que tu voudras et je ne te toucherai que lorsque tu le voudras vraiment, et que je sentirai que tu t'ouvres vraiment. Totalement.

... A même le sol, près du lit, il y a une coupe de marbre translucide — le pied en est un lion de lapis-lazuli —, une coupe que petite elle emportait dans ses bras d'une pièce à l'autre... C'était *sa* coupe. Il lui était arrivé dans sa fuite dans le désert, recroquevillée sous les chèvres pour avoir un peu de chaleur — il n'y a pas plus froid que le désert la nuit —, il lui était arrivé, à elle qui n'était pourtant intéressée par aucun bien matériel, de se demander ce qu'elle était devenue, cette coupe. Brisée ? Volée ? Non, elle était là, intacte, « trop belle, trop fine pour mon soudard et pillard de frère ». Elle était pleine de pêches et d'abricots arrivés des jardins, car les fruits étaient encore gonflés, et là où, il y a peu, ils étaient accrochés à l'arbre, la sève suintait en une grosse goutte grasse comme du sucre. Elle prend une pêche, Cléopâtre, la sépare en deux et de sa main minuscule — deux de ses ongles sont cassés, les autres sont noirs, sales — elle en tend une moitié à Jules César. Elle sourit, radieuse. Elle a les dents du bonheur et une fossette au haut de chaque joue. Elle sourit et dit, enfantine :

— Re-bonjour, Jules César. Vous ai-je bien dit que je suis Cléopâtre, reine d'Égypte, et que je suis venue vous dire que je rentrais chez moi, et que je suis heureuse et fière de vous recevoir en mon palais ? Cette moitié de pêche est le festin auquel je vous convie...

Puis elle se tut. Combien de temps se passa-t-il avant qu'elle ne dise d'une petite voix voilée — elle ne se connaissait pas cette voix-là :

— Et maintenant je suis à toi.

*
**

Lorsqu'elle se réveilla, ce qu'elle remarqua en premier, ce fut certes l'homme qui dormait auprès d'elle mais aussi qu'elle se réveillait les mains ouvertes, paumes offertes. C'était la première fois de sa vie. Enfant, Nounou venait la nuit lui desserrer les poings tant ses ongles, même coupés à ras, laissaient des marques de sang à l'intérieur de ses petites paumes crispées.

Jules César dormait encore, bouche mi-ouverte, corps à plat, ouvert, abandonné lui aussi. Ainsi, c'est cela se réveiller près d'un homme ? Contrairement à ce qu'avait d'abord cru Jules César, Cléopâtre n'était pas vierge. A treize ans, une femme — sur ordre de qui ? — lui avait patiemment tout appris de la volupté, puis avait choisi pour elle de jeunes esclaves qui, eux aussi, savaient tout de la douceur et de la violence des caresses. On changeait souvent les jeunes hommes pour qu'elle ne s'attache pas. Puis, lorsque Cléopâtre sut tout, on ne lui amena plus de jeunes gens dans sa chambre ! A Cléopâtre étonnée, la femme avait assuré que ces jeux n'étaient désormais plus nécessaires puisqu'elle les connaissait. S'il le fallait, un jour elle

s'en servirait... « Comme de l'hébreu ? ou du perse ?
— Exactement. » Puis à reculons, yeux baissés, elle
avait disparu à jamais, l'initiatrice !

Hier soir, Cléopâtre n'avait pas eu à montrer ses
connaissances et talents. D'abord elle n'y avait pas
pensé un instant. Menue, blottie sous Jules César,
elle ne voulait plus que se souvenir de ce corps qui
l'étreignait, de son odeur... Elle aimait son odeur,
elle se voulait vierge, elle se voulait à l'aube de la
vie, se voulait eau pure qui coule pour la première
fois sur des galets. Yeux clos, elle attendait que les
caresses viennent du maître qu'elle s'était choisi en
un instant, alors qu'elle était entrée dans la chambre bien décidée à se servir de lui. « Dieu, que son
accent grec est effroyable et ses temps de verbe
mal accordés ! »... Heureusement, très vite, en
amour il s'était contenté d'onomatopées. Mains et
jambes arc-boutées au-dessus d'elle, il criait maintenant, alors elle ouvrit les yeux et reçut au même
instant un court jet de sperme à peine tiédi sur sa
poitrine tandis qu'il s'écroulait :
— Je te demande pardon.

Comment avait-elle appelé cela, la femme qui lui
avait enseigné l'amour ? Ah ! oui : « éjaculation
précoce ». Elle lui avait dit, la femme, qu'il arrivait
que l'émotion entraîne ce genre d'accident. Elle
sourit, Cléopâtre, elle n'en était que plus émue, plus
bouleversée. « Je lui apprendrai... » Elle s'était penchée au-dessus de lui et ses mains s'étaient faites
ailes, plumes, soies. De caresse en caresse, elle avait
affolé ce corps épuisé, amaigri, vieillissant, puis
s'était glissée jusqu'au sexe, et de ses mains et de
ses lèvres l'avait alors conduit, lui, jusqu'au ver-
tige...
— Je veux te prendre, criait-il, je veux que tu sois
à moi.

32

— Mais je suis à toi, César, et à jamais. Peut-être même le regretteras-tu.

Enfin, il la pénétra, et bien sûr il arriva alors ce qui lui arrivait quasiment toujours... Mais il était si fier d'avoir résisté quelques minutes à ses caresses affolantes ! Pourtant, il n'y alla pas cette fois de son « Alors, heureuse ? ». Il savait, tout son corps l'avait perçu, qu'elle, la petite Cléopâtre reine d'Égypte et dorénavant sa maîtresse, lui avait beaucoup donné mais qu'elle n'avait rien reçu. Et pourtant, elle était radieuse, Cléopâtre. Sereine. Épanouie. D'emblée, elle avait aimé Jules César. Impressionnée certes par ce qu'il représentait, mais l'homme, sa force, sa lourdeur même la fascinaient, son âge aussi. Elle se sentait, et c'était la première fois de sa vie, l'envie de se glisser sous son épaule et d'avancer ainsi, sûre, alors que plus rien de mauvais ne pourrait lui arriver. Qu'importe que cet acte sexuel n'ait été pour elle qu'un effleurement, un verre d'eau tiède bu par grand-soif. L'intensité de l'amour qu'elle avait eu, elle, la reine enfant froide, plus, cynique, qu'elle avait eu dans l'instant pour lui, la balayait, la pénétrait, la brûlait, l'irradiait comme un glaive de feu au plus intime d'elle, et il n'était pas un jeune sexe si vigoureux, si ardent fût-il qui aurait pu lui donner cette jouissance-là. Celle-ci était suprême.

Avant l'aube, avant que la nouvelle garde n'arrive, Cléopâtre s'était levée de leur couche et était sortie de cette chambre d'apparat, trop lourde, où, lorsqu'elle vivait au palais, elle ne dormait jamais. Elle était sortie et avait couru vers sa chambre, sa vraie chambre, tandis que tous ses anciens serviteurs, mystérieusement prévenus, étaient là et se prosternaient à nouveau jusqu'au sol. Cléopâtre, leur reine, était revenue et avait passé la nuit dans la couche de Jules César, le maître des occupants. C'est qu'elle était à nouveau reine. Aussi des « Vive la reine », « Vive notre déesse », « Longue vie à notre Cléopâtre » fusaient à nouveau des bouches. Elle s'arrêta net dans sa course et posa son pied nu sur le dos aplati — mais pour le retirer très vite, dégoûtée — d'un de ses chambellans qui, avant de se prosterner, avait eu — elle l'avait parfaitement perçu — une expression de joie, mais si mal imitée, si mal contrôlée... Lui, le plus lâche parmi les plus lâches, le plus servile parmi les plus serviles.

— Debout, oxyure, si tu le peux encore.

Il resta agenouillé, terrorisé, mais réussit pourtant à redresser un peu la tête. Alors elle lui cracha seulement au visage parce que aujourd'hui le temps était au bonheur. « Au bonheur. » Et, tandis qu'elle courait, elle jouait, bouche fermée, avec ces syllabes-là. C'est ainsi que s'appelait cet ouragan-là ? Cette lave-là qui coulait en elle ? Ainsi c'était ça, le bonheur ?

Elle court, court, et arrive à sa petite chambre secrète, s'y enferme un instant, puis — elle glisse tant elle va vite — revient se coucher près de César, inquiet, comme s'il se sentait déjà abandonné.

— Attends, attends, César, et ne ris pas, s'il te plaît. Enfant, je m'étais inventé un père ou un dieu, je ne sais pas bien, un père ou un dieu, bien sûr lointain ! à qui je parlais et à qui je demandais aide. Et pour l'amadouer, en cachette des prêtres officiels qui m'auraient cherché des noises à n'en plus finir — concurrence ! — je lui offrais sur des pierres du miel et du lait, du doux. Alors, s'il te plaît — jure-moi que tu ne riras pas — alors, s'il te plaît, tu es là, tu es venu, je suis entrée ici pour te rouler, ou en tout cas pour me servir de toi, et quand j'ai vu ton regard, tes yeux, j'ai compris que cette fois, pour la première fois de ma vie, un ami m'était venu... Non, ne te moque pas de cet enfantillage, César, je suis aussi Cléopâtre, reine d'Égypte, et il m'a fallu tuer, empoisonner si souvent ! Non, ne te moque pas, mais je veux maintenant poser sur ton cœur un peu de lait, un peu de miel. Mon offrande. Mon merci.

— Mais dis-moi, reine d'Égypte et petit trognon de femme, il vaut mieux, cette offrande, la déposer au-dessus de mon sexe — car je suis ton homme maintenant.

Et il rit, d'un rire un rien gras, César fier, si fier. Ou ému, si ému qu'il n'a alors trouvé que la parade du fat ? Et Cléopâtre, l'enfant reine — elle avait alors vingt ans, tout juste vingt ans —, eut soudain un sourire, un sourire si las, si grave, si vieux déjà. Toute sa lucidité exacerbée depuis son enfance lui criait que César n'était qu'un homme, un homme comme les autres, et donc aussi un vaniteux, et qu'elle était en train d'en faire un homme-dieu, mais il le fallait. « Il le faut pour ma survie ? Ou parce que je l'aime et le crois aussi un homme-dieu ? » Elle sait bien qu'il n'y a pas de réponse, Cléopâtre, à cette question-là. Aussi elle lui sourit, et doucement dépose ses offrandes mais contre, tout contre son cœur. Et lui, ému ? flatté ? il la laisse faire. Puis il la prend dans ses bras, l'embrasse longuement et se frotte à elle.

— Moi aussi, je t'offre du miel et du lait sur ton cœur... On partage.

Non, jamais de sa vie il n'avait rencontré un petit animal aussi étrange que cette femme-là.

À l'aube, la nouvelle garde de César — il a chassé l'autre à coups de pied au cul —, entrée dans la chambre pour le réveiller, a été ébahie de voir ce petit éphèbe aux cheveux roux et bouclés contre lui. Ébahie et terrorisée. « Mais par où il est passé, çui-là ? la colère de Jules César va être terrible. » D'évidence, non ! Jules César rit, comme si c'était une farce préparée par lui, et demande du lait, des galettes, et aussi du poisson séché et des fruits, beaucoup de fruits. Et, stupéfaits, les serviteurs accourus voient cet homme grisonnant attendre que Cléopâtre ait mordu dans un fruit pour le lui prendre et mordre à son tour au même endroit, mettant ses dents dans les traces de celles de sa petite reine enfant...

Puis ils ont joué encore, dormi encore, mangé encore. Elle lui a même fait préparer ce que, dans le désert ou au palais, elle aimait plus que tout : du blé concassé mêlé à du lait de brebis, séché des jours durant sur les terrasses puis longuement bouilli, mais elle le lui fait servir dans un verre d'or massif, autour duquel courent en relief des taureaux et des tigres aux yeux d'émeraude.

— Je te l'offre, César. C'est un trésor qui vient de Mycènes...

Jamais Jules César, qui, au plus secret de lui, se rêvait l'empereur de Rome, sûr aussi qu'il était l'homme le plus puissant, non, jamais il ne s'était senti aussi petit, aussi ignorant. Un pan de vie gigantesque se fendait devant lui : « Je suis un bouseux devant cette femme enfant, cette reine enfant. »

Ils ont joué, dormi, parlé, mangé tout le jour. A la nuit, Cléopâtre a appelé ses masseurs et ses masseuses ; qu'ils détendent, apaisent et excitent son maître, son homme.

Pieds nus sur les mosaïques de sa salle de bains, elle l'entraîne :

— Viens voir mes dauphins volants. C'est un sculpteur venu de Grèce qui les a faits pour moi.

Elle lui montre sa baignoire d'albâtre, surmontée d'un mur fait de petites mosaïques d'or : au centre, une touffe de joncs d'or massif, la touffe est en relief et — « Attends, attends, Jules, regarde... écoute bien » — elle appuie il ne voit pas sur quoi, mais les quenouilles d'or s'ouvrent et des oiseaux constellés de pierres précieuses apparaissent et battent des ailes tandis qu'un concert de rossignols et de mésanges s'élève de tous les coins de la pièce.

Soufflé, émerveillé, il l'est, Jules César. Jamais il n'a vu de telles beautés ! Il a même, l'espace d'une seconde, la peur au ventre : « Dans quoi va-t-elle m'entraîner ? jusqu'où ? » Mais les musiciens de la reine arrivent. Heureuse, elle leur demande de jouer des cymbales et de la flûte, éloignant les percussions qu'elle trouve trop graves pour un soir comme celui-là, tandis que les masseuses détendent le corps de Jules César et qu'elle, enfantine, sans chercher à être provocante, ni nouvelle riche, lui raconte les merveilles de son royaume. Et toutes ses phrases commencent par des « Tu verras », et encore des « Tu verras ». Elle veut dorénavant tout partager avec lui. Sûre que cet homme et elle unis sauront tout vaincre.

Depuis la veille, elle était redevenue, et pour toujours, Cléopâtre, reine d'Égypte, et ce royaume, dorénavant, elle le partagerait avec l'homme qu'elle aimait : Jules César. Partager, quel magnifique mot ! Elle courait dans les salles de son palais et lui, plus calme, la suivait, souriant : « Ça, c'est à toi »... « C'est pour toi »... « Et ça et ça. » C'était la première fois que de sa bouche sortaient ces trois petits morceaux de mots-là, et dans cet ordre-là. Le choc fut tel, lorsqu'elle entendit ces mots gicler d'elle, qu'elle se laissa glisser au sol tandis que deux lourdes larmes coulaient de ses yeux — c'était la première fois de sa vie aussi que cette chose-là lui arrivait. Mais avant qu'elle ne les lape, ne les cache, lui, César, s'était accroupi et, doucement, doucement, de sa langue les avait pieusement recueillies.

— Ça aussi, c'est un cadeau, petite reine...

Épuisés, ils avaient fait apporter des couvertures dehors.

— Je veux que nous dormions sous mon ciel, avait-elle dit.

Lui, détendu comme il ne l'avait pas été depuis des années, s'était très vite endormi. Elle, elle avait longtemps suivi la marche des étoiles, qu'elle avait tant regardées lors de sa fuite de femme vaincue dans le désert où les nuits étaient si froides qu'à l'aube le sol était noir d'hirondelles mortes... Cette nuit-là, le ciel était plein de météores. Un chamelier lui avait dit que, parfois, les dieux lancent des traits de feu dans le ciel pour avertir un de leurs élus qu'il a à agir, et vite. C'était pour elle ces traces de feu... « Comment puis-je dire, penser une chose pareille, moi reine d'Égypte, déesse d'Isis certes, mais qui, au plus creux de moi, ne crois en aucun dieu ! »

Et pourtant elle reçut bien ces traits de feu comme un signe. Elle avait trop envie, là, de croire en quelque force. Elle eut comme un sourire, un rien cynique — « Combien de temps encore vais-je faire semblant de croire à un quelque chose, à un quelque part ? » — tandis que l'odeur des roses trémières, des iris et des giroflées, comme toujours à cette heure-là et en cette saison-là, explosait, parfumant l'air comme un cortège de femmes raffinées.

***

Pothin et Achillas se terraient dans les bas quartiers de la capitale, attendant de pouvoir rejoindre le jeune roi qui, lorsqu'il avait ordonné que l'on tue Pompée, avait fui de sa capitale : si les choses tournaient mal, il ne pourrait pas être mis en accusation.

César, qui poursuivait, lui, sur la mer Pompée, était entré dans Alexandrie un jour et une nuit après l'assassinat, mais dans une capitale vidée de son roi et de sa cour. Seul Théodote, le philosophe du roi, était resté, sur son ordre, ou plutôt sur celui de Pothin, pour offrir — gage d'obédience — pour offrir à Jules César la bague à cachet de Pompée arrachée de son médium. Sans un mot, César avait pris la bague, l'avait longuement regardée, puis, bras tendu, figé, dressé vers le ciel, avait attendu que toutes ses troupes aient les yeux fixés sur lui pour clamer : « Elle était à Pompée, elle ne sera plus à personne », et il l'avait jetée à la mer. Puis il s'était retourné vers Théodote et, de sa sandale droite, lui avait flanqué un énorme coup au cul qui l'avait envoyé rouler quinze marches plus bas :

— Va-t'en errer dans le désert, et que les dieux te punissent, toi et tes acolytes, pour ce meurtre de lâches, car cet homme venait vers vous mains tendues (« C'était moi qu'il fuyait », pensa-t-il). Et vous, ici, vous disiez être ses amis. Il vous a crus...

Suivi de ses quatre mille hommes, lui en tête mais précédé de ses vingt-quatre porteurs de faisceaux et haches, ses licteurs (en tant que consul, il n'avait droit qu'à douze, mais, dès qu'il avait su Pompée mort, il s'en était octroyé douze de plus : le maximum permis par Rome), c'est dans un silence total qu'il entra dans le palais et en prit possession.

Il fut frappé de ne pas y voir même un animal. A Rome, il y avait toujours un ou deux matous pour venir se frotter contre une jambe, même bottée, ou deux chiens gueulards pour couper un défilé. Ça n'est qu'une fois les portes du palais refermées que la rumeur de la ville ressuscita. Conscient qu'il devait frapper vite et rester le chef militaire suprême, Jules César s'était défait pourtant de sa cuirasse. Si las.

Et puis, et puis, il sent la crise venir : le haut mal, comme toujours après une émotion trop forte, arrivait. L'écume lui monte aux lèvres, son ventre et ses sphincters s'ouvrent. Il a pourtant le temps de donner l'ordre : que le jeune roi revienne en son palais et que l'on retrouve la reine ; il veut, dit-il, les réconcilier.

Il n'eut plus que le temps de se traîner jusqu'à une chambre au lit fait d'ébène et d'or, possédé, ravagé par une crise d'épilepsie.

Chaque fois qu'il était sur le point de gagner, la crise arrivait, une crise qui, passé sa violence, allait le laisser épuisé des jours durant.

Dès sa première nuit avec Cléopâtre, il lui avait tout raconté de cette maladie qui lui était venue, enfant, après qu'il était tombé d'un cheval qu'il dressait de ses jambes seulement, à cru, et les mains ostensiblement croisées dans le dos, sans mors ! « Moi vivante, il n'aura plus de crise. » Et elle alla chercher le bâton d'ivoire que ses gardes lui mettaient dans la bouche afin qu'il ne brise pas ses dents en les serrant et que l'on puisse lui tenir la langue de crainte qu'il ne s'étouffe avec.

Elle s'endormit enfin, se redessinant encore et encore, pour en mieux rêver, l'image de Jules César découvert exténué dans sa propre couche. Si beau... et ces flétrissures de l'âge qui faisaient sa peau trop tendre au bas du thorax la bouleversaient. Son père, la Flûte, était si petit, si abîmé, si dégradé, qu'elle était éperdue d'admiration devant cette maturité qu'elle trouvait tellement raffinée. Trop naïve, trop ignorante ou volontairement naïve et ignorante pour voir que, conscient de sa beauté, Jules César prenait le plus souvent des attitudes étudiées et corrigées des heures devant un miroir. Naïve encore un rien, elle n'avait pas vu, ou pas voulu voir aussi, que ses cheveux, qui commençaient à tomber, étaient ramenés en avant en un toupet comme une coquette, sans parler du maquillage refait deux fois par jour « pour masquer la fatigue », et que la bande de pourpre et la frange d'or de la toge qu'il avait revêtue au matin étaient encore plus lourdes et riches que celles d'un épicier levantin parvenu. C'était dire ! Quant à la perle qu'il portait au doigt... d'emblée mufle, il lui avait dit qu'il l'avait payée le prix de trois vaisseaux à quatre rangs de rameurs ! Alors elle avait couru à un de ses coffres pour y prendre un des sacs de soie rangés là par dizaines, et à pleines mains en avait sorti des perles d'un noir et d'un pur comme il n'en avait jamais vu auparavant. Ébloui, il avait joué avec, comme un chat avec des petites souris ; puis elle avait donné un ordre dans une langue qu'il ne connaissait pas. On avait apporté une coupe pleine d'un liquide ambré, et, avant qu'il n'ait eu le temps de bouger, Cléopâtre avait déversé tout un sac de perles dans ce liquide : un acide très fort...

— Eh bien, voilà, César, moi, je viens de faire disparaître l'équivalent de la flotte romaine.

Elle rit, la petite reine, un rien gênée pourtant :

— Là, j'ai été vulgaire comme mon frère ; quand je ne me contrôle pas, ça m'arrive.

Et d'ajouter, sincère d'ailleurs et sans doute pour se racheter :

— Je peux à nouveau t'offrir cent fois ces perles et pour cent flottes nouvelles, César.

Et tandis qu'elle dormait et qu'il dormait, enlacés certes, mais séparés — car il n'est pas d'amour si fort soit-il qui ne disparaisse devant le sommeil —, elle, midinette, enfin, rêvait de lui. Lui, maître de ses rêves — le plus souvent, il décidait de ce qu'il devait rêver. C'était aussi sa façon de faire des projets ; outre le désir, l'amour fou qu'il avait éprouvés pour la petite reine — depuis son adolescence, il tombait en un instant fou d'amour ; fou d'amour ou de désir, César s'était toujours servi indifféremment des deux mots ; il ne savait pas qu'ils n'avaient pas le même sens — outre l'amour-désir fou, et plus violent que celui qu'il avait éprouvé pour aucune autre, y compris ses trois épouses précédentes, outre cet amour-désir fou qui faisait qu'il voulait rester le plus longtemps possible près de Cléopâtre, il percevait que ce royaume était unique : le plus grand grenier de la Méditerranée. Ces terres-là regorgeaient de blé et d'or. Une porte ouverte, béante sur un Orient dont il pouvait devenir le maître. Il lui fallait maintenant endormir le petit roi Ptolémée, le faire revenir, puis le faire un peu plus tard disparaître — qu'est-ce qu'un sale gamin roi pour un homme comme César qui avait fait tuer un million d'hommes en Gaule ? Oui, le faire disparaître le moment venu, mais, avant, remettre sur le trône le frère et la sœur, que la ville, passé la terreur, ne se rebelle pas contre lui : l'occupant romain. Alors, uni à sa petite reine, heureux, comblé, il deviendrait, lui, le maître de l'Orient et de l'Occident.

Dès le deuxième jour de son arrivée, ce projet s'était niché en lui et chaque nuit il le peaufinait en rêve.

Aujourd'hui, elle a voulu que Jules César vienne avec elle jusqu'à sa crique favorite. Ils ont nagé, nagé. D'abord elle a fait semblant de ne pas savoir, plus, elle a simulé la peur de l'eau ; qu'il lui apprenne ! Et lui, vaniteux bien sûr, l'a crue ! Alors il la tient, une main sous sa tête, l'autre sous son sexe, et lui enseigne les mouvements. « Plus souples, tes pieds, Cléo, moins vite. » Elle fait mine de ne pas comprendre, elle joue la peur, la terreur, s'accroche à son cou, enfant enfin...

Ce matin-là, Jules César a convoqué Ptolémée enfin revenu et bien sûr Cléopâtre. La tête de Ptolémée XIV et des quelques ministres qui lui restent devant l'apparition de sa sœur, revêtue de ses atours de reine ! Là, digne, maître des lieux, Jules César, paterne et onctueux, après avoir relu à haute voix le testament de leur père, redit son désir de les voir régner côte à côte. Puis, calme, un rien pontifiant (il adorait cela), pesant ses mots, laissant des blancs entre ses phrases qui semaient la panique chez les inquiets, il dit clairement, ou plutôt fait comprendre qu'il fera, lui dictateur romain, respecter ce vœu. Puis il baise la main de la petite reine, qui au même instant tire la langue à son frère. Alors Ptolémée XIV se laisse aller à une de ces colères dont il avait le secret. Il trépigne, arrache son diadème, hurle « qu'il a été trahi, et que cette salope de putain a tout manigancé ». Puis, bien sûr, il éclate en sanglots. César, excédé, gêné : les pleurs le rendent physiquement malade, mais ce gamin, bouche ouverte, les yeux agrandis d'effroi, commence aussi à le bouleverser.

« Allons, mon corps, du calme ! Pas les deux à la

fois, veux-tu... » Il s'était fait dur, et exige qu'on reconduise le roi à ses appartements. L'adolescent a compris son échec ; secoué de spasmes convulsifs, il avale sa morve. L'envie de tuer ce petit monde de lâches fait un instant trembler les lèvres de Jules César. Mais ça n'est pas le moment, ses espions l'ont averti que les troupes royales d'Égypte se reprennent et qu'une attaque par mer et par terre contre le palais semble se préparer. « Pas de vagues, mon César (il s'encourageait souvent ainsi), ça n'est pas le moment, tu as tant envie de souffler. » Aussi, il fait signe à ses gardes que personne de l'entourage du roi ne soit touché, pour l'instant. Puis, seul, sort du palais, et du parvis harangue la foule en grec — on lui avait préparé son discours.

Il fut sublime : il était venu pour réconcilier le roi et la reine. C'était maintenant chose faite, que le peuple d'Égypte se réjouisse. Le calme revenu, il repartirait, très vite, vers Rome. Ça n'était en rien son intention, mais Jules César savait que le peuple n'avait jamais, mais alors jamais, à connaître la vérité.

... Et puis il avait quand même compris qu'elle savait nager. Alors ils avaient fait la course, et il avait fallu qu'il fasse appel à tous ses muscles pour battre ce petit corps qui maintenant fendait l'eau à la vitesse d'un aileron de requin. Ça n'est que quelques mètres avant d'arriver à la barque qui était leur but qu'il avait pu, fort de son crawl, la devancer... Elle souriait, riait, Cléopâtre, et faisait mine de reprendre le souffle qu'elle n'avait jamais perdu... Seulement, occupée à lui montrer, enfantine, une minute de trop, comme elle nageait bien, elle avait failli commettre une erreur, mais elle s'en était rendu compte à la hargne qu'elle avait perçue dans sa nage à lui et à l'irrégularité de ses battements de pieds. Aussi elle avait cassé son rythme, amolli ses propres battements, bref, avait perdu la course. Et lui, heureux, la baisait aux lèvres et lui disait, homme :

— Tu vois, petite reine, il en faut encore du temps pour que tu me battes sur mer.

— ... et sur terre, ajouta-t-elle.

Maintenant elle lapait les gouttes salées qui coulaient de ses épaules, odeur de la mer et la sienne mêlées.

Épuisés, heureux, ils étaient allongés au soleil... Puis, agenouillée au-dessus de son dos, de sa main elle fait couler du sable au creux de ses reins... Méandres de sable sur méandres de sable, ils se rejoignent en un triangle, puis en un petit filet blanc qui disparaît au mitan de ses fesses.

— On dirait, on dirait le Nil, le Nil et ses crues, et l'eau qui part dans les terres. Tu veux, César, que j'organise pour toi, pour nous, un voyage au travers de mon Égypte, de mon royaume ? Bien sûr, quand ici tout sera unifié...

« Unifié », elle eut comme un sourire, elle était bien dressée à être reine, qu'elle le veuille ou non, et elle le voulait, car « unifier » est un mot de souverain. Les autres, qu'est-ce qu'ils disent, les autres ? Tuer, massacrer, oui, il y a au moins trois mots pour dire la même chose, mais il en est un qui est l'apanage des rois, pensa-t-elle, et elle joua un instant avec le mot muet en elle : « unifié », « unifié ». C'était la première fois qu'elle se rendait compte de l'horreur qu'il charroyait. Alors elle se secoua, se leva, cessa le jeu avec le sable, plus, du plat de la main, balaya violemment les grains. Elle lui fit mal, alors il arqua son dos engourdi, attendant encore cette caresse si douce et si voluptueuse.

— Sauvage, tu es une sauvage, ma petite reine. Allez, sois douce, recommence.

Et il se recoucha et lui guida la main, mais sa caresse, son jeu n'étaient plus aussi doux.

— Tu sais, j'ai fait un rêve, la nuit dernière...

En vérité, elle n'avait rêvé de rien dont elle se souvînt, mais depuis l'enfance elle savait que si on disait ses désirs, ses souhaits, voire ses ordres à un homme, même reine, ça ne passait pas d'emblée ; tandis que la formule « tu sais, j'ai fait un rêve qui... » l'ouvrait mieux ! Crainte de l'inconnu ? Et surtout des dieux ? d'un Dieu ?

Certains illuminés sillonnaient l'ouest de l'Égypte, en disant qu'en vérité il n'y avait qu'un dieu unique, père unique des hommes. Elle en avait rencontré dans le désert durant son exil, mais comme elle ne croyait pas plus aux dieux multiples qu'en un dieu unique, et pas beaucoup en l'homme... n'avait-elle aucune crainte de les faire parler quand cela l'arrangeait (comme elle avait vu tous les prêtres le faire dès son enfance). Au début, petite fille vive, elle avait été subjuguée par les temples et leurs prêtres et des heures, comme engourdie, était restée à les écouter...

— J'ai fait un rêve, César... Nous remontions, toi et moi, le Nil, et mon peuple unifié (« Ça fait deux fois que j'emploie ce mot aujourd'hui » ; elle en eut un signe d'agacement : un frémissement de son œil droit) venait vers nous les bras chargés d'or et de blé. Les temples et les pyramides s'ouvraient, et des oiseaux-dieux déposaient à l'avant de nos bateaux des trésors inouïs... (Elle sourit alors et eut comme un peu de rouge aux joues ; elle ne rougissait pourtant pas facilement.) Et j'étais enceinte de toi, d'un fils quasiment prêt à naître. Et alors il y eut (elle hésita entre un grand nuage noir et un grand nuage d'or... et opta finalement pour l'or, elle avait compris le goût de César pour le brillant), oui, il y eut comme un nuage d'or qui nous recouvrit, toi, César, et moi, Cléopâtre. Et le petit César à cet instant se mit à bouger, bouger en mon ventre. Une voix s'éleva alors... « A vous deux, vous unirez l'Orient et l'Occident, et votre fils sera le maître du monde. »

Là elle eut un peu honte, Cléopâtre, mais si elle lui avait dit simplement tout à cru : « Écoute, César, mon royaume est si riche que, remets-moi en selle, et moi, à nouveau reine d'Orient, je t'aide à devenir le maître unique de l'Occident. Liquide ce sénat baveur et bavard et qui te fait perdre tant de temps », il aurait appuyé sur le bout de mon nez, César, et m'aurait répliqué : « Fillette... fillette, l'ambition te ronge. » Il ne m'aurait pas prise au sérieux ! Tandis que mes projets habillés en rêves-prophéties, et poussés dans ma bouche par l'au-delà...

Crut-il à ce rêve ? En tout cas, il lui serra très fort la main et lui souffla un « Chut ! petite reine, ne fâchons pas les dieux, ça n'est pas encore le moment », puis fit mine de se rendormir pour mieux y penser car il avait eu la même idée... « Avec l'or qui dort ici, je peux devenir le maître du monde. » Décidément cette petite reine avait une façon de parler qui l'enchantait.

Au retour de cette baignade, elle demanda une grâce à Jules César.

— Viens avec moi, je voudrais faire un vœu, mais ne me demande pas lequel, pas encore. Simplement, je voudrais que tu viennes avec moi.

Il avait souri, heureux, détendu, prêt à la suivre aujourd'hui là où elle voulait. La barque les avait emmenés au bas d'une falaise : jusqu'à un escalier aux marches usées qui menait à un tombeau tout simple, tout nu, à la pierre comme polie par des milliers de mains pieuses. Cléopâtre monta l'escalier sur les genoux puis se coucha le ventre contre la dalle et s'y frotta...

— Mais pourquoi ?

— Plus tard je te dirai...

Nounou lui avait, enfant, parlé de cet étrange tombeau ; elle riait, Nounou, et Cléopâtre aussi. Elle ne s'en lassait pas, de cette légende... Un prêtre pharaonique avait un jeune amant qu'il aimait d'amour fou, le jeune homme était mort à cet endroit de la morsure d'un scorpion blanc. Fou de chagrin — Nounou riait tellement alors : « Attention, elle disait, de douleur, oui, c'est ça », fou de douleur, ce prêtre, et elle simula un geste de peur... « Il faut accepter les mots, sans ça... », se dit la petite reine. Alors le prêtre le fit enterrer là et lui éleva ce tombeau, et, afin que le soleil ne le brûle plus, fit planter un bouquet d'arbres, que des canalisations amenées de la ville irriguaient depuis lors...

Très vite — là il arrivait que Nounou, elle était si vieille, pisse sous ses robes tant elle riait — très vite, ce tombeau était devenu un lieu de pèlerinage, un lieu de pèlerinage pour les femmes stériles qui venaient de tout l'Orient. Et pas une après ce voyage qui ne fût ensemencée ! Le tombeau du giton d'un prêtre était devenu un lieu de pèlerinage pour les femmes en mal d'enfants ! Décidément l'humour des dieux plaisait à l'impie petite reine.

— Mais pourquoi ton visage rit comme cela ? Dis-le-moi.

— Plus tard, plus tard, je te le promets...

Elle ne riait plus. Elle voulait un enfant de César. Un fils. Et connaissant parfaitement ses dates de fécondation — son initiatrice en plaisir lui avait appris aussi bien cela que tous les remèdes pour faire tomber l'œuf pas désiré —, pourquoi voulait-elle aussi que ce tombeau l'aide ? Par jeu ? par croyance inavouée ? par désir de mettre toutes les chances avec elle, même les fausses ?

— Ne me demande rien, César, mais couche-toi aussi un instant sur la dalle.

Il le fit, impressionné par la beauté, le calme du lieu et le regard de cette femme enfant.

— Un jour je te le dirai. C'est promis.

Jules César adorait pêcher à la ligne dans les lacs d'Alexandrie, mais détestait bien sûr rentrer bredouille. Aussi Cléopâtre lui faisait-elle accrocher des poissons à son hameçon par de petits nageurs nubiens qui savaient se glisser sous l'eau sans qu'elle bouge ni que des bulles apparaissent. Et puis elle en eut assez de ce jeu, et, une fois, lui fit accrocher à son hameçon un poisson fumé...

— Jules, ça mord, ça mord, c'est un gros. Regarde ! (Elle avait demandé à l'enfant de tirer par saccades successives sur le fil.)

— C'est un gros !... hurlait César, ravi, fier. Regarde, regarde, Cléopâtre, comment je vais le ferrer. Il faut y aller doucement, le balader, le fatiguer (il adorait donner des leçons, éduquer). Ça y est, je l'ai (ça faisait un moment !)... et ferrer... Appelle ma garde ! Ça va être une de mes plus belles prises.

Mais, lorsqu'elle vit son regard, elle se jura, la petite reine, de ne plus recommencer. « Bien, César ne rit que de ses propres plaisanteries, c'est à retenir. » Et elle fit la chandelle dans le sable, qu'il ne la voie pas rougir, confuse un rien (« Une faute, ma belle »), et en femme d'excès, très exigeante avec elle-même, elle qui n'a jamais obéi à personne, décide de se plier tout entière désormais à son mode de vie, à lui... « Eh bien, nous ne rirons plus que de ce qui le fait rire. Ce qui est loin d'être ce qui me fait rire ! Mais qu'importe, c'est son rire contre mon rire ! Mais d'ailleurs, s'il a pris cela si mal, c'est qu'il crève de faim. » Elle avait remarqué dès le premier matin que Jules César était très soucieux de sa ligne et que sa hantise était certes de perdre ses cheveux, mais aussi d'avoir le ventre un rien mou et gros... Aussi il ne mangeait presque rien du jour et ne faisait qu'un repas le soir, mais très tôt. Et elle, femme de nuit, avant, avait pris l'habitude de dîner avec lui juste au coucher du soleil et lui alors – seulement lui –, le corps trop épuisé et nourri trop vite, s'écroulait dans un premier sommeil lourd, tandis que la petite reine quittait leur couche et souvent s'allongeait sur les dalles de marbre du sol un peu plus fraîches... Là, elle restait éveillée des heures. L'air était encore si lourd et le ciel si brillant !...

Et ses courses vers la mer, ses rendez-vous avec un melon d'eau, et ses captures de petits poulpes qui jouaient à se faire rouler par les vaguelettes : finis ! Il fallait qu'elle soit là : s'il appelait ? ou s'il se sentait mal ?

Les troupes de son frère, bien que lui fût aux arrêts dans le palais, étaient maintenant massées aux portes d'Alexandrie tandis que celles de César occupaient la ville et le port. Et, même si la foule n'était pas hostile comme aux premiers jours, César, lorsqu'il sortait du palais, ne se faisait plus précéder par ses porteurs de haches. L'effet avait été foudroyant et avait bien provoqué la terreur escomptée, mais il faut se méfier des êtres terrorisés trop longtemps. Aussi maintenant se voulait-il débonnaire, calme, soucieux de montrer au peuple égyptien qu'il n'était venu chez eux que pour y ramener la paix... Pourtant l'affrontement entre les armées était proche... Cléopâtre le savait, le désirait : le temps était venu pour elle d'être sacrée reine à part entière, sans cette demi-fesse de frère. A part entière... c'est-à-dire qu'à l'instant elle offrirait alors de partager son royaume à Jules César. Cet homme qui avait, à l'avant de ses troupes, pris huit cents villes d'assaut, assujetti trois cents États, fait tuer plus d'un million d'hommes et déporté un autre million en esclavage, cet homme la subjuguait.

Oui, cet homme la subjuguait. Elle était une femme éperdue d'admiration devant lui et son passé, et une femme alors totalement soumise. Elle éprouvait jusqu'à de la volupté à s'ennuyer auprès de lui, se disant — elle n'avait jamais admiré un vivant depuis qu'elle était au monde —, se disant que l'admiration devait sûrement aller en couple avec l'ennui !

César, avant de lancer son armée contre Ptolémée XIV, pour rassurer le peuple égyptien et s'assurer de son obédience, lui fit cadeau de Chypre, que les Romains avaient annexée et que les Ptolémées revendiquaient. Mais, sûr de son titre, de son pouvoir — il venait d'être nommé, à Rome, dictateur pour un an —, il n'éprouva pas le besoin d'en avertir les sénateurs, qui ne devaient jamais lui pardonner cette faute grossière. A croire que l'amour, la douceur, le confort, plus, le luxe l'engourdissaient. Puis il allégea les impôts — la dîme que prélevait Rome sur l'Égypte ; il « oublia » même la dette énorme du père de Cléopâtre ! Mais là encore, il commit une lourde erreur psychologique. Il ne le fit pas assez savoir au peuple et il ne prit pas garde que Pothin avait encore des espions partout et leur faisait dire, chuchoter, murmurer, jusqu'à ce que le murmure s'enfle jusqu'au cri, le contraire : à savoir, « que César affamait la ville et qu'il exigeait que l'on fonde tous les trésors d'Égypte et de ses temples »... Alors les prêtres — il les avait encore bien en main, et ceux-ci détestaient tant le regard de Cléopâtre, son refus à baisser les yeux devant eux — cachèrent, volèrent les trésors du royaume. Dans des silos, on enterra le blé, que les troupes d'Égypte n'aient plus de soupe, et qu'elles se croient affamées sur ordre de César... de César qui dans le palais se reposait pour la première fois de sa vie et lui, qui paraissait le plus souvent en public avec dans la main gauche un parchemin roulé — signe évident chez les Romains de culture —, s'était soudain rendu compte devant sa petite reine de son ignorance de soldat. « Ignare, il était ignare. » Aussi, il se faisait apporter de la grande bibliothèque d'Alexandrie les textes les plus rares et demandait à sa petite reine épouse de les lui lire. Mais, immanquablement, il s'endormait ! Seuls les poèmes de Sapho qu'elle lui récitait à l'oreille — elle les connaissait tous —, tandis qu'on le baignait, lui plaisaient. Alors il la faisait basculer dans l'eau. Et chacun caressait l'autre le plus doucement qu'ils le savaient, oublieux de tout... Mais les troupes égyptiennes grondaient si fort qu'il les entendit enfin, ou plutôt écouta ses généraux. En vérité, et dès le premier jour, en parfait stratège, il savait ce qu'il ferait le moment choisi, car les généraux égyptiens avaient aussi commis une erreur : ils avaient laissé groupée leur flotte. Et César, le moment venu, la fit incendier. Quelques torches de poix y suffirent.

C'est vrai que cette nuit-là le vent porta des escarbilles de feu jusque dans la ville et qu'une partie de la bibliothèque d'Alexandrie brûla. Inconsciente du danger, Cléopâtre avait alors couru et, à mains nues, sauvé ce qu'elle avait pu des manuscrits qu'elle avait autrefois à prix d'or fait voler ou acheter. Elle fit dès le lendemain venir de Grèce des scribes, que les livres brûlés redeviennent livres et que l'on recherche et retrouve tous les Mémoires. Hélas ! certains textes furent perdus à jamais. Elle écumait de rage, s'en voulait tant de n'avoir pas plus étudié. Si elle les avait sus, tous ces textes, elle aurait pu les redire à un scribe et...

César — son barbier espion revenait chaque matin avec des nouvelles de plus en plus alarmantes — fit enfin décapiter Pothin le fourbe en place publique ; il avait assez nui et perverti le petit roi pour que la suite des événements prévus dans la tête de César paraisse logique — il aurait pu le faire décapiter dès l'assassinat de Pompée, mais ses trahisons alors le servaient. Mais maintenant il y avait plus grave, son barbier espion lui avait murmuré que quelques puits de la ville avaient été souillés par de la pisse et des excréments humains : certains y avaient même entendu d'étranges bruits : des hommes travaillaient dans les canalisations qui depuis plusieurs lacs amenaient l'eau douce nécessaire à la survie de la ville. Ces hommes arrêtés, questionnés, torturés, avaient reconnu qu'ils s'apprêtaient à souiller tous les points d'eau douce avec de l'eau de mer et, pressés, écartelés, les pieds broyés, avaient avoué que c'était, bien sûr, sur ordre du jeune roi Ptolémée XIV... Vrai ? Faux ? Qu'importe ! César avait eu quatre mois de « paix », de bonheur comme il n'en avait jamais connu. Le temps de la guerre était revenu, qu'il la gagne vite, et que la vie, avec ce petit morceau d'ambre chaud qu'était la reine, recommence. Oui, qu'il la gagne, cette bataille, et qu'après, victorieux, ils partent tous les deux remonter le Nil, qu'elle lui montre son royaume et qu'entre le ciel et l'eau ils soient seuls.

Seuls avec ce petit de lui qui poussait dans ses flancs à elle...

Un enfant ! Jules César allait avoir un enfant. C'en était fini de cette malédiction qui faisait que toutes ses épouses étaient des femmes sur qui son sperme ne prenait pas. Stérile, il ne l'était pas. Des bâtards de lui, qu'il n'avait jamais pris dans ses bras, et donc pas reconnus, couraient dans les rues de Rome, de la Gaule et de bien d'autres contrées. Et Brutus ? On disait tellement qu'il était son premier fils !... Finie, la malédiction. Cette petite reine lui apportait le bonheur, la douceur, une certaine sérénité même, et la richesse : une richesse fabuleuse que de loin il ne soupçonnait pas, et maintenant un enfant ! Un fils, évidemment. Elle lui avait enfin raconté le pourquoi de son pèlerinage sur le tombeau : ce tombeau où gisait le giton d'un prêtre qui ne faisait naître que des fils ! Comme il avait ri, Jules César, tout en se demandant un instant si le giton ne l'avait pas reconnu. « Tu y crois vraiment ? » lui avait-il demandé, un rien contrarié, sûr, soudain, que c'était sa force virile, seule sa force virile, qu'il trouvait ces temps décuplée, qui l'avait engrossée. Elle n'avait pas répondu, la petite reine, avait seulement fermé les yeux, pris sa main qu'elle avait posée sur son ventre arrondi...

Cette remontée du Nil était devenue son rêve unique... Après seulement, il se souviendrait qu'il était le dictateur de Rome et il lui faudrait rentrer.

Mais, pour la naissance de son fils, il voulait être là, le prendre dans ses bras à l'instant, tout entortillé dans le cordon qui le relierait encore à sa mère : et le couper, lui, ce cordon, de ses dents. Et l'élever alors libre vers le ciel.

Puis il rentrerait à Rome, alourdi des richesses d'Égypte dans ses vaisseaux. Mais elle ? Et le petit ? « Ils viendront me rejoindre. » Il ne supportait plus l'idée de vivre dorénavant sans eux, et lui, qui n'avait rêvé que de pouvoir et de conquêtes, il la voyait, elle, jouer avec l'enfant dans les allées d'une villa romaine, un peu à l'écart de la ville, et lui leur rendre visite. Mais, ce rêve, il ne le disait jamais tout haut à Cléopâtre, et Cléopâtre, qui savait d'instinct ne pas engluer les moments qu'ils vivaient par ces pleurnicheries dit-on si féminines du genre « Et après, qu'est-ce que tu feras, dis ? » elle se taisait, Cléopâtre. Attendait que leur enfant naisse.

Mais elle avait d'immenses projets pour eux trois, ou plutôt, un immense projet...

Il restait donc à Jules César ici une guerre facile et peu hasardeuse à faire... « Eh bien, allons-y. »

Si facile et si peu hasardeuse qu'il se fit bel et bien battre lors de la première bataille navale et qu'il dut, ô honte, regagner à la nage le port d'Alexandrie, laissant dans la mêlée son manteau pourpre de dictateur, furieux que la petite reine ait été obligée de s'approcher de lui pour replaquer sur son front la mèche qu'il laissait pousser à l'arrière pour la recoller à l'avant de son front, cachant ainsi, croyait-il, sa calvitie évidente... sa mèche qui lui pendait dans le cou comme celle d'une femme décoiffée.

Furieux contre lui-même, il se ressaisit très vite et envoya des émissaires ; qu'une des troupes romaines cantonnées en Syrie traverse le désert et vienne encercler ces maudits Égyptiens qui se battaient finalement bien mieux qu'il n'avait voulu le croire.

Quant au petit roi époux de Cléopâtre, privé de son maître à penser, Pothin, il s'était recroquevillé au fond de son palais et ne faisait plus parler de lui. Mais César, redevenu le grand faiseur et défaiseur de mondes, le convoqua et le traita à nouveau en roi, plus, « l'autorisa » à quitter le palais et à rejoindre les troupes égyptiennes. Il le flatta tant, ce ventre mou, que l'adolescent finit tout de même par se demander si c'était du lard ou du cochon. César alla jusqu'à lui rappeler qu'il était le maître suprême des armées égyptiennes ! Espérait-il que l'avorton lui proposerait alors la reddition de toute l'armée royale ? Les généraux égyptiens l'auraient peut-être encore écouté, ce petit roi descendant des grands Ptolémées ? Ou voulait-il le faire sortir de sa cache ? de sa tanière ? le mettre, cet enfant-soldat-roi, à l'avant de ses troupes pour l'envoyer d'un coup d'épée bien placé rejoindre ses ancêtres ?

Ptolémée XIV – il faisait frais dans le palais – portait des culottes de laine sous sa tunique, qu'il souilla tant il eut peur. Il avait compris que Jules César le chassait du palais. En larmes, il se jeta aux genoux du dictateur romain, qui soudain, devant ce gamin qui sentait la pisse et la sueur de peur – la pire, la plus âcre – soudain, là, eut comme de la pitié pour lui. Et, si Cléopâtre ne l'avait pas alors regardé droit dans les yeux, il l'aurait laissé retourner à sa niche. Mais elle avait raison, il fallait en finir. Ce roitelet vivant dans l'enceinte du palais était « sous sa protection » ; mêlé, ou, mieux encore,

propulsé à la tête des troupes égyptiennes en rébel-
lion contre le pouvoir de Rome, il était un ennemi,
et un ennemi doit être abattu.

César savait que les troupes venues de Syrie
approchaient. Alors, lui, qui avait fait dire, fait
croire, qu'il n'avait que peu de bateaux, fit débâ-
cher tous ceux qu'il avait fait cacher en arrivant et
mouilla toute sa flotte ; qu'elle prenne en étau les
forces égyptiennes.

Et ce fut la curée. Et Ptolémée XIV – que le
monde à venir le sache ! – qui s'était battu soudain
avec courage, comme si d'être débarrassé de ses
trois maîtres l'avait lavé de toutes ses lâchetés, dut
pourtant se résoudre à sauter dans une barque
pour tenter de s'enfuir... « Le roi se sauve, le roi se
sauve. » Alors ce fut la panique et des dizaines de
fuyards qui nageaient abordèrent sa barque, les
uns s'accrochaient à bâbord, d'autres à tribord,
jusqu'à ce que la barque chavire... Ptolémée XIV,
qui pour se battre avait revêtu, il en était si fier, son
armure d'or massif, coula à pic. D'autant plus qu'il
n'avait jamais voulu apprendre à nager, parce
qu'une pythie lui avait dit – il avait huit ans – « Tu
périras par l'eau » ; il avait alors pensé qu'il lui
suffisait de ne jamais se baigner pour faire un pied
de nez au destin. Il coula donc à pic. On le retrouva
la tête dans la vase du Nil, très peu profond à cet
endroit-là, mais pas un de ses soldats, trop occupés
à fuir, n'avait pensé à le relever et le remettre sur
ses pieds. Lorsqu'on le retrouva, des petits crabes
nichaient déjà dans sa belle armure.

... Victorieux de l'armée égyptienne, Jules César
caracole jusqu'au palais tandis que le peuple, revêtu de voiles noirs, le visage couvert de cendres,
se prosterne sur son passage. Il caracole, César :
Cléopâtre, unique reine d'Égypte, son aimée, son
épouse, la future mère de son enfant, l'attend.

— Il a bougé, il a bougé ! Je te le dis, c'est, ô César, comme un vol de papillons à l'intérieur de soi. César, je ne savais pas que c'était si voluptueux, un enfant qui pousse en votre milieu, il écarte mes chairs comme des soies dépliées.

Jules César la berce tandis qu'elle sanglote d'émotion. Il la berce et la calme, comme un petit cheval rétif qui vient de se soumettre et qui en tremble... « Allez, allez », il lui caresse l'échine. « Allez, du calme, du calme maintenant... » Reprenant les mots qui lui servaient justement, avant son accident, à dresser les jeunes chevaux sauvages.

**
*

— Allons à l'intérieur de ton royaume, là où le blé pousse trois fois l'an et où habitent les dieux de l'Égypte.

Voulait-il aller jusqu'à la rencontre de la route qui mène aux Indes ? remettre ses bottes dans les traces de celles d'Alexandre ? aller pisser jusqu'où Alexandre le Grand l'avait déjà fait ? ou voulait-il seulement, avant de rentrer à Rome, vivre avec elle un moment hors du temps ? un moment de bonheur tout simple, un bonheur d'homme ?

Elle portait son ventre comme un petit melon pointu. « Ça sera un fils », lui avait dit une servante. Quelle idée ! Évidemment que ça serait un fils ! Elle se sentait si bien... Les cauchemars qui lui faisaient tant craindre la nuit et qui l'envoyaient courir et nager jusqu'à l'aube ne revenaient plus, enfin moins, ces temps-ci. Elle s'endormait, le nez, les yeux, la bouche cachés sous le creux de l'épaule de César ; souvent elle y ramenait aussi ses deux mains en conque, soûlée de cette odeur qui se dégageait de lui, semblable à celle qu'elle allait chercher dans le cou des jeunes boucs nés juste au printemps d'avant : un mélange d'âcre, de doux, de poivre et de miel. Parfois même, au creux de la nuit, elle lapait, léchait l'aisselle de Jules César qui, trop bouleversé, ne savait plus que dire :

— Arrête, tu me chatouilles.

**

Le voyage sur le Nil était prêt. Elle avait donné ses ordres. Elle voulait que ce soit un triomphe, et ce serait un triomphe. Son palais flottant avait été totalement redécoré. Elle avait fait arracher les dorures trop lourdes. Elle voulait que leur palais soit le plus beau, mais aussi le plus sobre, soudain trop sereine pour avoir besoin des signes marquant la richesse. A quoi bon ? Sereine, elle connaissait le mot depuis toujours mais n'avait jamais su comment s'en servir. Et maintenant là, le matin, à midi, le soir, elle s'arrêtait, s'isolait, s'agenouillait en sphinx et, les mains posées sur ses genoux bien à plat, se murmurait : « Je suis sereine. » En effet, plus rien en elle ne hurlait. Alors, elle se relevait et se faisait d'épouvantables grimaces dans la glace. « Allez, Cléo, ma petite reine sans couilles... cesse de te regarder le nombril. Tu te plais tellement ? Tu es tellement éprise de toi que tu te préoccupes de savoir dans quel état tu es ! Sereine ? Et alors, ma petite reine, profites-en pour faire de grandes, de très grandes choses », et puis, parce que c'était vraiment par trop laid, mais oui, laid, ce ventre — « On dirait mon père à la fin » — par trop laid et si bouleversant à la fois, elle retroussait sa robe et regardait encore et encore son ventre gonflé brillant et blanc. Des petites stries violettes apparaissaient sur ses hanches, elle y passait son doigt, c'était si doux. « Ma peau éclate. Bandit, tu me saccages », murmurait-elle. Radieuse.

Sa grossesse se voyait. Son frère déclaré mort, il fallait un père à l'enfant que la reine Cléopâtre allait mettre au monde. Alors elle fit savoir par ses ministres et ses prêtres que le Grand Dieu de l'Égypte était descendu sur terre sous la forme d'un homme pour la rendre mère d'un fils de Dieu et que cet homme élu était César. C'était une méthode assez courante dans les familles royales de faire appel à un dieu quand on manquait de père officiel, et surtout de preuves d'ascendance royale. La reine Cléopâtre décida que dorénavant les événements de son règne seraient datés à partir de son union avec le Dieu des dieux Amon, descendu sous les traits et avec le sexe de César. Bien sûr, toute la cour ricana. Et le grand jeu était dans les fêtes pour un homme de s'approcher d'une dame et de lui dire : « Je me sens habité par un dieu, regarde, il frappe à la porte. » Et de montrer son sexe en érection. Mais le peuple, lui, y crut, du moins fit mine d'y croire. Ce qui revenait au même.

Mais s'il en est un qui commençait à le croire vraiment, c'était César. D'ailleurs cela corroborait ce que les femmes du peuple disaient à Rome. N'y disait-on pas que sa famille descendait de Vénus ? Logique donc, que le Dieu des dieux se serve de son écorce humaine et de son sexe d'homme pour procréer. Il se sentait ainsi en famille !

César, depuis sept mois qu'il vivait à Alexandrie, avait vu toutes ses — comment dire ? lui appelait cela ses « échelles de valeurs » — avait donc vu toutes ses échelles de valeurs disparaître. Cette royauté de droit divin excluait tout compte à rendre aux sénateurs et autres hommes politiques, ce sénat de malheur devant qui il faut toujours s'expliquer. Que de mots pour leur faire dire « oui » à tous ces gens qui ne sont là que parce qu'on l'a bien voulu. Des dettes ? D'accord, il faut bien caser, honorer ceux qui vous ont aidé à prendre le pouvoir. Mais quelle pléthore entre les hommes de Pompée, les siens, ceux de Marc Antoine, sans parler de son neveu Octave... qui en faisaient aussi élire pas mal. Chacun persuadé qu'il lui fallait avoir un maximum d'hommes à sa solde pour battre en brèche le vote des autres. Aucun, de Jules César, de Marc Antoine — Pompée en était pourtant mort, abandonné par tous ceux qu'il avait « faits » — ou d'Octave, ne voulait voir que leurs protégés, une fois en place, n'avaient plus qu'un désir : oublier le merci qu'ils leur devaient, et qu'ils se devraient donc tôt ou tard de les trahir — loi humaine immuable.

Ici, dans cette royauté de droit divin, pas de comptes à rendre et ce luxe, cette beauté, ce rituel qui arrivent à vous convaincre que l'on est un dieu !

Rome ? bien sûr, il fallait très vite y retourner...

Et si tout ce qu'il avait cru et vu si beau à Rome lui paraissait soudain sale comme une petite ville de garnison perdue au milieu de cette si miteuse Gaule ? Et comment le formuler ? Au moins bouche fermée. « Et si c'était vrai que les dieux d'ici l'avaient choisi ? »

Quelle révolution en lui ! Cléopâtre le percevait parfaitement et elle souriait. Elle le savait bien, elle, qu'il n'est pas de républicain qui ne se rêve roi lorsqu'on lui dit, lui chuchote, lui murmure encore et encore qu'en vérité il est un roi et qu'on le recouvre des attributs de cette royauté. Il n'est pas un homme si lucide, si aguerri soit-il qui s'enfuie alors.

Cléopâtre, reine d'Égypte, l'épousa officiellement

avant qu'ils ne s'embarquent pour leur voyage qu'elle voulait triomphal sur le Nil. Elle le fit roi d'Égypte. Certes, il était marié à Rome, mais à une femme stérile ; c'était donc un faux mariage facile à annuler. Bien sûr, il le fallait pour son propre pouvoir, mais c'est avec un amour fou, total, qu'elle le fit pharaon. Des femmes, des ministres, des « qui se disaient ses amis » — en vérité, elle n'avait pas d'amis — murmuraient bien, bouche pincée, sur leur mauvaise haleine et leurs mauvaises pensées : « C'est un prêté pour un rendu... Elle se voudra très vite reine de Rome et de l'Occident ; l'Orient ne lui suffit plus. » Sans doute, mais avant tout elle voulait que l'homme qu'elle aimait, qu'elle respectait : le père de son enfant, soit roi puisqu'elle était reine.

Là était l'essentiel, le vital pour elle ; que son fils naisse d'un roi et d'une reine. Que sa mère soit reine de l'Orient et son père le futur roi de l'Occident. Alors oui, son fils serait l'héritier de l'univers. Le nouvel Alexandre.

Mais pour elle, fille du Soleil et sœur de la Lune, en ce matin de départ — on était en mai, l'air était doux et chaud sans être insupportable pour leur voyage d'amour —, être l'épouse et la future mère du fils de son époux lui suffisait.

Quatre cents vaisseaux et plus de quatre mille hommes les accompagnaient dans leur voyage sur le Nil.

Leur navire était manœuvré par six rangs de rameurs dont le plat des rames était fait d'or pur. Cours à colonnades, jardins d'hiver, ponts suspendus, salles de fêtes, sanctuaires, chambres à coucher, et même les thermes, tout avait été refait par des artistes venus de Grèce. Elle n'avait voulu qu'ébène, cèdre et cyprès noirs pour les bois, feuilles d'or fines pour la décoration et une peinture terre de Sienne et bleu clair pour les décors muraux. Heureuse, jeune, elle avait fait décorer les murs de leurs chambres et de leurs salons de jeux d'enfants. Petits boxeurs en position de lutte, enfants plongeant et attrapant des poissons d'or, enfants caracolant à cru sur de jeunes poulains. Les salles de bains étaient recouvertes de mosaïques faites par des hommes venus de Pella — c'était là que l'on faisait les plus belles depuis toujours — et qui disaient la mer.

Un matin, nauséeuse en son palais d'Alexandrie, elle était entrée dans sa salle de bains et avait trouvé lourd, ostentatoire, inutilement provocant, ce travail d'or en relief, ces oiseaux piailleurs et ces bouches à parfum qui sourdaient du sol. « On dirait une salle de bains de marchande enrichie d'il y a peu. Fallait-il que je sois malheureuse pour me rassurer aussi vulgairement ! Aussi grassement... »

... Tandis que leur bateau s'engage dans le bras du Nil qui doit les conduire à Memphis, Cléopâtre, à l'avant debout sans fatigue, a pourtant l'air inquiète. En effet, elle ne voulait pas que César trouve les bords du Nil secs et désolés. Elle lui a raconté tant de palmeraies, tant d'ombres, tant d'oiseaux que soudain elle a peur que la vérité confrontée à ses rêves-récits (elle n'avait fait ce voyage qu'une fois, et si petite), que la vérité ne soit blanche de poussière et que les palmiers n'aient des airs de balais déplumés et grillés au soleil ! Aussi, depuis huit jours, des felouques chargées de palmiers et d'arbres fruitiers lourds de fruits les précèdent, et à la fraîche, le soir, les hommes doivent les planter dans le sable de chaque côté du fleuve. Elle sourit, un rien agacée pourtant ; les centaines de palmiers sont bien là ; mais ces niquedouilles, pour faire plus joli ? les ont certes enfoncés dans le sol, mais en carré ou en cercle ! Le tout pue par trop la main de l'homme ! un trop grand vouloir de décoration.

— Mais qui est ce décorateur-jardinier aussi nul ? Qu'on le cherche, quoi ? son nom est Archidas ? Je vais lui faire rentrer en bouche, moi, un nom pareil, et après il s'appellera Anarchidas ! et pour longtemps.

Elle avait bien précisé qu'elle voulait que les palmiers aient au pied leur propre terre, mais ils avaient dû paresser en route et, affolés, ils avaient planté des palmiers coupés et déjà secs qui pendaient, racornis, jaunis, morts. César souriait et lui serrait la main. Il avait parfaitement compris la ruse d'amour de son épouse, et ça faisait un moment qu'il voyait des barques légères les doubler, chargées de palmiers couchés. « Ou alors on les déterrait à l'arrière et on se hâtait d'aller les replanter à l'avant ? »

— Arrêtons-nous, faisons poser l'ancre, veux-tu ?

Il voulait que sa fête soit belle.

— Attendons avant d'entrer dans Memphis.

Sur les berges, des femmes dansaient, des flamants roses s'élançaient des roseaux à leur approche. A la nuit, des châteaux de feu s'illuminaient sur leur passage ; pyramides de feu, multicolores ; alors certains flamants roses aux ailes trop alourdies de poix — par peur qu'ils ne s'envolent avant l'arrivée du couple royal — étaient rattrapés par les flammes et tombaient boules de feu plus loin, un instant, éclairant les pyramides et les temples intacts.

Jules César était frappé de stupeur, pétrifié d'émerveillement devant ces sphinx géants. Les colosses de Memnon. Armée dantesque aux ordres du roi Aménophis, humains faits de pierre, gigantesques, assis les mains sur leurs genoux et qui regardent passer le monde. Mirage ? délire ? fatigue ? César aurait juré qu'Aménophis les avait salués.

Et ce concert !

Mais quels sont ces instruments ? Il n'en a jamais entendu de tels.

— C'est le vent, César, le vent qui passe dans les chemins tracés au travers des centaines de colosses.

Jules César, muet, caresse doucement le ventre de son épouse, mais l'angoisse est là, brutale : comment, comment allait-il oser l'emmener à Rome ? A Rome où, à coups de balai de genêt, on doit balayer la route de terre qui va à sa villa de la merde qui y stagne, si on ne veut pas que les essieux ne vous renvoient le tout au visage mêlé à la poussière et aux ordures de la ville. Il faut qu'il refasse Rome avant qu'elle arrive.

— Attends, attends, César, je t'ai préparé une surprise, ô mon amour...

Des litières les portent jusqu'à l'entrée d'une pyramide. Des prêtres et des ouvriers munis de barres de fer sont là. Figés.

— Ouvrez, je l'ordonne.

Il a comme un recul, Jules César.

— Mais tu ne vas pas ouvrir le tombeau d'un dieu ?

— Moi, Cléopâtre, je le peux et je le veux. Pour toi. Et tout ce que l'on trouvera dedans est à toi, je te l'offre. Ainsi j'en ai décidé.

Et, consciente de l'énormité de son présent, mais ne voulant pas, soudain, que cela prenne une trop grande dimension entre eux (après, il va me haïr), gouailleuse alors, elle lui murmure à l'oreille :

— Je sais ce qu'il y a dans ce tombeau, et ça ne

me plaît pas. C'est un art trop lourd pour moi. Mais, si tu le fais fondre, tu seras, César, toi le père de notre fils, l'homme le plus puissant au monde sur terre et sur mer.

En effet, les prêtres entretenaient en permanence des équipes d'ouvriers pour tenter de passer avant les équipes de pilleurs de tombes. Mais terrorisés devant la taille du trésor qu'ils avaient découvert, conscients qu'ils ne pourraient écouler un tel butin sans être pris — mieux valait donc pour eux gagner les « mercis » de la reine —, les prêtres étaient venus lui demander audience, les bras alourdis de dizaines de pectoraux faits d'or et de pierreries, lui racontant tout — presque tout — de leur découverte : celle du trésor intact de la dynastie des Toutankhamon !

Maintenant, munis de flambeaux ils avançaient, Jules César était sans voix et frappé de terreur devant le sarcophage royal — un bloc d'albâtre. Les prêtres allaient donner l'ordre que l'on soulève la dalle constellée de pierreries qui le recouvrait ; mais il les arrêta.

— Attendez.

Il prit la main de Cléopâtre dans les siennes, la porta à son cœur qui cognait bien trop vite.

— Fais-les sortir, fais-les sortir.

La crise allait venir. Il n'en avait plus eu depuis le premier soir de son arrivée au palais d'Alexandrie... Cléopâtre chassa tout le monde et réussit à l'allonger sur la marche du bas qui menait au sarcophage, mais elle n'avait pas le bâton d'ivoire — il était resté dans leur chambre sur le bateau. Alors, à croupetons au-dessus de lui, gênée par son ventre alourdi — l'enfant avait-il peur ? entendait-il les cris de son père ? perçut-il la terreur de sa mère ? en tout cas, elle l'entendit parfaitement hurler dans son ventre —, elle réussit pourtant à ouvrir la bouche de César et à y glisser sa main droite, qu'il mordit et lacéra avant de sombrer dans ce trou noir qui concluait toujours la crise. Lorsqu'elle put retirer sa main, il lui avait mordu si fort le bout des doigts qu'il lui manquait quasiment la dernière phalange de son auriculaire : broyée, disparue. Elle n'avait rien senti, seulement occupée à ce qu'il ne brise pas ses dents (« Elles sont si belles ») et qu'il n'avale sa langue. Mais il fallait qu'elle le nettoie, qu'il n'ait pas conscience de la souillure de son corps.

Après, elle fit rentrer les prêtres, et le trésor de Toutankhamon leur fut remis.

Tandis qu'ils rentraient au bateau, si Jules César s'était retourné, il aurait vu des ombres s'agiter autour du tombeau. En effet, Cléopâtre, lors de la première visite des prêtres au palais, devant le fabuleux du trésor, s'était fait donner une liste exacte et dessinée. « Exacte ?... moins ce qu'ils ont déjà volé pour eux », avait-elle pensé, et elle avait ordonné que l'on fasse des doubles en métal doré de tous les bijoux. « Faites vite. Qu'importe qu'ils soient plus gros, plus lourds. »

Et, cette même nuit, des hommes surveillés par les prêtres remettaient à la place des vrais bijoux emportés par les hommes de César les faux apportés d'Alexandrie dans la cale du bateau de la reine. Puis le tombeau fut à nouveau muré.

— Mais pourquoi tu ris, Cléo ? Tu as l'air d'une enfant qui vient de jouer un tour pendable. A moi ?

— Oh ! non, mon amour !

Depuis quelques jours, elle se risquait même à dire ces quatre petits mots-là et dans cet ordre-là. « Oh ! non, pas à toi, mais à la postérité ! Je te le dirai un jour... » Mais elle oublia. En effet, il lui arrivait souvent d'avoir des prémonitions et là, tandis qu'elle avait refusé sa litière et qu'elle revenait à pied — à cette heure-ci et à cette saison-là, les vipères cornues et les scorpions avaient encore froid et étaient rentrés dans leur trou ou sous leurs cailloux —, elle voyait (lorsque les prêtres étaient venus à Alexandrie lui montrer leur découverte, elle avait déjà vu, très nettement, les mêmes images que ce soir), oui, elle voyait nettement des milliers de gens qui attendaient, la queue était longue — un gigantesque boa mou — attendaient devant une grande porte close. Des enfants s'impatientaient, se battaient, des femmes s'asseyaient à même le sol, des jeunes s'embrassaient. Enfin les battants s'ouvraient et, par petits groupes, ils entraient dans un temple en carton ou en bois léger, et tous ces faux bijoux lourds, pas très bien peints, dégoulinants de richesse ostentatoire, étaient là. On présentait au monde le trésor de Toutankhamon, et ils étaient tous bouche ouverte d'admiration !

« Mais qu'est-ce qu'ils sont cons ! Qu'est-ce qu'ils sont cons ! Pourquoi est-ce que l'humain croit tout ce qu'on lui dit ? tout ce qu'on lui montre ? » Sur cette bien grave question, elle s'endormit, elle aussi, près d'un César exténué par sa crise mais qui, enfantin, heureux, s'était mis autour du cou le plus gros pectoral de Toutankhamon et sa tiare, la vraie... Il allait falloir tout faire fondre à Alexandrie, à moins qu'il n'emporte le trésor intact à Rome et ne s'en occupe là-bas ? Non, il allait falloir tout faire fondre ici : que le secret soit total, et le plus vite possible. Mais les prêtres et les ouvriers ? Il secoue Cléopâtre :

— Et le silence des ouvriers ?

Elle se redresse, l'embrasse sur ses paupières — c'est là et sur le bout de son sexe qu'il a la peau la plus fine, la plus incroyablement douce.

— C'est fait, César, tout est prévu.

A Louxor, ils prirent encore deux obélisques de marbre rose...

— On les installera à Alexandrie, lui murmura César, et quand tu viendras, ou plutôt quand vous viendrez me rejoindre à Rome, tu en emporteras un avec toi. On le dressera devant le sénat, ce seront les deux aiguilles de Cléopâtre, une à Alexandrie, l'autre à Rome...

« Quand tu viendras, ou plutôt quand vous viendrez me rejoindre », il l'avait dit, il l'avait dit, ils étaient désormais une trilogie. Elle se sentait prête ce soir à vaincre le monde avec lui et à faire se joindre l'Orient et l'Occident. Ensemble.

Ils allèrent encore à Fayoum, mais là Cléopâtre était lasse. Le printemps, comme parfois ici, s'était mû en canicule brutale. Elle restait allongée à l'avant de son bateau qui n'avançait que lentement, très lentement : juste que l'air la caresse un peu. Un peintre avait été convié à bord et avait fait leur portrait sans attributs royaux. Juste une femme, aux grands yeux, au visage pâle, penchée contre l'épaule de son mari, aux grands yeux khôlés lui aussi... Comme une enfant, elle tendit la main vers ce petit rectangle. Émue, elle pleurait :

— Plus jamais ce tableau ne me quittera, et si dans mille ans (était-elle troublée par ce qu'elle avait ordonné que l'on fît dans le tombeau de Toutankhamon ? Pas un instant. Ce tombeau et ce qu'il contenait étaient absolument à elle. N'était-elle pas la reine d'Égypte ?), si dans mille ou deux mille ans quelqu'un découvre ce tableau, il ne pourra que dire : « Ces deux humains-là s'aimaient. »

Ce tableau tout simple, elle le trouvait bien plus beau que tous les trésors de Toutankhamon père et fils réunis !

**

Fatiguée, lourde mais calme, si calme, elle ne dort pas, Cléopâtre écoute les petits bruits de la nuit. Les forgerons qui travaillent tard — on voit encore leur feu — se sont tus ; ils ne jouent plus en martelant le fer à se parler d'une rive l'autre. Elle aime ce moment. Elle se sait seule, César dort ; alors elle peut laisser les muscles de son visage s'affaisser un rien et ne plus porter ce demi-sourire qui fait croire aux autres qu'elle est maîtresse d'elle-même, sûre, hardie à vivre !

Jules César dort, la tête penchée, bouche mi-ouverte contre l'épaule de Cléopâtre, abandonné, confiant... Elle aperçoit sur le bord du Nil sa garde personnelle qui marche autour des amarres de son vaisseau. Ce soir encore, il lui revient l'odeur du tapis et toutes ces heures enfermées dedans, où elle ne savait rien de ce que serait demain. « Tu étais ma dernière chance, je te l'ai dit et c'était vrai. » Ma dernière chance de quoi ? De redevenir une reine puissante, c'est-à-dire une humaine ou plutôt une inhumaine condamnée à une non-vie. Ça, je le savais, je le sais parfaitement. Mais je voulais redevenir ce pour quoi j'avais été élevée : reine — pour finir sans doute assassinée après avoir tué et tué moi aussi pour me maintenir. « Parce que, ô mon César, toi qui dors si doucement là... (elle lui a fait mettre ce soir un peu de pavot dans sa boisson, il était si tendu, agressif presque, qu'elle avait peur qu'une nouvelle crise n'arrivât)... tu sais bien que le pouvoir mange tout, monstrueux crabe : les jours, les nuits, les petits instants de vie qui, ramassés comme une bottée de brindilles, font un fagot de ce que les autres — ceux qui sont libres, nos esclaveš, quoi ! — appellent le bonheur. Le bonheur, César, et si tous les deux, ô mon maître choisi, si tous les deux accotés, arc-boutés l'un à l'autre, l'un contre l'autre, l'un dans l'autre, roi et reine de l'Orient et de l'Occident, on réussissait à savoir pourtant encore vivre ?... »

Après la canicule du jour, la nuit est toujours froide, et les gardes ont fait un feu de bouse sèche sur la plage de sable. Elle remue son nez, elle repère très vite les odeurs, Cléopâtre. « Mais, mais, ça sent la carpe grillée » (sa passion).

— César, César, réveille-toi, viens, viens, je vais te faire goûter à un plat qui enchantait mon enfance... Viens, je te dis, allez, réveille-toi !

Elle le secoue et deux petites cuillères d'or tombent alors de sa robe de lin ! « Ô mon amour. » Elle rit, la petite reine. Elle s'en est aperçue, et dès le premier jour, que Jules César était voleur ! « Ô ma pie voleuse, des petites cuillères en or, tu peux bien en mettre plein tes coffres si tu veux. » Mais elle fait mine de ne pas les voir, comprenant que c'est bien plus amusant pour lui de les voler, mais par trop injurieux d'être pris.

— Allez, viens. Viens. Une carpe frottée au sel grillée vivante sur un feu de bouse, puis posée sur un lit d'oignons violets entre deux galettes de blé noir, c'est un mets volé aux dieux, je te le dis...

Il ronchonne, César, il n'a jamais digéré les oignons violets, et il dormait si bien. Mais est-ce qu'on dit « non » à une petite femme-reine enceinte jusqu'aux dents et qui virevolte pourtant comme une danseuse sacrée ? Il pousse du pied les deux petites cuillères qui s'obstinent à briller sous cette bon Dieu de lune et heureux, détendu, gai, s'esclaffe :

— Je viens, je viens, mais attends, attends, mon

petit cheval sauvage, attends que je souffle, que je me réveille. (Il secoue la tête.) Je suis un homme un peu las, tu sais. Et puis tu parles trop vite, tu joues avec les mots comme avec tes osselets d'or. N'oublie pas, veux-tu (ses yeux rient), que je pourrais être ton père !

Alors elle se love contre lui, la petite reine...

— Mon père ! Attends que j'aie mangé, je meurs de faim. Attends, tu verras ce que je lui ferai, à mon père.

Jules César adorait qu'elle l'affole en mots qui promettaient des caresses... et elle très vite s'était habituée, contentée des gestes bien plus tendres que sensuels qu'il lui donnait. D'ailleurs, depuis qu'elle était enceinte, Jules César ne voulait plus la pénétrer, de peur, disait-il, « d'abîmer l'enfant », « et puis Alexandre, dit-on — il le lui répétait sans cesse — est mort parce qu'il a fait l'amour sur son bateau et ça les dieux l'ont interdit. — Tu as raison », lui disait-elle ; c'était sans aucune importance, que pour sa santé ou par crainte des dieux ils ne fassent plus l'amour vraiment. Si elle savait que c'était aussi pour cacher ses défaillances sexuelles ? Oui, bien sûr...

— S'il te plaît, César, dormons sur le sable après nous être gavés de poisson et d'oignons, sinon ton fils naîtra avec un gros oignon violet au milieu du front. Ça te plairait ? Et puis tu me raconteras les étoiles...

— Mais il va faire humide à l'aube, et les bêtes dans les roseaux... Tu sais, j'ai tellement mal dormi dans mes campagnes que j'aime bien un lit quand je sais qu'il y en a un...

— Attends, attends, je vais faire comme lorsque je vivais cachée chez les parias...

Et elle se met à planter des roseaux serré dans le

sable, dressant ainsi comme une palissade, certes précaire : juste pour qu'il y ait un bruit si une bête s'approche un peu trop d'eux la nuit. De toute façon, la garde ne sera pas loin. Pourquoi vouloir croire qu'ils sont seuls ?

— Allez, raconte-moi les étoiles.

Et il commence à lui raconter les étoiles, à sa petite reine. Mais, gavée d'oignons et de poisson avalés bien trop vite, elle dort, à même le sol, et elle rit dans son sommeil où, par deux fois, elle murmure :

— Dis, si on essayait de savoir vivre aussi nous deux comme des humains ?

... Il la prend dans ses bras, César, et la remonte sur son palais flottant. Elle est réveillée, mais être portée par lui, quelle douceur ! Elle pleure, Cléopâtre, alors vite elle saute de ses bras, redescend en courant vers la berge : « Viens vite avec moi, fais comme moi », et, accroupie, elle écarte les lentilles d'eau et les nénuphars, et de ses mains en coupelle prend de l'eau du Nil. « Bois. » Il boit et elle boit après...

*

Après la canicule, ce fut la tempête, et le Nil violent comme mille chevaux cabrés. Il fallait rentrer et la naissance était proche. Jules César, qui ne voulait pourtant pas l'alarmer, ne pouvait plus longtemps lui cacher que, dès la naissance de leur fils — lui non plus n'en doutait pas, comment, lui, aurait-il pu engendrer un enfant autre que du sexe mâle ? — il devrait repartir pour Rome où Marc Antoine n'arrivait plus à faire taire le grondement qui montait des rangs des sénateurs. Il se garda bien de lui dire ce que ceux-là, médisants comme des prêtres ou des vieux, chuchotaient : que « sa négresse le retenait par des philtres inconnus », et autres balivernes...

*
**

Quelques palmiers oubliés, petits plumeaux desséchés, regardaient têtes pliées, près de tomber, regardaient leur bateau redescendre...

Cela ressemblait soudain à une retraite. Les danseuses, les musiciens, les villageois requis à l'aller n'étaient plus là. Les champs avaient besoin d'eux et l'ordre de Cléopâtre d'être accueillie à l'aller et au retour avait une fois de plus été mal transmis ! Il fallait qu'elle reprenne ses ministres en main, ou qu'elle en change ; son amour lui avait fait mettre entre parenthèses toutes ces disciplines vitales pour une reine.

*
**

Le voyage avait duré neuf semaines, ils se connaissaient depuis neuf mois et s'aimaient depuis neuf mois.

*
**

Quand elle sentit que le temps en était venu, Cléopâtre alla s'asseoir sur le fauteuil de pierre qui servait aux femmes de Nubie à accoucher et, avec son serre-tête royal fait d'un serpent d'or aux yeux de rubis sur ses cheveux courts, nue...

— Je veux qu'il voie à l'instant qu'il naît d'une reine, mon fils.

Elle demanda, acte inouï, insensé, elle demanda à Jules César d'assister à la naissance de leur fils.

74

Elle riait entre les douleurs, avouait sa supercherie des palmiers, des flamants roses aux ailes alourdies de poix.

— Mais, dans la tombe de Toutankhamon, qu'est-ce que tu as fait ?

Alors elle reprenait vite la respiration du petit chien que lui avait apprise une nomade, une nomade que dans sa fuite — c'était quand déjà ? avant... avant que Jules César n'arrive dans sa vie — elle avait aidée. Mordue par un serpent, elle mourait, sa tribu n'avait plus d'antidote ; Cléopâtre avait le sien, celui qu'elle avait fait inventer, et lui en avait donné. Alors la nomade guérie dans l'instant l'avait regardée longuement, très longuement, et lui avait dit : « Toi, tu... » Mais de la suite Cléopâtre ne voulait plus se souvenir... d'ailleurs, elle lui avait écrasé les mots sur la bouche, qu'ils y rentrent. La nomade en avait ri et dit encore : « Eh bien, belle dame, je vais quand même t'apprendre quelque chose. Je vais t'apprendre à mettre bas un enfant sans avoir un frisson de douleur. Car des enfants tu en auras... quatre. » Elle s'accrochait à ce chiffre, Cléopâtre. C'est donc que son mariage avec César continuerait encore...

... Elle respire fort, son corps s'ouvre, elle sent, fluide, glisser son fils d'elle. Elle a alors un râle de jouissance : en passant, son fils l'a conduite au paroxysme de la volupté.

César, qui n'a pas quitté la pièce, pleure, rit, exulte. Avant même que les femmes ne l'essuient, il veut tenir son fils dans ses bras. Il n'entend pas qu'une minute de plus se passe sans qu'il l'ait reconnu. Cléopâtre, le visage contre le ventre de l'enfant, coupe le cordon de ses propres dents : ne laisser à personne, pas même à César, le droit de le faire. Mais César s'impatiente, le prend, lui arrache presque, le brandit à bout de bras, court dans la chambre et le présente à tous :

— Mon fils, je vous présente César-Césarion.

— Non, Césarion-Ptolémée XV, ajoute Cléopâtre, Ptolémée-Césarion, roi d'Égypte.

— ... et roi de Rome ! s'écrie-t-il.

Épuisés, Césarion entre eux deux, les tenants d'une future monarchie mondiale, César et Cléopâtre, s'endorment.

Jules César doit partir dès le lendemain — il lui fera savoir quand elle pourra le rejoindre.

De toute façon, avant de quitter Alexandrie, elle a, elle, son travail de reine à accomplir, et laisser un trône quand on est décidée à le retrouver à son retour demande maintes précautions ! Mais elle n'a qu'un vrai désir : rejoindre son époux, leur fils dans les bras. Aussi travaillera-t-elle nuit et jour !

*
* *

Il se passa plus de dix-huit mois avant qu'elle ne puisse le rejoindre. D'abord, lui n'était pas rentré directement à Rome et avait encore conquis quelques contrées. Il lui fallait se présenter en vainqueur incontestable devant les sénateurs...

Elle avait eu à réorganiser son armée, à nommer d'autres généraux, d'autres ministres. Elle régnait seule, mais il lui fallait laisser, le temps de son absence, un réseau de fonctionnaires ne détenant chacun qu'une partie de pouvoir et bien contrôler qu'il n'y ait pas un jeune général fougueux désireux de créer, elle absente, sa dynastie. Les prêtres ? elle avait su les conquérir, ou plutôt elle leur avait laissé assez d'impôts à prélever : qu'ils vivent engourdis comme des boas trop nourris, au soleil, jusqu'à son retour !

Près des deux obélisques, Cléopâtre avait fait élever un temple à la gloire de César, et puis, alors qu'elle s'apprêtait à en faire desceller un et l'envoyer à Rome, elle apprit que César était enfin rentré à Rome et qu'il habitait chez sa femme ! Elle n'avait jamais pensé à cette éventualité-là, et, sauvage soudain, saccagea tout dans sa chambre. Puis pleura, pleura « comme une servante », pensa-t-elle d'abord. « Non, comme une femme, se reprit-elle au troisième jour. Je l'ai assez demandé d'être aussi une humaine, eh bien, je suis servie : jalouse à en crever ! »

Depuis dix-huit mois, chaque soir, pour trouver le sommeil, cet autre corps près d'elle lui manquait tant qu'elle se sentait comme amputée, elle se racontait le jour du départ image après image et s'essayait, femme, à y trouver des signes d'amour... d'amour fou.

Souvenirs...

Chaque soir, elle le revoit.

Jules César reprend la mer.

Il ne laisse que cinq cents soldats romains à Alexandrie. L'armée égyptienne est désormais totalement fidèle à sa reine.

C'est pour aujourd'hui, et depuis l'aube il est casqué, botté, comme déjà loin.

Cléopâtre se lève. Elle ira jusqu'à la terrasse de son palais, celle qui domine la mer. Elle ira, Césarion, né d'hier, dans les bras, saluer l'homme qu'elle aime. Son ventre n'est plus qu'une béance, son fils pressé de sortir l'a coupée de tous ses cheveux noirs, et ses petits seins gonflés lui font mal. Du lait en coule. Comme si son corps ne travaillait plus que pour Césarion : elle se sent exsangue, toutes ses forces occupées à faire du lait pour leur fils.

Garder la tête froide : qu'elle le salue, César, comme une reine. Il est maintenant à l'arrière du bateau et regarde vers le palais. Mais quand l'a-t-il quittée ? Est-ce qu'il lui a dit au revoir ? Mais oui, elle se souvient : elle lui a baisé la main et posé un instant cette main le long de son visage, puis de son cou, de son épaule, mais après ? Ah ! oui, après, enfantine, ridicule peut-être, sans doute ridicule, elle lui a glissé autour du cou une longue chaîne d'or : au bout un petit sac de cuir, enfermant une des deux roses des sables qu'elle avait ramassées lorsqu'elle errait dans le désert. L'autre, dans un même petit sac au bout de la même chaîne, est maintenant nichée entre ses deux seins. Si elle lui avait fait jurer qu'il ne le quitterait jamais, ce bijou ? Oui, bien sûr. Mais ensuite ? Comment a-t-il quitté le palais ?

Il salue du bras. Elle lui tend Césarion, il s'incline, se redresse comme en un garde-à-vous, puis se retourne et part à l'avant. Elle attend, Cléopâtre, ses dames d'honneur et ses gardes figés autour d'elle : « Un ordre à donner et il va revenir. » Les hommes s'affairent, et ceux qui étaient encore sur le quai, après avoir lancé sur le pont les derniers cordages, sautent à bord. Les quatre rangées de rameurs sont en place, elle le voit à la tension des rames. « Il va revenir me saluer, il ne peut pas partir comme cela... » Mais depuis un moment elle est couverte de sueur, de cette sueur qu'elle ne se pardonne pas, celle qui sourd de ses aisselles et de l'arrière de ses genoux ; après, elle tremble de tout son corps, et après enfin elle a la diarrhée.

Elle tremble. Elle connaît assez les manœuvres pour savoir que le bateau de César est déjà libre de toute amarre, elle a même entendu le grincement de la chaîne de l'ancre.

Un roulement de tambour, et les rames s'enfoncent en un seul mouvement, comme un long couteau. Il est parti... Elle voit son dos revêtu de la cape rouge. Il n'a pas bougé. Regarde au-devant de lui. Il n'est pas revenu une fois encore vers elle et son fils. Il ne s'est pas retourné. Alors elle s'aperçoit que, si elle serrait bien Césarion contre elle de son bras droit, son bras gauche, lui, était resté tendu vers le bateau : appel. Elle finit par le baisser, enfouit sa tête dans le cou du nouveau-né qui sent l'aigre — on l'a levé trop vite, il a vomi —, enfouit sa tête, que personne ne perçoive son désarroi. Elle tend l'enfant à une de ses femmes et descend maintenant les marches qui vont à la mer. Elle y entre, toute vêtue. Elle nage, et ses battements de pieds et ses battements de mains lui scandent « dé-sem-pa-rée »... Perdue, comme lorsque enfant personne ne lui parlait. Perdue, comme lorsqu'elle avait dû s'enfuir du palais. Perdue, comme avant que César n'apparaisse.

Et puis, parce qu'il le faut, elle remonte vers le palais, lasse, lourde : elle remonte parce qu'elle est reine et que Césarion a peut-être faim. Elle saigne.

A vrai dire, il s'était retourné, César, quand Alexandrie la blanche n'était plus qu'une ligne entre ciel et mer. Alexandrie, *sa* capitale.

Peu à peu, elle s'était persuadée qu'il lui avait fait un signe, qu'il s'était retourné deux fois et que même, mais oui, il lui avait fait un grand moulinet des bras quand le bateau avait commencé d'avancer...

Des courriers arrivaient régulièrement. César lui racontait ses batailles. « *Tu es ma mémoire* », lui faisait-il écrire, et toujours ajoutait un « *à bientôt vous deux* » avant de finir par un « *veni, vidi, vici* » qui l'avait d'abord emplie d'orgueil, puis au fil de ses messages elle pensait qu'il pourrait quand même renouveler sa formule, elle aimait tant, elle, jouer avec les mots ! Mais évidemment, *veni, vidi, vici,* pour un futur père de roi d'Orient et d'Occident, ça n'était pas mal ! D'ailleurs il lui arrivait parfois, et de sa propre main, de signer aussi *Ton Alexandre*.

Peu à peu, la vie avait repris. La vie reprend toujours. Elle était redevenue belle, mince, vive. Césarion était un enfant drôle, gai et qui, déjà, ressemblait tant à son père que César était presque là... Mais jamais, jamais, non, pas un instant durant ces presque deux ans, elle n'avait pensé que, rentré à Rome, il s'installerait chez sa femme !

Et puis, raisonnable, lucide, elle avait toujours eu en elle deux versants : le sauvage, l'absolu géré par son corps, et dans le même temps le raisonnement, la compréhension de l'autre géré par sa tête. Elle se persuada que c'était normal. Dictateur, officiellement époux à Rome de Calpurnia, il se devait de rentrer chez lui, il n'était pas encore divorcé. Il allait sûrement s'en occuper maintenant, avant qu'elle arrive. De toute façon, elle à Rome, ils vivraient ensemble... Pourtant, même si elle s'en voulait beaucoup, ses insomnies et sa solitude lui faisaient voir des images qu'elle exécrait. César nu... Il pénètre sa femme tandis que le petit sac qui contient la rose des sables se niche au milieu des seins de Calpurnia...

*
**

Et puis un dernier courrier était arrivé : *Vous pouvez venir, je vous attends, donc Rome vous espère.*

Ce voyage ! elle le passa presque constamment à l'avant du bateau, appuyée à la rambarde du pont supérieur ; elle donnait l'impression de pousser. Elle ne donnait pas l'impression, elle poussait vraiment. « Que ce bateau est lent et lourd ! Qu'il avance, par tous les dieux ! » Césarion courait sur les ponts. Elle s'agenouillait et lui faisait répéter le salut qu'il devrait faire à son père. Puis elle descendait en courant aux cales. Est-ce que tous ses présents étaient bien là ? L'éléphant blanc, la panthère noire aux yeux pers et les malles chargées d'or et tant d'autres trésors encore. Jeune mariée, elle emportait avec des robes et des robes, des tapis, des candélabres, des petits meubles d'ébène et d'or, sa coupe, sa vasque, que près de son lit à nouveau César y trouve ses fruits préférés...

Lorsque son bateau royal accosta à Ostie — sur le quai, ça n'était qu'une jetée faite de grosses pierres —, elle vit une centaine de centurions figés au garde-à-vous. Ses musiciens prêts depuis des heures commencèrent à jouer tandis qu'elle, toute vêtue de blanc, avec pour unique bijou son serre-tête d'or en forme de serpent aux yeux de rubis, tenant par la main Césarion, Césarion habillé de pied en cap en Jules César — les mêmes bottes, la même armure, le même casque et la même cape rouge —, apparut sur le pont. Alors des milliers de colombes immaculées lâchées des soutes s'envolèrent, faisant comme une tenture blanche au-dessus de son vaisseau, le *Thalamagos*.

« Mais cet homme ? qui s'avance ? Cette allure, ça n'est pas... ? » Non, ça n'était pas César mais

Marc Antoine, son lieutenant, son ami, envoyé par ses soins pour les accueillir. César irait, lui, saluer la reine Cléopâtre et Césarion dès qu'ils seraient installés à Rome, dans la villa qu'il leur avait fait préparer.

*
* *

Dès la première nuit, elle comprit que même les caresses hâtives de César, elle ne les recevrait plus. Elle perçut qu'il ne la désirait plus, parce que mère de son fils ? parce que las d'elle ? A l'instant elle n'en eut que plus de tendresse pour lui. Finis, ces angoisses, ces attentes, ces déceptions, ces sourires qui cachaient, peut-être mal, l'attente non comblée de son petit corps. Ils sont dorénavant amis, tendres amis, et ont le même but : créer un royaume gigantesque pour Césarion, et c'est beaucoup !

Que ses reins lui faisaient mal ! La route qui menait à Rome était défoncée par les chars, et cette pluie, qui, disait-on, ne cessait pas depuis un mois, en avait presque fait un ruisseau. Il avait fallu recouvrir son char d'une toile de bâche, qu'elle et l'enfant ne soient pas recouverts de la boue qui, entraînée par les essieux, leur sautait jusqu'au visage. Les hommes qu'elle avait envoyés d'Égypte sur la demande de César avaient bien commencé à daller la route, mais quel chantier ! Toute Rome n'était alors traversée que de chemins de terre.

*
* *

Comme il faisait sombre ! Quelle heure pouvait-il être ? Cette chambre est si noire, si petite ! A Alexandrie, dans son palais, toutes les fenêtres étaient faites d'un verre blanc, au milieu limpide,

82

translucide ; seuls des verres multicolores dans les angles donnaient un peu de couleur à l'air. « Ici, mais, ma parole (elle s'était levée), c'est de la toile huilée ! » Eh oui, elle venait d'enfoncer son poing dedans : respirer, respirer de l'air...

« Que de travail à faire ici ! » Il avait raison, César, de lui dire parfois : « Tu vas être déçue, ma petite reine », et hier soir il avait l'air si inquiet. « Que de travail à faire ici ! » Heureusement qu'une partie de sa flotte arrivait chargée d'ouvriers égyptiens et grecs...

C'est vrai que les jardins de la villa étaient beaux et il avait — c'était sûrement lui — fait planter une allée de jasmins, sa fleur préférée. Des jardins en espaliers descendaient jusqu'au Tibre. « Allons, tout est bien. Césarion et moi sommes à Rome chez César. »

César et Césarion étaient en train de jouer à même le sol. Césarion, de son petit doigt, caressait tous les traits du visage de son père en riant tandis que César, le visage de son fils entre les mains, le regardait intensément. Minute de bonheur. Qu'importe que la maison fût « comme une maison de service » — c'est ce que Cléopâtre s'était dit en y pénétrant, fourbue — qu'importe. Elle se donnait un mois pour que des fenêtres immenses ouvrent sur les jardins, que les salles de bains ne soient plus si massives, et que surtout, surtout, les baignoires soient entourées de murs de briques, recouverts de mosaïque chauffée à blanc. Des thermes. Impossible pour elle de vivre sans cela. Enfin presque impossible !

— Tu es arrivée à temps, ma Cléo, pour voir mon triomphe. Je veux que tu y assistes.

— Mais comment, César ? En tant que quoi ?

Elle se sentait soudain si seule.

— Mais en tant que reine d'Égypte. Tu seras sur ton trône, et moi, bien sûr, assis à l'avant de mes sénateurs.

Et comme elle s'en voulait :

— Et Calpurnia ?

— Mais Calpurnia est encore ma femme. Ne sors pas tes griffes, ma petite hyène. Elle sera assise à côté de moi, tu le sais bien, et nous nous en sommes mis d'accord, il nous faut aller progressivement dans nos projets. (Comme il était sage soudain !) Je me fais sacrer roi et après je te fais reine de Rome.

Il avait raison, c'était diplomatiquement juste, et sa tête trouvait cette solution la meilleure. Mais alors pourquoi cette morsure au ventre, là soudain ? « Mon corps et ma tête se battront toujours ! »

— Ma Cléo, ma petite reine, Marc Antoine m'a dit combien tu étais belle sur ton bateau, si simple... Je voudrais (il avait un peu honte, mais il le fallait), je voudrais qu'ici tu frappes l'imagination ; je voudrais que tu leur apparaisses en reine d'Orient, tu comprends ?

Bien sûr qu'elle comprenait.

— Ils ne vont pas être déçus, César...

Et ils ne le furent pas !

Mais il y eut une maladresse : le char qu'elle s'était fait construire pour porter son trône d'or à trente marches d'or — sur lequel elle et Césarion devaient apparaître — était si large qu'il fallut à sa garde attendre pour se mettre en branle que les chars d'Octave, de Marc Antoine, de Brutus, des sénateurs et des notables et le gros de la foule soient arrivés sur la grand-place de Rome où César donnait sa fête, son spectacle. Et lui, si fier de ce qu'il avait fait préparer — heureux aussi de lui montrer sa puissance déployée –, fit attendre tout le monde. En vérité, il attendait aussi que le jour baisse et que ses porteurs de torches soient plus visibles, mais peu à peu des quolibets fusèrent de la foule, les sénateurs se mirent des mouchoirs sur le crâne : on crevait de chaleur, on entendait des arènes le remugle des bêtes trop serrées qui s'impatientaient. « Pour sa pute », murmurait-on de partout. Enfin elle arriva et la même foule en un instant se tut ! Jamais, jamais ils n'avaient vu un trône d'or si grand, si beau, si richement paré. Quant à elle, menue, hiératique, revêtue de sa perruque noire de reine d'Égypte et d'un très haut diadème fait de diamants et d'émeraudes, elle portait une simple tunique blanche, mais laissant totalement ses épaules et ses bras nus. « Comme une esclave ! » se murmura Calpurnia, puis un si douloureux « Qu'elle est belle ! » – à son cou il y avait un fil d'or qui devait porter un bijou mais caché entre ses seins. D'une main elle entourait les épaules de Césarion, vêtu encore en César, et de l'autre tenait son sceptre qui se terminait par une boule constellée de diamants brillants – un seul homme savait les tailler pour qu'ils brillent autant et il était à son service. Elle fit arrêter son char un peu avant qu'il n'arrive devant la tribune du dictateur et de ses sénateurs, et alors elle descendit... Elle ne se dirigea pas vers le trône qui lui était destiné, mais alla s'asseoir, elle et Césarion, près des femmes des sénateurs... La foule alors hurla, lui fit un triomphe tandis que les sénateurs, inquiets, agacés par ces ovations – que ce peuple est bête ! – faisaient signe à César, qu'il lève le bras, que la fête commence – on avait assez attendu comme cela, non ?

Les femmes des notables s'étaient comme poussées, ne pas la toucher. Elle entendit distinctement un « Mais c'est une négresse » — ce qui était bien sûr faux ! Bronzée, oui, tant elle avait passé son voyage sur le pont... Au même moment, Calpurnia qui avait entendu aussi lui sourit, du mieux qu'elle savait, et Calpurnia la stérile ajouta même un petit salut à l'adresse de Césarion, le sosie de César.

D'abord ce furent des porteurs de torches juchés sur des éléphants, cadeaux de la reine d'Égypte, puis une cohorte de prisonniers gaulois — emmurés depuis six ans dans les cachots de Rome — avec à leur tête Vercingétorix qui devait être tué le soir même. Elle chercha son regard, Cléopâtre. Mais Vercingétorix n'avait plus de regard, il était déjà au-delà... Puis des prisonniers égyptiens (« Normal », se dit Cléopâtre) : à l'avant de leur cortège, une reproduction du phare de Pharos, en grandeur nature. C'est vrai que l'Égypte était sous protection romaine, mais elle bouillait, Cléopâtre : ne pas bouger pourtant... Bientôt, bientôt, le royaume d'Égypte serait la main droite du royaume de Rome et il n'y aurait plus de rapports de maître à valet, bientôt, grâce à elle et à César — comme il était fier de ses victoires ! Elle pensa aussi qu'elle n'aurait peut-être pas présenté ses propres victoires ainsi, mais lui connaissait mieux les Romains qu'elle. Puis arrivèrent des effigies enchaînées de Pompée et de ses troupes félones — et il y eut alors un silence lourd dans la foule. « Merde, je n'aurais pas dû », se dit César, et « Merde, il n'aurait pas dû, ce sont des Romains », se dit Cléopâtre. Heureusement les clowns, les prestidigitateurs, les mangeurs de feu, les acrobates arrivaient : parade grotesque, bruyante, où la foule put enfin rire. Les vrais jeux du cirque allaient commencer, alors Cléopâtre (elle détestait ces jeux), après s'être inclinée — légèrement — devant la tribune de César et avoir souri, oui, souri à Calpurnia, tenant toujours Césarion par la main, se retira juste après que les clowns pirouettant, zigzaguant et tombant — comme il riait, Césarion — eurent fait leur entrée.

*
**

Le soir était doux. Cléopâtre avait fait mettre des torches imbibées de citronnelle dans le jardin, que les moustiques ne s'approchent pas. Cléopâtre recevait César et ses amis. Cléopâtre s'ennuyait un rien : ils parlaient tous en latin et elle n'aimait pas cette langue, on ne pouvait pas assez jouer avec. Elle s'ennuyait, mais César avait l'air si heureux, si calme. Octave, son neveu, riait aux plaisanteries de César, mais ses yeux — elle l'avait remarqué dès leur première rencontre —, ses yeux, eux, ne riaient jamais, ses yeux guettaient, guettaient tout sans cesse. Cléopâtre avait eu peur de lui dès la première fois où César, si fier, avait présenté Césarion à ses amis. « Mon fils. » Elle avait vu cette lueur, cette même lueur, nichée dans les yeux de son frère-époux. « Octave hait Césarion, il faut que je le garde de ce côté-là. » Brutus, toujours frileux, lui, ne parlait pas, ne mangeait pas, ne buvait pas ; droit, poli, glacé. Quant à Marc Antoine, il était drôle, très drôle, il plaisantait et avait l'air de tellement vraiment aimer César que cela réchauffait son cœur. Lui aussi aimait César, ils étaient donc au moins deux. Comme il était drôle lorsqu'il lui avait affirmé qu'il la connaissait depuis qu'elle était fillette ! « Normal que je le trouve mieux que les autres, pensa-t-elle, il m'a parlé de moi ! En tout cas, il est plus beau, pas difficile, c'est vrai. » Ses servants venus d'Égypte servirent un dîner comme

les Romains n'en connaissaient pas, dans une vaisselle d'or d'une finesse inouïe. Il jubilait, César, et
regardait ses amis, guettant une approbation dans
leurs regards... Vers minuit, la litière de César vint
le chercher. Il rentrait chez lui dans Rome. Passé la
première semaine, il n'avait plus dormi chez elle,
et, sans qu'ils en aient jamais parlé, il était entendu
qu'ils étaient devenus de tendres amis aux ambitions jointes et qu'il leur fallait être patients. Il
fallait d'abord que César se fasse sacrer roi.

... « Ainsi c'en est fini, déjà fini de ma vie de
femme », se disait parfois la jeune Cléopâtre alors
qu'elle cherchait le sommeil qui, bien sûr, ne venait
plus... Comme elle avait bien dormi pourtant en
Égypte, blottie sous son épaule — « Mais je suis
bien, là auprès de lui... Bien sûr, il s'en va là-bas,
mais Calpurnia doit être plus douce, plus reposante
que moi. Avec ses gros lolos et sa façon de dire oui
à tout avant même qu'il ait fini sa phrase... tandis
qu'avec moi... mais moi, ça n'est pas cela qu'il me
demande... »

Ce que César lui cachait — et ça n'était pas
difficile tant elle vivait isolée de tout — le matin elle
assistait au cours que des maîtres venus avec elle
d'Égypte donnaient déjà à Césarion : des embryons
de la vie d'Alexandre, des langues et même des
mathématiques ; et, lorsque l'enfant était las, les
cours, différents alors, continuaient pour elle.
L'après-midi elle dictait des courriers pour ses
généraux et ministres et vers cinq heures elle
commençait à attendre César. Elle se faisait belle
alors et souriait, tristement, chaque fois de cette
coquetterie désormais inutile... Il venait, et lui parlait de ses projets : que ses rapports étaient filan-
dreux avec ce sénat ! Parfois elle riait et lui disait :
« Comme tu vas souffler, une fois roi... Plus rien à

expliquer à ces pieds plats. » Puis elle redevenait sérieuse et lui, lui récitait ses discours. Fatigué, épuisé par des fièvres qu'il avait attrapées en Afrique et ce haut mal qui le terrassait maintenant presque chaque huit jours, fatigué, il avait tendance à faire des phrases trop longues, à alambiquer ses discours (« Plus tu as envie de leur dire merde, plus tu prends des gants, mon amour »). Il fallait le détendre, lui faire comprendre que ses discours devenaient trop ennuyeux. De la rhétorique, de la rhétorique d'écolier, et des références à n'en plus finir... « Mais, avec ce galimatias, que veux-tu leur faire entrer dans la tête, César ? »

Parfois, à six heures, ils dînaient tous les deux avec Césarion, et alors l'enfant prenait d'une main la main de Cléopâtre, de l'autre celle de son père tandis que la petite Circassienne lui donnait la becquée ! César fronçait les sourcils, Cléopâtre fronçait les sourcils, mais aucun des deux ne retirait sa main.

Des amis, toujours les mêmes — Brutus, Octave, Marc Antoine —, venaient souper une ou deux fois la semaine. Elle était si lasse de leurs discussions de militaires en latin qu'alors elle priait ses musiciens de jouer sans s'arrêter et ils étaient tous repartis depuis longtemps que Cléopâtre, assise dans son jardin au bord du Tibre — il n'avait pas du tout la même odeur, ce fleuve, que le Nil —, écoutait encore et encore ses joueurs de flûte, reculant le moment d'aller se coucher, seule.

... Ce que César lui cachait donc, c'est que le peuple de Rome — poussé par qui ? — la détestait. Tous les quolibets étaient centrés sur elle : on chantait entre autres inepties qu'elle avait dans le sexe une petite pince en or et que, clac, elle savait la fermer d'un mouvement du bassin et garder alors en elle, droit, le sexe d'un homme des heures durant...

Après avoir été adulée les premiers jours, copiée jusque dans ses toilettes par les femmes de Rome, dans sa manière de vivre aussi — toutes les villas avaient maintenant des fenêtres de verre, des jets d'eau dans les jardins comme les siens (ses domestiques gagnaient des fortunes en disant tout de ses menus et de sa façon de recevoir) —, elle était maintenant haïe. « Il paraît qu'elle fait tout venir d'Égypte, que rien n'est assez bon pour elle ici, elle n'a qu'à y retourner, chez elle, cette pute noire. — Car elle est bien nègre. — Vous savez, elle se montre nue aux hommes qu'invite chez elle notre César, et ils l'ont dit, c'est une négresse, une vraie, de partout. »

Il lui cachait tous ces bruits, mais elle les savait, il y avait longtemps que des groupes de jeunes gens — certains étaient des fils de sénateurs —, la nuit, venaient jeter par-dessus les murs de sa villa des tombereaux de merde tandis que des mendiants, payés, chantaient à tue-tête toutes les infamies inventées à son sujet. Seules l'histoire de la petite pince et une ou deux autres du même genre la faisaient sourire. « Si seulement c'était vrai ! » Il lui cachait ces bruits. Elle lui cachait qu'elle les savait. Une nuit, après une de ces crises où il s'était cogné le visage contre la terrasse de marbre qu'elle avait fait courir autour de la villa, il lui avait dit, murmuré, hurlé :

— Le temps presse, Cléopâtre, je me sens si las, si vieux, et il n'y a que devant toi que je peux le montrer.

Elle le berçait alors, si tendrement, si doucement...

Comme leur vie en Égypte était loin ! Bien sûr

que jamais la même eau ne passe sur le même caillou, mais recommencer, oh ! recommencer, un jour, une nuit seulement.

*
**

L'air est doux. Césarion joue avec des petits soldats en or, des Égyptiens et des Romains. Aujourd'hui il fait gagner les Égyptiens. De sa main il pousse les petits soldats romains vers le sable :

— Allez, allez, à la mer ! vous êtes morts.

Elle rit, Cléopâtre. César, lui, d'un coup de botte, dérange tout le jeu de son fils...

— Mais, César, hier il a fait gagner les Romains. César, César, tu ne sais plus rire, voilà qui devient grave.

Il est furieux, César. Il est venu avec un discours, il l'avait en bouche, les périodes étaient belles, amples, et elle — non, elle ne lui coupait plus la parole — sa colère alors était telle qu'elle avait honte pour lui et dans le même instant peur que la crise n'arrive. Non, simplement elle mettait les doigts dans son nez et faisait mine de rouler ses crottes entre ses petits doigts avant de les manger. Cela le mettait hors de lui, il avait si longtemps mangé ses propres crottes et eu tant de mal à se défaire de cette manie ! Alors il s'arrêtait et attendait un signe d'elle...

— César, tu vas les endormir ! Pense que ce discours, tu le feras l'après-midi, après le repas... Écoute (et elle lui prenait la main), étonne-les, parle-leur autrement. Veux-tu que je te dise un des exercices de style, de variations que me faisait faire mon maître grec ?... Attends, attends que ça me revienne... Ça y est, je me souviens d'un thème. Voilà : tu as dix minutes pour me préparer un discours d'une heure sur ce thème : Un homme viole deux femmes ; l'une, la jeune, demande sa mort pour châtiment ; l'autre, la vieille, qu'il l'épouse. Mais à la trentième minute tu dois inverser, et c'est la vieille qui demande la mort et la jeune le mariage...

— Mais ça n'a rien à voir avec ce que je veux leur dire ! Tu es complètement folle !

— Non, César... c'est pour te délier les idées, que les images, les mots oubliés resurgissent. Ici, vos discours politiques sont toujours le même. Du vent, du vent gonflé, et ils usent leurs culs sur leurs bancs, et toi sur ton trône d'or, car on me dit que tu t'es fait installer un trône ! Bien, César, c'est bien, mais était-ce le plus urgent ?

Césarion, boudeur, est parti, sa mère ne s'occupait plus de lui, uniquement occupée à calmer le courroux de son homme, son César. Il sourit maintenant. C'est gagné encore une fois.

— Mais, Cléo, ils sont prêts, enfin presque prêts. Nommé dictateur pour dix ans, j'ai les coudées plus franches. Et écoute : j'ai décidé, Marc Antoine est d'accord, que demain, assis sur ce trône que tu me reproches, il s'approchera de moi et fera mine de me ceindre le front d'une couronne de lauriers d'or — je l'ai dans ma litière — et moi, je l'en empêcherai, alors le sénat, mon sénat, se lèvera, m'acclamera et me suppliera d'accepter de devenir roi. Ils m'aiment, tu sais.

— Fasse que les dieux et les hommes t'entendent, César ! Mais je crois qu'en effet le temps est venu : tes armées ont été victorieuses partout, les coffres de Rome sont pleins (elle s'en voulut mais pensa un instant « Beaucoup grâce à moi ») ; elle s'en voulut et même se pinça, elle se haïssait quand elle était une Ptolémée mesquine), va, César ; avec mon amour, moi, je te couronne déjà.

Et de ses mains, hissée sur la pointe de ses cothurnes, elle lui fait une couronne autour du front ; puis elle le baise aux lèvres.

Comme il aimait lorsqu'elle était ainsi admirative, douce, en accord avec ses rêves, mais que c'était rare !

— Fais-moi vite prévenir, va, rentre chez toi, repose-toi, que tu sois en pleine possession de tes moyens demain.

— Mais tu entendras la clameur, ma Cléo...

Il pensa un instant rester près d'elle... — des mois qu'ils n'avaient plus... — mais Calpurnia l'attendait et elle avait longuement, cet après-midi, parlé avec des femmes de sénateurs, et avec la femme de Brutus et la sœur d'Octave (« Elle connaît son Rome par cœur, ma gentille Calpurnia »), et elle avait raison : il fallait qu'il se sente bien demain, et chaque fois qu'il faisait l'amour, maintenant, il restait épuisé, comme s'il avait eu une forte fièvre durant presque huit jours. Alors il rentra chez Calpurnia. Dormir près d'une aussi belle femme que Cléopâtre sans la toucher l'humiliait trop. Mais il ne pouvait plus : ce petit corps si menu contre le sien toujours si las, non, il avait trop honte. Tandis que Calpurnia... Calpurnia, sa grosse, aussitôt couchée, la chair en paix, s'endormait et c'était si rassurant !

— César ?

— Oui ?

— Avant que tu ne partes, je voudrais — je n'ai jamais osé te le demander : pourquoi tu ne portes plus ma chaîne et ma petite rose des vents ? Tu l'as perdue ?

— Oh ! oui, je ne te l'ai jamais dit ? Je croyais pourtant bien... Mais voilà, je l'ai perdue dans une bataille en Afrique. J'étais désolé, tu sais.

Comme il ment mal ! Deux jours après son arrivée à Rome, par sa suivante première, elle a su — la suivante avait une jolie histoire avec l'ordonnance en chef de César — que cette rose des sables, il l'avait offerte à une jeune princesse d'Afrique qui l'affolait alors.

— Ça ne fait rien, César, c'est juste un peu dommage, mais c'est bien que je sache. (Elle tenait dans sa main serrée, si serrée, sa petite rose des vents, à elle, qui n'avait jamais quitté son cou.) A demain, roi de Rome et d'Égypte.

Il était ainsi, Jules César, homme à se rassurer sur une poitrine nouvelle... « Tant pis pour moi, il me trouve peut-être vieille... Ou peut-être est-ce parce que je suis la mère de son fils qu'il ne me désire plus, il en est souvent ainsi, dit-on », elle voulait tant le croire.

Le lendemain, elle attendait dans son parc, guettait la route, un char, mais il y avait bien trop de poussière... « Pourquoi est-ce qu'ils n'arrosent pas les routes en permanence ? Tout est blanc, comme recouvert de plâtre, ici. » Elle avait envoyé sur la route à son avance la petite Circassienne, puis elle était sortie.

— Je viens, je viens aussi, criait Césarion.

Elle l'avait repoussé, brutalement...

Vers huit heures, la nuit était tombée, brutale, César et Marc Antoine, las, défaits, étaient arrivés. Ils avaient bu.

D'évidence, César n'était pas roi. Marc Antoine était soûl, mais à l'inverse de César, qui avait le vin triste, lui l'avait gai, et il lui raconta si drôlement la première tentative de couronnement, le refus de César, la deuxième tentative, et sa main déjà moins assurée ! En effet, tous deux avaient perçu en fait d'ovation un étrange silence, « un silence blanc » !

Puis peu à peu il y avait eu des grondements, des rires et enfin des « Hou ! Hou ! » Alors, tandis que de son pied César faisait signe à Marc Antoine d'essayer encore une troisième fois, dans le même temps il se levait, lui arrachait la couronne des mains et la jetait aux sénateurs : « Être votre dictateur, élu par vous, me suffit, je n'en veux pas, de cette couronne. Merci, Antoine. » Et alors, oui, il y avait bien eu une énorme ovation, mais seulement lorsque la couronne avait été à terre, piétinée. Il s'en étranglait de rire, Marc Antoine. César, lui, ne riait pas du tout. Blême, le visage figé, il regardait droit au loin : quoi ?

Ainsi, tous les renseignements que l'on avait donnés à César étaient faux ! Il ne connaissait plus ses sénateurs. Comment avait-il pu se fourvoyer ainsi ? Elle le savait bien, Cléopâtre, si dur que cela soit à entendre, la raison en était simple : depuis qu'il était revenu d'Égypte et qu'il se voulait roi, au lieu d'être encore plus vigilant, il ne s'était plus entouré que de flatteurs, de laudateurs, d'épris de titres. Il ne supportait plus aucune contradiction et n'était occupé à plaire qu'à ceux qui « n'étaient rien » (c'était un mot à elle), rejetant ceux qui osaient émettre quelques doutes, les laissant amers et ainsi libres de comploter contre lui. Il n'est pire ennemi qu'un ami déçu. Et comment avait-il pu organiser un coup aussi mal, qu'il se retourne si honteusement contre lui ?

Marc Antoine dessoûlé – il tenait merveilleusement le vin et pouvait s'enivrer quatre fois la nuit et avoir après quatre merveilleux moments de lucidité – faisait signe à Cléopâtre qu'il avait obéi car il n'avait rien pu faire entendre à son ami et maître, Jules César.

César ne savait que répéter : « Calpurnia, elle, me

l'avait bien dit » – Calpurnia... sous-entendu : « Toi, Cléopâtre, tu m'as laissé y aller. » Mais comment l'en dissuader ? Il avait l'air si sûr de lui, et il ne l'avait pas habituée à des défaites...

— Je me vengerai, je trouverai, mais je me vengerai de tous ces péteux, ces chiasseux. Ah ! on va voir qui va rire maintenant ! Allez, salut, je rentre dormir à la maison. Tu viens, Marc Antoine ?

A la maison ! Ici, d'évidence, ce n'est pas sa maison. Et lasse, lourde soudain, elle va vers sa table et de sa main écrit une lettre à César qu'elle lui fait porter dans l'instant.

César, je sens une ombre noire arriver. Je crains pour toi... Veux-tu inviter chez moi tes amis, tes amis les plus proches ? Je veux leur faire une grande fête. Il y a parmi eux un traître, je le sais, je le sens, et à son regard, moi, je le trouverai, parce que je t'aime, César.

CLÉOPÂTRE, reine d'Égypte,
femme de César, roi d'Égypte,
et ça n'est pas fini...

César, endormi, titubant, réveillé par les coups dans sa fenêtre, s'approche : « De la part de Cléopâtre. » (« Mais elle me poursuit jusque chez moi, pense-t-il, agacé. Pauvre Calpurnia, si gentille, elle ! Quelle louve ! ») Et pour ne pas réveiller son épouse qui dormait d'un sommeil agité – tout à l'heure elle pleurait même –, il sort un instant sous le porche. La lune est pleine et il peut lire le petit billet de Cléopâtre.

« Mais qu'est-ce qu'elles ont toutes, ces bonnes femmes ? Calpurnia m'a dit la même chose hier soir. Que non, je ne les inviterai pas ; quand je serai roi, on verra. J'en ai assez de toutes ces femmes qui me conseillent. Je n'ai plus besoin de nourrice, et depuis longtemps déjà. D'ailleurs j'ai trouvé, j'ai trouvé ma vengeance. Je vais les rouler, ces pets d'humains, moi né d'un dieu — il en était maintenant totalement persuadé, ce qui lui gonflait la tête comme un ventre nourri aux haricots blancs et aux lentilles. Ah ! ils ne m'ont pas voulu pour roi ! A genoux ils vont me le demander ! » Et il alla taper du pied contre la porte où dormaient ses secrétaires :

— Debout, paresseux ! Est-ce que Jules César dort, lui ? Debout ! J'ai un acte capital à dicter...

Et il dicta un testament, son testament. Il était si en colère que les mots sortaient sec, dru. Cette fois, pas de formules alambiquées, pas de périodes... A sa mort il donnait toute sa fortune personnelle — colossale — au peuple, et que ses palais en construction (sur des plans faits par les architectes de Cléopâtre — mais ça, ça n'était pas écrit dans le testament) deviennent édifices publics, ses jardins des parcs, et que ses fidèles amis — Brutus (tiens, il reste un instant muet, « Il y a longtemps que je n'ai pas rencontré son regard... je l'impressionne ! »), Antoine (« Ah ! celui-là, quel gentil toutou ! Toujours Oui, César »), Cassius (« De plus en plus jaune depuis le temps qu'il me hait ! Là, il va devoir me dire merci, cela lui mettra enfin un peu de rose aux joues ») et Octave (« Mon neveu, si obéissant ») — deviennent consuls à vie et se partagent le monde — colonisé par les Romains et surtout grâce à moi, César. Un empire, comme les lieutenants d'Alexandre l'ont fait à sa mort...

Puis il dicta une autre lettre, brève, très brève.

Madame, les dieux me semblent contraires ces temps. Je pense qu'il serait juste que vous rentriez à

Alexandrie. Quand tout sera calmé, je me ferai sacrer roi et alors vous reviendrez. Bon voyage.

CÉSAR.

Veni, vidi, vici, ajouta-t-il de sa propre main.

Le secrétaire, habitué à se taire — Jules César l'avait choisi pour sa placidité — avait du mal à rester calme. Ce testament qu'il avait écrit sous sa dictée était insensé. C'était un secret trop lourd, et César qui justement lui disait : « Il va de soi que tu te tais. » Et peu après : « Sors, tu es libre aujourd'hui. » Alors que fit le secrétaire de César ? Il courut, courut voir le secrétaire d'Octave, et de lui réciter, il en bégayait, mot à mot, le testament. Et le secrétaire d'Octave, qu'est-ce qu'il fit ? Il courut le raconter au secrétaire de Brutus et une heure après Octave, Brutus, Cassius et quelques autres, réunis dans une de leurs cachettes secrètes, savaient tous le testament de César par cœur. Sauf Marc Antoine, qui était parti dormir hors de Rome dans une auberge à mi-chemin d'Ostie. Les filles y étaient si belles et si naturellement gaies !

— C'est encore une ruse, affirma Cassius...

— Oh ! toi, dit Octave, tu vois des ruses partout, mais je t'accorde que si c'était vrai, il faudrait avancer notre plan final à demain ou après-demain. Je vais demander à ma douce femme, ou non, plutôt à ma sœur Octavie qui est très amie avec Calpurnia, d'aller aux nouvelles.

— Mais pourquoi une ruse ? osa demander Brutus. Et si c'était vrai qu'il nous donne tout, enfin je veux dire au peuple ? Et s'il avait compris son erreur ? S'il n'était plus un ennemi de notre République, ça ne serait plus la peine de l'assassiner, alors.

— Amène ton nez, Brutus, que j'appuie dessus et

qu'il en sorte du lait... Ô mon Brutus, ta nounou t'a fait sucer son sein trop longtemps, tu es une femme. Tu crois vraiment qu'il oublierait son bâtard de fils ! Et sa pute de deuxième épouse ? Non, c'est gros comme une bitte d'amarrage. Il veut que l'on connaisse ce testament : que l'on ait honte et que, confondu de sa noblesse, on le proclame roi — c'est dans la logique de sa folie des grandeurs... Et après, roi, qu'est-ce qu'il fera, mes petits pigeons ? Il nous fera assassiner tous, et amènera sur le trône son fils et sa catin, sa boîte à or. Moi, son neveu, je le connais, croyez-moi ! Écoutez, si je dis vrai ? S'il y a bien cela dans son testament, me croirez-vous ?

— Oui, oui.

— Et alors ?

— La mort, la mort pour lui !

— La mort. On ne peut pas le laisser assassiner la République pour son goût de la puissance personnelle.

— Mais si on lui parlait ?

Il essaie encore de calmer les autres, Brutus...

— Tu sais bien qu'il n'entend plus rien, et qu'ostensiblement, quand il vient au sénat, il ronfle durant nos discours...

— Elle l'a rendu fou, notre César, il trahit Rome.

Lorsque Octavie vint rendre visite à Calpurnia, elle trouva celle-ci très tendue, les yeux rougis. César lui avait expliqué sa ruse :

— Il faut qu'ils connaissent mon testament et que, frappés de stupeur et d'admiration, ils me sacrent roi. Tu comprends, dis...

— Mais, César, Césarion est ton fils, tu ne peux pas le...

— Dès qu'ils m'auront sacré roi, je les fais tuer, tous, au même instant ! Ils m'ont, sauf Marc Antoine, trop humilié, et je ne veux pas que le soleil se lève plus de dix fois avant que mon humiliation ne soit lavée dans leur sang de navet.

— César, César, tu joues trop avec les hommes, et je comprends maintenant tous ces rêves noirs où tu gis dans ton sang...

— Calpurnia, si tu bouffais moins le soir, tu dormirais mieux ! Ce sont les rôtis ajoutés aux poissons avalés trop vite qui t'appuient sur le cœur et te font croire que c'est mon cadavre qui t'écrase. Allez, arrête, femme ! Et prépare-toi. Octavie l'obéissante, Octavie la sans-caractère, la mademoiselle « comme vous voulez », logiquement ne devrait pas tarder à arriver, oui, c'est elle qui va être envoyée près de toi pour une causette de dames, la propre sœur d'Octave !

Quelques minutes après, à peine quelques minutes après, on annonçait à Calpurnia qu'Octavie, de passage dans son quartier, désirait la saluer. Et tout se passa comme César l'avait prédit. Elles parlèrent d'abord de César, et chantèrent ses louanges, puis du temps... « Comme ces orages, ces derniers temps, étaient fatigants. »

Puis il y eut un blanc dans la conversation. Calpurnia fit apporter de la bière et des fruits. Octavie hésitait et regardait la porte avec, à l'évidence, l'envie de fuir. Alors, vite, Calpurnia — César le voulait tant — demanda des nouvelles d'Octave... « et qu'est-ce qu'il fait en ce moment, et qui il voit ».

— Oh ! (Ça y est ! Elle était accrochée à l'hameçon, la petite sœur.) Oh ! figurez-vous qu'il a entendu une drôle d'histoire, mon frère, mais Rome depuis quelque temps grouille d'histoires toutes plus folles les unes que les autres.

» On lui a dit (et là elle baissa la tête) que César, le grand César, épuisé, prêt à se démettre de ses fonctions peut-être, avait écrit un testament...

un testament où il laissait tout au peuple de Rome, et à ses fidèles amis...

» C'est de la folie, non ? D'abord parce que notre grand César est beau et fort... et puisque maintenant il a un fils de cette...

Calpurnia baisse le visage pour cacher sa honte et l'autre prend cela pour de la confusion ; mais Calpurnia s'admoneste : « Allez, fais ce qu'il t'a demandé pour une fois qu'il te demande de l'aide, mieux, qu'il te fait participer... » Alors elle relève la tête, sourit, prend un air plein de mystère et, peu à peu, se laisse arracher quelques mots de la gorge. Eh bien... c'est-à-dire que oui, elle a entendu parler de ce testament. Eh oui, c'est vrai, Jules César est las et pense à se retirer, enfin pas tout de suite, mais bientôt...

Mais ce testament, son frère a exigé d'Octavie qu'elle le lui apporte. Et, pressée d'en finir, Calpurnia ne joua peut-être pas assez longtemps avec Octavie, mais la femme de César était si fière d'avoir su mener le jeu, croyait-elle, qu'une demi-heure après qu'elles eurent bu un peu de bière ensemble et mangé quelques gâteaux au miel Octavie partait avec le testament...

— Vous me le rapporterez, n'est-ce pas ? C'est parce que nous sommes de la même famille que j'ai fait cela. N'êtes-vous pas ma nièce ? Mais si César le savait ! Il se fait une telle fête de la surprise qu'aura le peuple, son peuple, et ses si fidèles et amis généraux et surtout son neveu tant aimé.

— Oh ! mais vous pouvez en être sûre, je vous le rapporte. Demain au plus tard. Je ne sais comment vous remercier, ma tante.

Et elle part en courant, ou presque, pendant que César, qui a tout écouté derrière la porte, fait des cabrioles...

Il esquisse même un pas de danse avec son épouse.

— Je les tiens, je les tiens. Demain je serai roi...

Elle ne dit rien, Calpurnia, elle se sent mal...

*
**

Cléopâtre reçut le message de César dans sa chambre. Césarion avait pleuré, très enrhumé ; il était venu se blottir près d'elle. « Je l'amollis. Il faut que je me ressaisisse... » Mais il était là, lové contre elle, et elle, bouleversée, la tête près de son visage, de ses lèvres, doucement, doucement, le caressait. Il sentait, mystère des mystères, le lait chaud au-dessus des oreilles et l'abricot trop mûr dans le cou. Elle reçut le message dans sa chambre : ... *que vous rentriez à Alexandrie... je pense...*

D'abord ce fut la colère, celle qui ne l'avait plus jamais habitée depuis le soir où elle était entrée dans son palais, enroulée dans le tapis de soie. La colère, celle qui lui venait du bas-ventre et montait, vague sur vague, et qui en un instant submergeait, immergeait tout son corps, toutes ses pensées. La colère, celle qui la faisait hurler. César, là, présent, elle l'aurait tué. La colère, celle qui sortait d'elle en des flots d'injures sauvages.

Césarion essayait de la calmer, mais elle le repoussa et, accroupi maintenant au fond de la chambre, il pleurait à tout petits sanglots, terrorisé. Cléopâtre vient de jeter contre le mur la coupe, sa coupe sauvée du pillage, sa coupe à fruits apportée jusqu'ici d'Égypte. Brisée en mille petits morceaux qui sont retombés sur l'enfant.

« C'est une lettre de renvoi pur et simple ! » Elle marche. Que cette chambre est petite ! Elle se cogne contre chaque mur. Quel pays de merde, de bouseux !

Depuis un moment, une de ses dames d'honneur, une esclave qu'elle a affranchie en quittant Alexandrie (heureuse, si heureuse alors, elle avait affranchi toutes les esclaves femmes de son palais). Celle-ci, une Circassienne, on l'avait retrouvée cachée dans l'une des soutes du bateau, perdue, égarée comme un petit chat. « Je veux te servir, reine. » Alors elle l'avait prise près d'elle, patiente, muette quand Cléopâtre le voulait, mais curieuse de tout, elle savait, comprenait tout. Là elle se tenait aplatie au sol, ce qu'elle ne faisait plus depuis des mois, la reine acceptant d'elle dorénavant une simple révérence.

Cléopâtre, yeux secs, essayait maintenant de se ressaisir ; les cris étaient sortis, il lui fallait réfléchir, comprendre le sens de ce billet de renvoi.

— Majesté... Majesté...

— Mais qu'est-ce que tu as à braire ? Parle !

— Majesté, Majesté, un homme...

Secouée de sanglots, la servante ne peut continuer. Cléopâtre a honte de sa colère, Césarion, son Césarion, recroquevillé au plus creux de la chambre, a fait sous lui. Alors elle va le chercher, s'assied à même le sol, l'enfant blotti contre elle.

— Allez, parle, servante, calmement, prends ton temps. (Elle sourit même.)

— Un homme, un homme a sifflé près de la porte jusqu'à ce que l'une de nous s'approche — c'était moi —, il m'a dit qu'il avait un message important pour la reine, de la part d'un ami.

Elle plie, Cléopâtre, elle vomit, vomit. Cette fois, elle ne pourra pas se lever, pas se ressaisir. « De la part d'un ami » ; ces mots-là et assemblés ainsi ont toujours été pour elle signe de traîtrise. Des mots qui puent la trahison. Un ami, quel ami ? Elle n'a pas d'amis ! Elle sent que l'horreur arrive. Elle se ressaisit pourtant. Sale dans sa robe de nuit souillée par son fils et ses propres vomissements, elle va vers son trône : elle ne lira ce parchemin qu'assise sur son trône de reine. C'est le testament de César. Elle le lit, le relit. Elle a dû sauter, trop rapide, une phrase, car Césarion, Césarion leur fils, n'existe pas dans le testament de Jules César. Inutile de relire ce texte encore une fois, elle sait. Ainsi il lui disait de repartir pour mieux la trahir ! Il ne voulait plus d'elle ni de son fils. Il s'était servi d'elle et maint...

*
* *

Elle court vers le Tibre. Elle va toujours vers l'eau, Cléopâtre, quand elle n'en peut plus. Elle court pieds nus dans son jardin, tombe, se relève sur les genoux, jure dans toutes les langues qu'elle connaît, puis arrache sa chaîne et projette le petit sac avec sa rose des vents contre une statue. Le petit sac de cuir s'est ouvert, la rose des vents s'est brisée, alors elle se traîne et elle ramasse, à mains nues, les petits morceaux, essaie de la reconstituer. Elle gratte, écarte les graviers, veut tous les morceaux ; passe comme une aveugle ses mains sur les pelouses, en retrouve encore quelques bribes qu'elle remet dans le sac.

Elle marche, plus calme, vers le Tibre, jette sa robe et s'y enfonce nue, et nage, nage jusqu'à ce que son rythme soit régulier. Puis elle remonte vers sa villa, toujours nue, avec dans sa main serrée la chaîne d'or et le petit sac rempli de quelques agglomérats de sable. Elle va à sa table et, en grec d'abord, puis en latin — elle veut être sûre qu'il saura lire sa lettre, elle a toujours pensé que César ne savait pas vraiment lire le grec et qu'il le parlait comme un marchand —... elle hésite un instant à lui

écrire une lettre de reine, ou une lettre de femme ?
« Une lettre de femme l'emmerdera plus. »

Je sais, César, tu t'énerves, et ton tic revient : tu réajustes sans cesse ta cape de dictateur qui glisse de ton épaule... Tu as maigri, trop maigri pour avoir l'air jeune, de loin, je sais, je sais cela aussi — « Quoi ! encore une lettre de cette femme à qui j'ai signifié son congé ? » Une reine ne doit pas, une reine ne doit jamais. D'accord, une reine ne peut rien et un impuissant de dictateur peut tout. Mais tu as raison, César, je vais me reprendre, avoir un sursaut, je le sens monter. N'aie crainte (de quoi ? suis-je bête !), l'image de la reine Cléopâtre ne bougera pas. L'image... D'ailleurs regarde, je vais même signer « Cléopâtre, reine d'Égypte et mère de Césarion, le bâtard de César », car c'est bien cela, n'est-ce pas ?

Je t'ai... Elle allait écrire *servi*, mais l'écrire c'était comme en demander le rendu, et à cela la reine Cléopâtre s'y refusait. Alors elle le barra.

... Ô César, je sais bien que le mensonge a toujours le goût et l'odeur du miel, tant l'homme est habile et que la vérité sent souvent la merde. Aussi je te remercie de ta trahison, de ta trahison à l'égard de ton fils, Césarion, bâtard certes de Jules César mais roi d'Égypte par sa mère.

Me voilà revenue grâce à toi dans le monde des humains et condamnée donc (heureuse finalement !) à ne plus manger de miel, puisque chez moi — car nous, nous vous obéissons, grand César, et rentrons — puisque chez moi, entourée de valets muets, moi, reine d'Égypte, et Césarion, futur roi d'Égypte, Ptolémée XV, vivrons dans la vérité. Enfin dans notre vérité...

Elle allait signer et apposer son sceau, mais elle continua tout en se morigénant. Cet homme, elle lui écrivait bien trop longuement, comme si ce lien, cette lettre, cette dernière lettre, elle n'arrivait pas à l'arrêter — « Et pourtant je le hais, je le méprise ».

... Comme il avait raison, Ptolémée XIV, mon frère et époux, lorsque nous étions enfants, de rajouter, lorsque je disais mon nom ou que je l'écrivais, « Cléopâtre, reine ». « D'accord, mais de mes deux qui ne seraient pas descendues ! »

Tu vois, je vais mieux, je redeviens vulgaire. Sois maudit, ô César ! L'amour seul rend vulnérable, et toi, tu ne m'aimes pas, ne m'as jamais aimée. Tu n'aimes que la puissance. Je t'ai amusé, intrigué, servi — ça y est, elle l'avait écrit — *mais non, tu ne m'as jamais aimée, et moi, je me suis perdue, parce que je t'aimais, César.*

Romain, la paille te sort encore des... des... La main levée, interrompue, elle cherche d'où pourrait lui sortir cette paille. Où l'atteindre ? Où le blesser ? « La paille te sort encore du cul » ? Il hausserait les épaules, comprendrait qu'elle n'avait pas résisté à son goût du gros.

... des sabots et des naseaux. Voilà, comme un canasson ! Écrire bas, mesquin, que cela lui laisse le temps, à elle, de reprendre souffle, et à lui, au reçu, de sortir de sa haute réserve.

... Dictateur certes, mais Romain, hélas, oui ! La paille te sort encore des sabots et tu auras beau te déguiser en Grec, tu n'es qu'un parvenu, bref, un Huile, Œuf et Fromage, un H.O.F. Moi Cléopâtre, reine d'Égypte, reléguée (je l'ai accepté, je sais) aux portes poussiéreuses de Rome, je vous ai, à toi et à tes sbires, oui, tout appris. Je vous ai aussi, tu ne peux le nier, en peu de temps apporté la culture de la Grèce et de l'Orient réunis, et à toi, en prime, les richesses de mon trésor royal. (Elle barra encore cette ligne-là.) *Alors,*

alors, il est dans la logique de l'humain, du moins s'il est né nain, qu'arrivé à cet état de reconnaissance il oublie, plus, qu'il trahisse son donateur. C'est fait. César le nain a œuvré, et Cléopâtre et son fils sont chassés. J'aurais dû le savoir (je le savais), mais l'amour a été un sentiment si nouveau pour moi qu'il m'a engluée de mollesse, de dépendances consenties et de naïvetés voulues; quelle erreur, César ! Mais je puis, par Isis, par ton cheval et tout ce que tu veux, t'assurer que la reine d'Égypte, moi, en l'occurrence, je puis t'affirmer solennellement que cela ne se répétera plus, pas plus que jamais deux fois la même eau ne repasse sur le même galet.

Plus personne ne me trahira.

Elle pleurait, doucement, Cléopâtre, blottie contre son fils, attendait que le calme revienne. Elle se concentrait sur chaque partie de son corps, une par une, et en chassait la colère, la douleur. Quand elle arriva à sa main gauche, elle s'aperçut qu'elle était toujours recroquevillée sur le petit sac de cuir. Elle fit un signe, que la Circasienne le prenne et le range. Le range ? Oui, dans une de ses malles, et que l'on prépare leur voyage. Cléopâtre et sa suite rentraient en Égypte.

Par deux fois encore elle demanda si sa lettre à César était bien partie. La Circassienne répondit que oui, mais était inquiète : la colère de Cléopâtre avait été si violente que la villa s'était vidée de ses serviteurs et elle avait dû la remettre à un des jardiniers : « Va à la maison de César et donne cette lettre. » Mais qu'il avait l'air ahuri ! Elle avait même eu l'impression que dans son effroi il était parti certes en courant, mais dans le sens inverse !

Calpurnia pleure, sanglote. Elle s'est appuyée contre la porte.

— Non, tu ne sortiras pas; César, le rêve était trop précis. Tu gisais, ensanglanté, sur les marches du sénat. N'y va pas, César, je sens des forces mauvaises tourner au-dessus de la maison. Depuis huit jours, la terre autour des tombes s'ouvre et les morts se dressent. Tu as vu, hier soir, cette tornade qui a abîmé nos toits et la maison d'à côté qui n'a rien eu, pas un souffle. César, ce testament est une provocation. Je sens, ne ris pas, ne ricane pas, mais tu as mis les dieux en colère contre toi. S'il te plaît, César, il faut savoir obéir à sa peur.

— Obéir à sa peur ! Mais c'est toi, femme, qui as peur. Pas moi. Allez, arrière ! écarte-toi ! Je n'en peux plus de tes gémissements de vieille chèvre...

Il est, bien qu'il ne veuille pas le montrer, perturbé par les craintes de Calpurnia — Calpurnia n'est pas habituellement une femme à histoires... et lui aussi, il l'a bien vu, ce nuage, cette tornade sur leur maison. Et puis, comme souvent après une colère, il se sent un peu moins sûr. Sa réponse à la lettre de Cléopâtre était sèche, elle le dérangeait, tout occupé à sa ruse... Mais Cléopâtre a toujours été de bon conseil et Césarion — deux jours qu'il ne l'a pas vu — il était fiévreux et dormait le dernier soir où il s'était rendu chez Cléopâtre. Elle n'avait pas voulu qu'on le réveille. Maintenant il voulait s'expliquer de ce testament — bien sûr, elle ne le saurait pas, en tout cas pas avant qu'il ait réussi et que, roi, il lui raconte sa ruse. « M'expliquer ? Non, je n'ai pas à m'expliquer... Mais si, pourtant, je voudrais la tenir au courant. Elle est un fin stratège et puis elle va être fière de ma ruse ! »

— Calpurnia, je sors... Peut-être qu'en effet je n'irai pas au sénat aujourd'hui. Ça va, tu es contente ?

Dieu, qu'elle avait l'air d'une grosse lune épanouie quand elle souriait !

— Merci, César (et à genoux elle lui baise les mains). Merci de m'écouter, tu épargnes ta vie, j'en suis sûre...

— Allons, du calme, veux-tu !

Et il se fait conduire chez Cléopâtre.

Arrivé, il se reposera dans le jardin et Césarion jouera avec ses soldats. «Je lui apprendrai comment prendre en tenaille une flotte » — il lui avait fait faire des petits bateaux en bois mais avait oublié de les lui apporter. Là, il les avait, posés sur ses genoux...

«Elle va être furieuse, ma petite reine. Mais bah ! avec un sourire... Et puis elle comprendra, elle comprend tout, Cléopâtre », et il rêvait tandis que son char se frayait, mal, un chemin dans la foule. Il rêvait à Cléopâtre, son épouse, la mère de son fils... Mais qu'il était las !

— Qu'est-ce qu'il y a ? Pourquoi est-ce qu'on s'arrête ? Quoi ?

— Un homme vient vous remettre un message.

— Encore une supplique ! Demain, demain au sénat ! Aujourd'hui c'est une journée pour moi...

«Mais qu'est-ce qu'il a, cet ahuri, à crier "Cléopâtre, Cléopâtre" en brandissant une lettre ! Encore un qu'elle dérange, ma petite reine ! » Et, comme lorsqu'il voulait être heureux un instant, il recommença à se redessiner son arrivée.

Elle roulée dans le tapis. Belle, si belle alors... puis le sable sur son dos... Il ressentait si fort la caresse passée qu'elle lui fait se dresser son sexe assoupi depuis des mois.

« Vite, vite chez la reine ! Je n'ai jamais vu un conducteur de char aussi lent ! J'aurais dû me faire ouvrir la voie par mes licteurs. »

⁎⁎

Brutus, plus pâle, plus jaune que jamais, sort de la maison de César. Calpurnia, heureuse, soulagée, lui a dit que César n'irait pas au sénat aujourd'hui, et fière, si fière d'avoir pu le persuader, raconte ses rêves.

— Mais, Calpurnia, nous voulions aujourd'hui même le sacrer roi, c'est cela que vous annonçaient vos rêves...

— Horreur, qu'ai-je fait ?

Elle suffoque, Calpurnia. Décidément, elle n'est vraiment bonne qu'à être une intendante de maison. Il faut qu'elle rattrape son erreur, qu'elle retrouve César, et les cheveux seulement couverts d'un châle — la poussière est telle —, assise dans son char, elle ordonne au cocher d'aller chez Cléopâtre. Lorsqu'elle a vu tout à l'heure César sortir de chez elle soudain détendu, elle a su dans tout son corps qu'il allait chez l'autre...

⁎⁎

César est arrivé près des portes de la villa de Cléopâtre. Habituellement, les gardes qui le voient venir ouvrent grand le porche... Aujourd'hui, ils restent figés et les doubles battants demeurent joints. César, étonné, descend, ordonne qu'on lui ouvre, mais ils demeurent muets. Inertes. Arrive alors la jeune Circassienne qui, yeux baissés, le prie de rebrousser chemin :

— La reine Cléopâtre ne désire pas recevoir César.

110

— Ah ! elle boude encore, ma petite tigresse...
Bien, elle n'en sera que plus douce...

Et il remonte dans son char. « Quel caractère, du feu ! Mais qu'est-ce que je vais faire, moi ? Aller au sénat ? L'heure en est passée. Et puis entendre leurs sempiternels discours et reproches... Ou plutôt non, ne surtout pas m'y rendre. Octave, mon cher neveu, doit leur lire mon testament, et ils vont être obligés de se décider... Je me demande qui ils vont m'envoyer comme émissaire pour m'inviter à venir me faire sacrer roi. Brutus ? Octave ? Publius ? Et si j'allais voir Marc Antoine, il n'est sûrement pas au sénat lui non plus, mais où traîne-t-il à cette heure ? »

Mais qu'est-ce qu'elle fait là, Calpurnia ?

— Jules, Jules, Brutus te cherche partout. Ils veulent te faire roi aujourd'hui. Cours, César, je suis venue te le dire, je suis si malheureuse de t'avoir empêché d'y aller ! Pardonne ma bêtise de femme, César...

« ... Ils sont allés encore plus vite que je ne le pensais ! Ma ruse a marché ! Pauvres niquedouilles de petits sénateurs qui voulaient me donner des leçons. Dans ma main je les ai ! »

— Allez, Calpurnia, calme-toi. Ou tu pleures de peur, ou tu pleures de joie, mais tu pleures ! A tout à l'heure.

Elle ne pleure pas de joie, Calpurnia. Elle sait bien que César, roi, il ira droit à la maison de la reine Cléopâtre. C'en est fini pour elle...

Cléopâtre, les poings serrés — ses mains s'étaient recroquevillées, refermées tandis qu'elle lisait le testament, et elle avait l'impression qu'elle ne pourrait plus les détendre —, se tenait derrière les battants de la grand-porte...

« Ainsi il est venu. » Quand elle avait entendu les

roues de son char — elle les reconnaissait —, elle avait couru, couru... «Tout va s'arranger, il est là.»

— Attention! Majesté! avait crié un homme (dans sa hâte, pieds nus, elle courait vers une allée où on venait de poser des silex pas encore écrasés, elle allait se blesser).

«Attention! Majesté, Majesté», il fallait qu'elle lui donne une leçon. La reine Cléopâtre n'avait pas à l'accueillir bras ouverts comme tout son corps de femme était en train de s'y préparer. «Qu'il attende, ce consul.» Mais ses yeux riaient. Ce soir, elle lui ferait porter une invitation. En attendant, il fallait qu'elle se fasse belle. Il était venu — qu'elle avait été bête — c'est évident qu'il y avait une raison. Une raison majeure, politique, à ce testament, et qu'elle, passionnée, irraisonnée, s'était laissé aveugler. Nounou lui disait : «Méfie-toi de toi, Cléopâtre», et là, pourquoi l'a-t-elle renvoyé? Il venait vers elle, vers eux s'expliquer, et, alors que tout son corps l'appelait, elle l'avait éconduit. «Reine, d'accord, ma belle, mais tu es une belle imbécile, toi, là, Cléopâtre, une vaniteuse, oui, ça n'est pas de la grandeur, ça!»

— Vite, préparez-moi.

Elle n'attendrait pas ce soir, il était sûrement reparti pour le sénat, elle irait, femme confuse, femme soumise, l'attendre au bas des marches.

Et alors ils rentreront ensemble et il lui expliquera et elle rira, oui, elle rira.

... Le jour est beau, clair, ensoleillé. Pourtant il y a un nuage noir sur Rome, elle le voit de loin, il va y avoir un orage, ses chevaux sont nerveux. Vite...

Le vent, le vent, soudain balaie la voie de terre et

112

c'est une véritable tempête de sable qui se lève. Elle ferme les yeux.

— Il faudrait rebrousser chemin, Majesté.

Elle attrape le fouet et frappe l'insolent au visage. La tornade a été brève, et maintenant il y a comme un étrange silence. Tout à l'heure encore il y avait les cigales, les poules, les chiens, et tout cela s'est tu.

Une rumeur, une clameur s'élève. Son char doit ralentir. Une foule arrive de Rome, une foule qui vocifère. Ils ont des bâtons, des torches...

— Arrête...

Elle a froid, si froid, Cléopâtre ! Debout dans son char, elle regarde la foule s'avancer ; ils sont loin encore, mais elle sent leur détermination. Un char arrive aussi de Rome à bride abattue, un char à deux chevaux ; l'homme casqué fouette la foule, qu'elle s'écarte. C'est le casque de Marc Antoine ! Alors elle sait, Cléopâtre, elle s'agenouille ou plutôt se recroqueville dans son char. Elle sait. Elle a du sang dans la bouche. « Jules César, mon époux, est mort. »

— Vite, Majesté (il a attrapé ses chevaux aux mors, ils se cabrent, il les fouette), plus vite, Majesté ! Par le Tibre, j'ai fait partir des centurions, qu'ils viennent renforcer votre garde. Il va falloir partir dès cette nuit : César, César est mort, assassiné...

— Par Brutus ? Ou par Octave ? demande-t-elle.

— Les deux, et quelques autres, Majesté.

Ainsi il avait deux traîtres parmi ses amis, César — elle pensait qu'il n'en avait qu'un et hésitait entre Brutus et Octave. Il ne fallait pas hésiter.

Maintenant elle entend ce que vocifère la foule. Chacun, encouragé par la voix de l'autre, se met à hurler les pires horreurs. Elle entend : « Putain ! »

« Catin ! »... Deux jeunes gens à cheval sont en train de remonter le long de son char ; Marc Antoine a abandonné ses chevaux et se trouve maintenant près d'elle. Deux jeunes gens hilares. L'un crie :

— Dis, on peut l'essayer, la petite pince que tu as entre les cuisses, mon copain et moi ?...

Le glaive de Marc Antoine décolle les deux têtes d'un seul coup. Elle regarde fixe l'essieu de la roue droite qui s'apprête à casser : l'essieu a été frappé par un homme qui avait une masse... Césarion ! Il faut qu'elle arrive jusqu'à lui. Puis sa garde arrive, entoure le char. La foule, maintenant qu'elle voit que l'Égyptienne est mieux gardée, prend peur, recule. Seule, ou seulement protégée par Marc Antoine et un cocher, elle se sentait très courageuse, la foule ! Devant la force, elle recule, matée, muette. Le cortège commence à se disloquer... « Tous au sénat ! beugle un jeune... Allons tremper nos mains dans les entrailles du traître à la République de Rome. » Et le cortège se recrée et repart en sens inverse, incendiant par-ci, par-là une maison au passage, hurlant « Mort à César », bien que ça soit déjà fait, et chantant les louanges des assassins.

*
**

Cléopâtre est restée un long temps plaquée contre le portail refermé et bien gardé. Un long temps, les yeux clos, puis, à pas lents, elle va vers sa villa, calme, plus que calme : froide. Elle donne des ordres. Qu'on laisse la maison ouverte, qu'ils la pillent s'ils le veulent. Elle n'emportera rien. Simplement, qu'on habille Césarion, elle est prête...

— Est-ce qu'ils ont l'intention de m'assassiner aussi ? demande-t-elle à Marc Antoine. Car alors ça

114

n'est pas la peine que je m'engage sur la route d'Ostie, que la curée soit consommée ici. Mais, s'il vous plaît, Marc Antoine — vos yeux ne m'ont jamais menti — emmenez Césarion, sauvez-le !

— Je les ai laissés, Cléopâtre... (c'était la première fois qu'il osait l'appeler par son prénom, s'en était-il même aperçu ?), je les ai laissés si désemparés ! Des gosses malades. Brutus vomissait tripes et boyaux ; Octave bégayait encore plus que d'habitude ; tous occupés à préparer leur justification face à la foule de Rome — ils la connaissent bien — passé les hourras d'aujourd'hui ! Demain cette même foule pleurera son César et réclamera vengeance... mais ils sont si sûrs d'être les sauveurs de Rome qu'aujourd'hui, en tout cas, ils n'ont plus l'intention de tuer...

— Marc Antoine, savez-vous pourquoi ?

Elle se tait, voilà qu'elle allait lui parler du testament de César ! Se confier comme une femmelette...

— Je vous conduirai jusqu'à Ostie. Votre flotte ne sera pas longue à se préparer.

Sa flotte était prête. Après la lettre de César, hors d'elle, elle avait ordonné qu'on l'arme.

Il fait nuit maintenant. Les nuages sont rouges au-dessus de Rome : des incendies...

Précédée d'une centaine de centurions romains conduits par Marc Antoine, entourée de sa garde égyptienne, c'est en reine assise sur son trône, Césarion blotti contre elle, qu'elle part pour Ostie.

Mais, avant que le cortège ne s'ébranle, elle a un geste de la main :

— Attendez !

Elle court vers la villa ; là, elle fouille dans les malles abandonnées, béantes, mais où est...? La petite Circassienne a compris — elle est si fluette qu'elle disparaît presque en entier dans le coffre, c'est elle qui retrouve le petit sac de cuir contenant les morceaux de la rose des vents. Maintenant elle peut partir, Cléopâtre.

Sur le bateau, Marc Antoine — il a attendu que les amarres soient détachées pour repartir à bride abattue à Rome — a embrassé Césarion, s'est incliné devant la reine, puis a relevé la tête, l'a regardée droit dans les yeux et a simplement dit, haut et fort :

— Je me ferai le défenseur de Césarion, votre fils et fils de mon ami César, je vous en fais serment.

Puis, de sa voix de gorge, de sa voix d'homme privé, il murmura lentement, clairement, ses yeux à lui accrochés à ses lèvres à elle :

— Je vous retrouverai, Cléopâtre. Nous devons nous revoir ; nous n'en avons pas fini, nous deux.

Elle s'était sentie rougir.

Enfermée dans ses appartements — ça n'est que là qu'elle sortit le testament caché sous sa robe —, elle le lut et le relut jusqu'à l'aube. Ce texte contenait un rébus qu'elle devait trouver, comprendre, tandis qu'elle oscillait entre le désespoir le plus sauvage et la haine la plus sauvage.

Le lendemain, toujours obsédée par ce rébus qu'elle ne trouvait décidément pas, elle était redevenue Cléopâtre, reine d'Égypte. En montant sur le pont, elle demanda seulement :

— Quel jour sommes-nous ?

— Le 16 mars de l'an 44, Majesté...

— Qu'on me laisse seule...

« Un jour déjà que ne verra pas César, lui qui aimait tant les couleurs de l'aube... »

Droite, à l'avant de son bateau, elle n'a pas regardé une seule fois en arrière. Elle joue maintenant à greli-grelot, avec des lambeaux de petites phrases que lui disait toujours Nounou. Dieu, que cela l'agaçait étant enfant ! « Cléopâtre, lorsque tu te bats, ne baisse jamais ta garde. Que tu le veuilles ou non, tes muscles sont et seront moins forts que ceux de ton connard de frère ! Alors, supplée à cela par une attention supérieure ! Et je te le redis, tiens ta garde, toujours ta garde ! »

C'en était une obsession. « Elle s'approchait alors de moi et murmurait : "Ta garde, Cléo." Eh bien, je l'ai baissée, ma garde, et c'est vrai que le muscle de mon cœur a lâché ! »

Seule à l'avant de son bateau royal, elle boxe, Cléopâtre, à mains nues contre un ennemi que les autres ne voient pas. Mais sa garde cette fois parfaitement placée. Elle boxe et ses jambes retrouvent les mouvements de danse et d'esquive appris dans l'enfance. « Ta garde, Cléo ! » Plus tard, elle l'employait encore, le mot, Nounou, mais pour dire autre chose. Qu'est-ce que c'était ? « Attends, attends. Une, deux, ça va me revenir. Deux, deux, une, ça y est ! Comme c'est étrange, plus jamais ces mots-là n'étaient remontés jusqu'à mes lèvres... Et pourtant ils étaient là, murés, cachés, rangés en moi, et aujourd'hui ils sortent. Sa voix, son timbre si étrange, je l'entends encore. Je sais même encore ce qu'elle faisait tandis qu'elle me les murmurait : elle me coiffait, furieuse que j'aie coupé mes cheveux pour mieux nager. "Tu sais, Cléo, pourquoi les femmes sont des vaincues, et à jamais ? Parce que, lorsqu'elles aiment, elles baissent leur garde et font alors passer l'amour avant tout. Les hommes, jamais ; et c'est là leur force. Tu m'écoutes, Cléopâtre ? — Pas moi, Nounou. Même là, je ne la baisserai pas, ma garde. Et puis, tu m'emmerdes à mettre ce mot à toutes les sauces. Tu ne connais que celui-là ? — Que les dieux et les démons des mers et des terres t'entendent, ma colombe noire, et ça n'est pas pour rien que ce mot te dérange, toi la si fragile, qui te caches dans un buisson d'épines. — Retire ces mots, Nounou, à l'instant..."

» Eh bien, si les dieux l'ont entendue, ils n'en ont pas tenu compte. Pas plus que moi. »

Elle sourit, amère, Cléopâtre, puis redescend dans sa chambre royale, préparer un courrier pour Marc Antoine. Elle lui écrit qu'elle va lever et tenir prêtes des armées nouvelles qu'elle fera fouiller jusqu'au fond de ses déserts, et qu'un sur deux des hommes valides trouvés dès leurs quinze ans deviendra soldat, et aussi que ses chantiers s'attaqueront dès son arrivée à la construction d'une nouvelle flotte de bateaux de combat, lourds et légers.

Que tout cela sera à sa disposition, plus, bien sûr, son or et les trésors de l'État. *En effet, moi, Cléopâtre, reine d'Égypte, je vous ai choisi pour ami et défenseur de Césarion : qu'il soit l'héritier légitime du trône du monde.* Elle s'arrête d'écrire en grec. « C'est drôle, lorsque j'écrivais à César, je le faisais toujours en latin, ça lui était plus facile. Mais, avec Antoine, c'est le grec qui s'impose. » Elle se regarde un instant dans le miroir en pied scellé au sol de sa chambre : où est passée l'enfant sauvage ? Où est la si douce qui s'est réveillée un matin contre l'épaule de Jules César, paume des mains ouverte ? Elle baisse les yeux sur ses mains recroquevillées, et toutes ses cicatrices, nervures, longtemps calmées, qui hurlent à nouveau.

Morte, l'autre Cléopâtre, la douce, la naïve. Demeure la louve au regard d'eau pétrifiée. « Je ne me plais pas. Qu'est-ce que j'ai de nouveau ? Tout. Toute l'expression de mon visage, de mon corps a changé. J'ai — c'est ça — j'ai l'air d'une femme, d'une femme cassée, dure. Bien, ma Cléo, bien, ça, il était temps, non ? Pauvre petite reine ! Reine des connes, ça oui. »

118

Les soldats entrechoquaient, inlassables, leurs boucliers, rythmant ainsi la mélopée grave qui montait de la foule, de la foule au visage couvert de cendres qui pleure César — leur César tant aimé. Le bruit courut, dès le soir de l'assassinat, que, par testament, il donnait au peuple de Rome ses parcs et ses villas. Alors la foule oublieuse dans l'instant de son excitation haineuse et des quolibets insultants, méprisants qu'elle lançait la veille encore contre César — au sénat, il y avait à peine trois jours, un homme s'était dressé et avait osé demander à César : « Est-ce vrai que ta négresse t'a appris à chier sur un trône d'or percé ? » — la foule, agglutinée autour du bûcher, le visage gris de cendres, pleure, pleure, inconsolable, *son César*... tandis que les soldats entrechoquent toujours leurs boucliers, ajoutant une autre plainte métallique, elle, et aussi lancinante.

Marc Antoine rentre, à bride abattue, d'Ostie. Lorsqu'il jurait à Cléopâtre qu'il serait dorénavant le défenseur de Césarion, il disait vrai. Fou d'admiration, d'amour filial, d'amour tout court pour Jules César, il se l'était — César mort — promis dans l'instant. Et, lorsqu'il s'était trouvé, au moment des adieux, debout devant cette si pathétique et si petite femme au visage tendu vers lui, il avait dû raidir un instant son corps, tant l'envie de s'agenouiller devant elle était là, brutale, impérieuse. Il savait qu'il la désirait depuis qu'il l'avait vue accoster, triomphale. Non, il l'avait déjà violemment désirée lorsque, adolescente, il l'avait entr'aperçue dans les couloirs du palais de Ptolémée son père. Elle jouait alors avec trois balles contre un mur et elle chantait. Il savait déjà qu'il la désirait et le taisait, mais, depuis ce départ tragique, il savait qu'il l'aimait, et à en mourir. Parce qu'elle aimait César et qu'inconscient il se substituait à César ? Non, il aimait d'amour Jules César, et maintenant il aimait aussi d'amour Cléopâtre. Si cela alimentait sa haine, son mépris pour le jeune Octave ? Non, cela n'avait rien à voir. Depuis qu'il connaissait ce jeune neveu et qu'il l'avait vu, obséquieux, fourbe, peureux, puant et suintant, il avait éprouvé pour lui une véritable répulsion physique, comme un chien de chasse devant une touffe de joncs où se cache un serpent.

Il monte les marches du mausolée en courant, tout couvert encore de la poussière de la route, et commence, courageux, inconscient même, l'éloge de son ami, de son maître assassiné — sans savoir ce que lui préparent les assassins —, impulsif... En vérité, ils se sont parlé quelques minutes. Ému, mais maître de ses mots — il a, adolescent, appris la rhétorique à Athènes —, il entonne un hymne en l'honneur de son ami défunt Jules César, malheureux comme il ne l'a jamais été. Jamais pourtant il n'a possédé le sens des mots justes, vrais, des images fortes comme aujourd'hui... Et la foule, subjuguée, arrête ses lamentations pour l'écouter, tandis que les hommes en armes continuent à entrechoquer leurs boucliers mais beaucoup plus lentement, et autrement, que le son en soit grave, calme, comme une lente marche d'hommes qui scande, ponctue son discours.

L'orage est au-dessus du Forum, le tonnerre est très fort, mais il continue à chanter son ami assassiné et, lorsqu'il sent qu'il a mené la foule à la quintessence de l'émotion, il se tait. Et ça n'est qu'au bout de longues secondes qu'il brandit la robe blanche, trouée, souillée du sang de son maître, de leur maître, Jules César...

Marc Antoine porte alors la foule à un tel désespoir qu'il doit se reprendre. S'il continue, l'émeute, la guerre civile risque d'exploser alors, incontrôlable. Et il lui faut sauver Rome, Rome qui doit dorénavant vivre sans César. Et, magistral tribun, il explique à la foule médusée, et consentante dans l'instant, que certes César était le plus grand des grands, mais que ceux qui l'ont tué sont eux aussi l'élite de cette même Rome... Ce qu'ils ont fait, ils ont seulement cru devoir le faire par souci de la République. Oui, il y a eu un épouvantable quiproquo : « On n'a pas compris César. » Il n'a pas eu le choix d'ailleurs, Marc Antoine ! Les assassins ne lui ont permis de faire l'éloge de Jules César que sous ces conditions. Mais il a osé, lui, Marc Antoine, parler à la foule de Césarion malgré la haine d'Octave. Citer le nom du seul fils légitime de Jules César et de la reine Cléopâtre d'Égypte. Mais alors là, il sent comme un frémissement, comme un coup de vent dans la foule. La foule n'est pas prête. Pourtant il l'a dit, et clairement.

Il est, lui, Marc Antoine, dorénavant le défenseur officiel de l'héritier de César : Césarion. En espère-t-il déjà être le tuteur ? Non, il a dit qu'il serait son défenseur. Il l'est. Ainsi est sa nature. Mais la foule, trop longtemps contenue, doit bouger, se défouler. Alors elle pille, saccage le sénat et les villas attenantes et de tous les bois arrachés dresse un gigantesque bûcher. Bûcher qui brûle toute la nuit. Et ses flammes dressées dans le ciel répondent aux feux allumés dans la ville par une autre foule qui veut se venger, elle, des assassins de César... assassins rentrés chez eux et bien protégés par leur garde.

Au matin la pluie a chassé le vent et les dernières flammes. Le peuple épuisé est enfin rentré chez lui — il faut nourrir les bêtes et ouvrir les boutiques. La politique peut reprendre.

*
* *

Alors, Octave — il n'avait pas encore dix-neuf ans — rentra en ville pour faire valoir « ses droits ». N'était-il pas l'héritier de Jules César ? Mais Marc Antoine le fougueux ne cessa de s'opposer à lui, revendiquant de son côté le trône au nom de Césarion.

L'hostilité sourde qui n'avait jamais cessé entre Octave et Marc Antoine était maintenant officielle, et, chacun ayant ses amis, Rome se scinda en deux.

En plein sénat, Marc Antoine, qui pouvait s'il le voulait être le plus vulgaire parmi les plus vulgaires, tout comme il pouvait être le plus charmeur parmi les plus charmeurs, traita Octave de « pauvre petite lopette qui s'était fait sodomiser par César pour être adoptée ».

— En vérité, tu n'es même pas un pédéraste : tu n'es rien qu'un trou à vidange et tu voudrais être le maître de Rome.

L'autre, alors, écumant, s'était jeté de son banc, mais entravé dans ses chausses — constamment frigorifié, Octave vivait le corps recouvert de lainages, quel que soit le temps, de lainages taillés (mal) par sa mère ou sa sœur —, s'était jeté de son banc en traitant Marc Antoine de « gladiateur qui a trop forcé sur la gymnastique et qui s'est ainsi vidé la tête ».

— Pauvre piqueur de bœufs !

— Tais-toi ! Quand tu ouvres la bouche, tu sens le lait caillé.

Et, fort de l'appui qu'il avait de tout le peuple, Marc Antoine continua de se moquer grossièrement de ce morveux qui se prétendait le nouveau dictateur de Rome...

— Entre deux ongles (et il faisait le geste), ton petit corps se rompt. Allez, va manger un peu de soupe, et surtout, surtout, lave-toi. Tes dents sont pourries, plus, tu pues de partout. Enfin apprends à plaire aux dames. Bref, deviens un homme, quoi !

Il avait été si loin, Marc Antoine, toujours aussi spontané, sincère et fougueux, qu'il dut quitter Rome : Octave allait le faire assassiner...

Mais la politique est telle qu'ils durent officiellement se réconcilier.

Belle réconciliation ! Avant d'apparaître main dans la main à la tribune du sénat, chacun avait fait déshabiller l'autre par sa propre garde, chacun persuadé que l'autre cachait une dague pour tuer son vis-à-vis.

Et, tout à fait officiellement, Octave et Marc Antoine s'adjoignirent un être falot et insignifiant — un certain Grec affranchi nommé Lépide. Il savait d'avance qu'il compterait pour du beurre ! Cela l'arrangeait, d'ailleurs, parce que, couard, il ne désirait que les titres et la fortune.

Ils formèrent un triumvirat chargé d'exercer le pouvoir jusqu'en l'an 38. Octave prit en charge Rome et l'Afrique.

« Qu'il y crève », se murmura pour lui Marc Antoine, qui se réserva, lui, l'Orient. « Qu'il y crève », se murmura pour lui à son tour Octave. L'Orient, et donc l'Égypte et sa reine ! Il portait sur lui en permanence la lettre écrite du bateau où elle lui annonçait qu'elle levait des troupes et faisait construire une nouvelle flotte.

L'Orient ? Y allait-il pour lui, pour sa gloire ? Inconscient qu'il remettait, pas à pas, ses chausses dans celles de César ? Pour Césarion, et lui offrir Rome ? Ou tout simplement pour retrouver cette toute jeune femme de vingt-cinq ans à peine, au visage pâle mais qui lui souriait, si forte encore, alors qu'au loin le ciel était rouge au-dessus de Rome et que le corps de Jules César brûlait encore ! Elle, et cette odeur d'ambre chauffé au soleil que sa peau irradiait en permanence... Pour tout cela. En vérité, Marc Antoine ne se posait que très peu de questions et ses pourquoi n'étaient jamais lancinants, et il n'en était pas un qui résistât à une course à cheval ou à une lutte entre gladiateurs, encore moins à une fête.

Il vivait vite, vite et fort. Heureux, si heureux de vivre !

**
***

Passé le soir où, précédée de sa garde personnelle et portée sur son trône d'or, elle avait traversé Alexandrie — vêtue, elle, en reine d'Égypte et Césarion en roi d'Égypte —, elle était restée cloîtrée dans ses appartements. Trois jours, trois nuits durant, elle resta couchée, nue ; Césarion nu aussi posé, petite grenouille aplatie, contre sa poitrine. Elle le berçait ; lui chantait des chansons qu'elle croyait avoir oubliées, qui les avait chantées devant elle ? Puis, quand il dormait, elle lui racontait son enfance, son père, son avorton de frère, sa fuite en Égypte, ses luttes, l'arrivée de Jules César, le Nil... Tout haut, tout bas, elle lui racontait sa vie. Lui riait, engourdi de bonheur et de rêves, et suçait son pouce enveloppé dans un morceau de lin pourpre. C'était la première fois qu'elle se penchait sur sa propre vie et qu'elle la disait, toute, à voix basse.

Parfois, trop lasse, elle se tait, et elle pleure, pleure, silencieusement, et de sa langue lape ses larmes, là où en une nuit sa bouche a attrapé deux plis d'amertume.

Au matin du quatrième jour, elle bondit du lit, apostrophe ses servantes : qu'on les lave !

Elle se hait d'avoir entraîné son fils dans cette chute.

— Allez, ouvrez-moi ce palais sombre. Que le soleil et la vie y entrent ! Ici, ça n'est pas un mausolée ! La reine Cléopâtre et son fils Césarion entendent vivre et régner ici.

A croupetons, elle relit encore une fois le parchemin testament de Jules César. Inutile de s'y abîmer les yeux et d'avoir chaque fois le cœur qui s'affole. C'est plus facile de lire le temps et la mer sur une pierre lisse pour Cléopâtre que de lire ce texte-là. Alors elle décide de le brûler... Ses mains tremblent... Les mots de Jules César... Elle le brûle.

Des escarbilles demeurent, alors elle pisse dessus. Ainsi, ce testament n'existe plus et elle se fait serment que plus jamais, jamais il ne viendra, lancinant, obsédant, s'inscrire en elle. Plutôt s'arracher le foie de ses propres mains que de se replonger dans ce désespoir nauséeux, gluant, mou comme un cul d'obèse !

Elle ordonne qu'un arc de triomphe bien plus grand que le précédent soit dressé — d'un marbre blanc, absolument translucide, elle en contrôle chaque pierre — à l'arrière des deux obélisques. Refus d'avoir été trahie ? Plutôt refus de se savoir trahie, ou façon classique et humaine de croire ainsi s'opposer au temps ? Et elle le dédie lors d'une grande fête, elle, reine d'Égypte, à Jules César et à son fils Césarion.

⁎

La reine Cléopâtre, chaque septième jour de la semaine, le matin, convoque ses ministres, ses prêtres l'après-midi, et là chacun fait le bilan de son travail. Aujourd'hui Césarion, assis sur son petit trône d'or, essaie désespérément de ne pas fermer les yeux. Il fait chaud, si chaud que, depuis un moment, même les cigales se sont brutalement tues. Dommage, leur chant le tenait éveillé, il essayait de compter combien il y en avait et où elles pouvaient bien être cachées. Un scarabée a trouvé un peu de fraîcheur et d'ombre, tout contre le trône de Cléopâtre. Césarion, de son petit pied recouvert d'une sandale tressée de fil d'or, essaie de l'atteindre. Jouer, jouer un instant. La reine Cléopâtre parle et, sans s'arrêter, émet un ou deux « ttttt » adressés à son fils. Césarion les connaît trop bien ; alors, à regret, il replace son pied contre l'autre : sage, il va avoir cinq ans.

La nuit, elle erre. Seule. Elle aurait pu convier un de ces beaux gardes, qu'il lui réchauffe le corps. Seulement son corps engourdi ne lui demande rien. Mais alors c'est vrai que « l'âme de l'amante vit dans le corps de l'autre, de l'aimé » ? Même si l'aimé vous a trahie ? « César a emmené mon âme sur le bûcher et mon corps privé d'elle ne reconnaît plus même le chaud du froid... à peine le jour de la nuit. Et mon cœur, mon cœur qui s'obstine pourtant à battre régulièrement, est à nouveau mort. » Elle entend les rires, les voix ; les autres vivent, semble-t-il. Pas elle. Assise devant la mer, n'ayant plus même l'énergie de s'y baigner, elle fixe le ciel et l'eau, jusqu'à ce que ciel et eau confondus entrent en elle et ne laissent plus place à rien d'autre.

Césarion pleure : il a voulu prendre à pleines

mains une méduse. Une belle à la corolle violette. Sa mère lui a bien dit de se méfier, qu'elle était aussi belle que piquante ; il rit, fixe droit sa mère dans les yeux et serre, écrase la méduse dans ses mains. Les filaments de la bête, en un éclair, se retournent contre ses bras, ses doigts, et maintenant des stries blanches gonflées dessinent de belles arabesques sur sa jeune peau. Il pleure, Césarion. Il braille !

— Kane pipi. Fais pipi, Césarion.

Et elle tend ses mains en coupelle sous son petit sexe. Il rit à travers ses larmes : c'est amusant de faire pipi sur les mains de sa maman, sa maman devant qui — il s'en était étonné une fois — le monde entier (du moins le croit-il) marche à quatre pattes et à reculons... Elle recueille le liquide ambré et clair, et maintenant lui frotte ses petites mains et ses avant-bras tout gonflés : la douleur disparaît dans l'instant. Elle s'attarde à le caresser, s'en veut d'avoir été si agacée : elle n'a plus aucune patience avec lui, tout l'irrite. Elle lui avait dit de ne pas toucher à cette méduse, elle avait vu qu'il allait le faire et n'avait rien fait pour l'en empêcher. « Et toi ? Tu obéissais, enfant ? Quand tu plongeais pour ramasser les anémones de mer, tu ne revenais pas couverte de boutons ? D'accord, personne ne te caressait d'urine ; personne non plus à vrai dire pour te dire de ne pas le faire. Mais est-ce parce que je l'aime que je dois exiger en retour obéissance ? Au moins, moi au moins, personne ne me demandait d'obéir ! J'ai l'amour exigeant. Pauvre Césarion ! » Et elle chassa, en le serrant très fort, trop fort dans ses bras, l'idée, le sentiment que Césarion était peut-être un enfant revendicatif, mais mou. « Mais puis-je lui souhaiter ma sauvagerie ? Qu'il vive mou, mou et heureux... Non, pas ça. »

« Tu es trop exigeante, Cléopâtre, trop absolue. La vie te sera dure. » C'est Nounou encore qui disait cela. Et César ? Qu'avait-il dit un soir dans le jardin de la villa à Rome, un soir où elle s'impatientait de ses discours gonflés de rhétorique, de ses lassitudes, de ses, oui, elle avait appelé cela ses mollesses, ses mollesses d'homme. Il avait ri et dit : « Mais c'est vrai, ma petite fille, je suis un homme, et un homme, c'est ça aussi ! » Elle était hors d'elle. « Cléo, ma Cléo, tu es trop exigeante. Trop absolue. La vie te sera toujours dure. »

Les mêmes mots que Nounou.

Trop absolue ? Trop exigeante ? Mais c'était le corset, l'armure qu'elle s'était glissée à l'intérieur d'elle-même, sinon elle serait tombée en poussière comme une momie retirée de ses bandelettes. « Mon corset me tue ! » se dit-elle en riant... Mais elle se redresse et marche droite sur la grève, tenant Césarion par la main. « Mon corset me tue, mais je continue ! »

— Allez, Césarion, viens avec moi à la bibliothèque. Viens, viens lire les exploits d'Alexandre. Ne rechigne pas. Bien sûr que je t'aiderai. Après, on jouera aux osselets et à la balle. Promis... Si, si, c'est vrai. Pourquoi fais-tu « non » de la tête ? Parce que les autres fois j'oublie ? Pas aujourd'hui, Césarion. Je jouerai.

Elle eut beau faire mettre des graines de pavot dès le matin dans sa nourriture, faire épaissir le sirop du soir, la trahison de Jules César était maintenant arrivée jusqu'au plus secret d'elle : jusque dans ses rêves. Ses nuits n'étaient plus qu'une épouvantable suite d'heures où elle s'acharnait à relire ce testament pourtant brûlé, et à revoir maintes images, maints détails d'abandons, d'oublis d'amour, d'agacements, de gênes, voire de hontes, que César avait montrés dès son arrivée à Rome. Et, était-ce l'effet du pavot ? les rêves étaient d'une précision impitoyable. Elle se réveillait le visage et la gorge mouillés de larmes, environnée de l'odeur de Jules César. Volonté et déraison mêlées, elle ne contrôlait plus ni ses pensées ni ses actes chaotiques, en proie à des colères ou des moments d'abattement qui la laissaient exsangue. Alors, elle décida de partir, seule, visiter ses armées... Des jours durant, elle se fit conduire à ses chantiers navals. Là, elle contrôla jusqu'aux moindres détails la construction de la flotte nouvelle promise à Marc Antoine, à Marc Antoine qui, de loin en loin, lui envoie quelques messagers, messagers rassurants pour la reine Cléopâtre.

En effet, Marc Antoine faisait merveille en Orient, et princes et rois — les mêmes que ceux qui avaient envoyé des émissaires demander la main de Cléopâtre, princes et rois de Mysie, de Bithynie, de Phrygie, de Galatée ou d'Antioche, et quelques autres royautés — lui envoient maintenant offrandes sur offrandes, persuadés qu'il va être, lui, bientôt, le maître unique de Rome. Car Octave semble s'enliser et subir de nombreux revers du côté de l'Espagne... Quant à Lépide, le troisième maître, personne ne sait plus même son nom !

Marc Antoine, enfantin, lui raconte les caravanes chargées de cadeaux qui viennent à lui, et elle sourit, Cléopâtre, sourit de ces roitelets, de ces pauvres petits oisillons aux ailes atrophiées et aux couleurs délavées parce que condamnés à vivre dans des cages trop petites... et qui flairent tous déjà le nouveau maître... Et de lui envoyer en présents des sacs d'or pour se rassurer et s'assurer, pensent-ils, sa future bienveillance !

« Décidément, l'homme riche passe son temps à donner pour être aimé, alors que ses dons le font toujours haïr, du moins mépriser par celui qui les reçoit. Mais pourquoi est-ce que moi, Cléopâtre – un mètre cinquante, quarante kilos, reine d'Égypte – sais d'instinct cela ? »

« Tu as bu du lait de renarde », disait Nounou. Et, lucide, agacée, elle se murmurait dans le même temps : « Et toi, reine d'Égypte, tu fais quoi d'autre ? Pauvre humaine ! Tu as beau être née des dieux, tu es aussi petite que ceux que tu méprises et, toi, n'as-tu pas fait alliance avec César pour demeurer reine ? et maintenant... ? »

L'ascension de Marc Antoine la comble, enfin la sert. Il est celui sur lequel elle compte pour donner à Césarion ce qui lui revient : Rome. Mais, en ce moment, elle reste volontairement isolée, discrète : qu'Octave oublie. Toutefois elle a fait renforcer ses troupes sur toutes les terres de son royaume jouxtant la mer, de peur qu'Octave ne vienne lui voler cette nouvelle flotte en construction qui grossit. Qu'ils sont beaux, ces voiliers ! Elle a fait refaire des voilures pourpres pour son propre navire, car bientôt, elle le sait, il lui faudra reprendre la mer...

Elle a passé sa matinée à visiter la grande bibliothèque d'Alexandrie. Il ne reste plus de trace de l'incendie, tout a été reconstruit. Bien sûr, sont partis en fumée, et à jamais, des manuscrits rares, « que je n'avais pas lus, je croyais que j'avais tout mon temps ».

« Quel pied plat quand même, ce César ! Mettre

le feu à sa vieille flotte sans demander dans quel sens soufflait le vent ! On voit bien qu'il est né et a vécu dans une cuvette. » Elle n'appelait Rome que la cuvette, tant elle y a trouvé l'air étouffant. Mais il a l'habitude des cuvettes, César ! Ne dit-on pas qu'il a fallu ouvrir le ventre de sa mère pour l'en sortir ?

Elle veut aujourd'hui lui en vouloir, et de tout !

Retournée au palais, elle entre chez Césarion. Il lève à peine les yeux à son arrivée, occupé à repeindre avec deux jeunes esclaves ses petits soldats d'or — il a décidé de leur peindre des tuniques. Doit-elle arrêter le jeu ? Pourquoi ? Pour lui proposer quoi ? De venir avec elle à la mer ? Il joue si bien et rit si fort — elle l'a entendu de loin, son rire... Il mord dans l'air alors. « Avec moi il rit moins, je l'intimide. » Aussi elle repart, seule, vers la mer. Lorsqu'elle est lasse, perdue dans ses songes, ses pas prennent toujours ce chemin-là...

La mer est démontée, un vent froid, très froid, vient du large, elle n'a pas envie de se baigner. A l'abri, au creux d'une crique, elle joue à ramasser des éclats de corail. Depuis que Césarion est revenu en Égypte, il adore cette nouvelle collection. Rentré au palais, il range ses trésors suivant leurs formes, leurs teintes dans des vases translucides — aujourd'hui, sa mère en trouve beaucoup. La tempête au large a dû être forte, il y a même comme une vague rose de corail déposée sur le sable. Soudain elle en trouve un morceau, gros comme un petit œuf d'oiseau et parfaitement poli. « Je vais le faire cercler d'or et l'envoyer à César. » Et elle continue de ramasser des petites branches de corail, du blanc et du rose mêlés.

« Je vais le faire cercler d'or et l'envoyer à César. » Sa phrase lui revient en tête au bout de quelques instants... « Mais César est mort, mort assassiné. » Le cœur affolé, elle se dresse, court, près de hurler, et il lui faut encore quelques secondes avant que tout en elle se souvienne, « a-ssa-ssi-né après nous avoir tra-his, son fils et moi ».

Il lui arrivait assez souvent, lorsqu'elle était lasse, d'avoir de ces oublis, de ces manques qui la mettaient, alors, hors d'elle. Le pavot ? La solitude ? Elle ne se confiait à personne. Retournée aux silences de son adolescence où elle se savait seule et avait à craindre de tous. Avec César, tout le trop-plein, le jamais dit, tous ses paniers de tendresse, d'amour, de respect s'étaient ouverts... vidés, pillés, saccagés pour rien. Maintenant, louve, elle se refusait pour Césarion le plus souvent le droit de le câliner, de l'embrasser, de l'aimer et de le lui montrer... « Il doit se méfier de tous. Ne croire en personne. C'est trop dur après... Dur ? Non, intolérable. Après la trahison de la confiance donnée, tout, à jamais, sent la merde, la carne. »

Jamais les trahisons de ses ministres, de ses prêtres ou de son frère ne l'avaient peinée... Elle s'était défendue, mais sans que son cœur s'engage dans ces batailles-là. C'était Jules César qui l'avait amollie, blessée, tuée en lui disant qu'il l'aimait et en la trahissant après. Non, il n'existait aucune armure qui puisse préserver de ce coup-là.

Aujourd'hui, pourtant, Césarion rit aux éclats, et elle aussi. Allongés nus tous les deux, ils sont sur la plage et l'enfant lui écrase des figues sur le visage : elle fait mine de se débattre, le corps pourtant calme, détendu. Comme il y a des lunes et des lunes qu'il n'a pas été. De plus, elle l'a décidé : ça sera non. Marc Antoine lui a demandé de prendre la mer et de venir l'aider à vaincre cet assassin de Cassius. « Et si Marc Antoine se servait de moi pour ses propres ambitions ? » Ce Cassius, assassin de César, certes elle le hait, elle, femme ; mais de là à sacrifier quelques vaisseaux pour satisfaire à un désir de Marc Antoine qui ne la sert en rien ? Qu'il apprenne à attendre, ce jeune homme ! Aussi lui a-t-elle fait parvenir quelques bateaux, mais mal conçus et qu'elle, reine d'Égypte, avait refusés le jour où on les lui avait présentés. Bien trop longs à l'avant, trop larges et trop bas au milieu, et donc incapables de supporter des charges. Quant au cinquième rang de rameurs, il était placé trop haut et empêchait toute bataille à partir du pont supérieur. Que l'on chasse cet architecte fait pour construire des bacs à couper les ajoncs et non la flotte de la reine Cléopâtre ! Elle envoya ces quelques bateaux à Marc Antoine — des hochets, qu'il s'en contente — et prétexta une maladie. Elle avait remarqué que ce colosse, cet enfant de Marc Antoine, était terrorisé et attendri par la maladie... D'ailleurs sa petite flotte n'arriva jamais jusqu'à Marc Antoine. Une tempête la coucha et l'envoya par le fond avant que les matelots aient eu le temps de compter jusqu'à cent. « Une bonne chose de faite, se murmura-t-elle lorsqu'elle l'apprit, ils ne déshonoreront plus mon port d'Alexandrie, à attendre, obèses et plats, qu'on y élève des poules ou qu'on y parque des chèvres avant de les égorger. » Son instinct l'avait servie. Elle avait plus que bien fait de ne pas se joindre officiellement, et en personne, à cette bataille, car Antoine et Octave, bien qu'ennemis irréductibles — tout son être lui disait que leur haine était vraie — s'étaient bel et bien pourtant unis pour gagner la bataille contre deux des assassins de Jules César, Cassius et Brutus, aucun des deux ne voulant laisser à l'autre l'honneur d'être le vengeur du grand et ô nouveau, puisque mort, révéré Jules César !... Mais Octave, une fois de plus — ça n'était pas pour rien qu'il recouvrait en permanence de laines sa panse molle et toujours gonflée —, avait eu un accès de dysenterie qui l'avait laissé comme mort. Si bien que c'est Antoine, une fois Cassius tué au combat et Brutus suicidé, qui devint l'unique vainqueur aux yeux des troupes et du monde ! Et, lorsque, coutume habituelle à laquelle pas un général romain n'aurait voulu manquer — c'était le plus beau moment de la victoire —, lorsque les prisonniers, enchaînés, défilèrent avant d'être mis à mort, là, les prisonniers relevèrent la tête devant l'estrade d'Octave et rigolèrent et le traitèrent de « chiasseux ». Ils rigolèrent tant que certains, épuisés certes, mais aussi en larmes à force de rire, se laissèrent glisser au sol tandis que les autres, enchaînés, tombaient sur eux poussés par d'autres, fouettés — qu'ils avancent plus vite ! Marc Antoine s'était agacé ; il aimait les beaux défilés, les belles démonstrations. « Avec ce connard, tout devient merdique. »

Octave, humilié, décida de retourner en Italie et d'y rétablir l'ordre. Ils étaient l'un et l'autre absents de Rome depuis plus d'un an maintenant, et Octave — il s'en était assez servi et cela lui avait bien profité — savait qu'il ne faut pas laisser trop longtemps des sénateurs sans chef, sinon le lancinant et voluptueux « pourquoi pas moi » leur monte bien vite au cœur et à la dague. Et puis il était moins malade en Italie. Ici, la nourriture et l'eau ne lui convenaient décidément pas. Il lui arrivait de faire dans ses braies sans même qu'il puisse se contrôler. Marc Antoine, lui, qui nageait chaque jour et luttait avec les plus forts de ses gladiateurs, était rayonnant de beauté et de bien-être. « Il ressemble de plus en plus à un tueur de bœufs ou à un culturiste », se murmurait Octave quand il le voyait arriver debout sur son char, et les femmes qui criaient : « Tu es beau comme le soleil, Antoine. » Marc Antoine riait, buvait, baisait, se battait, jouait. Insatiable. La joie au cœur. Bientôt, bientôt, il pourrait « prier » Cléopâtre de venir le rejoindre. Oui, après cette victoire, il n'avait plus, lui, à se rendre à Alexandrie. Qu'elle vienne ! N'était-elle pas sous la domination de Rome ? « Je vais la mettre au pas, moi, cette petite reine. » En vérité, il était furieux et excité, car il s'était préparé à la voir avec sa flotte et elle n'était pas venue et en plus elle lui avait fait parvenir — il l'avait parfaitement compris ! — des bateaux loupés, « des péniches pour étangs ». Ce genre de farce, pour lui qui aimait la mer plus que tout, était la quintessence de la vulgarité. Ah ! elle s'était moquée de lui ! Elle allait voir ! Et il riait, d'un rire enfantin, conscient qu'il l'aimait comme un fou.

Octave reparti « chez sa maman », disaient les officiers de Marc Antoine, Lépide oublié dans une garnison au fond de l'Afrique, Antoine, lui, en un an avait traversé la Grèce et l'Asie Mineure en triomphateur et maintenant il était arrivé aux portes du royaume de Cléopâtre et, là, attendait qu'elle vienne vers lui. Il fit installer son camp à Tarse et commença à y accumuler des trésors, que la petite reine soit éblouie ! Il était ravi de la lettre qu'il lui avait fait parvenir. Il y faisait le fâché, le courroucé, laissait entendre qu'elle n'avait pas obéi à leur pacte secret et que peut-être même — là il avait hésité, « Je pousse un peu loin le bouchon » — elle avait aidé Brutus ! En fait, il y avait bien eu trahison, mais pas de Cléopâtre, même si Brutus avait pu lever quelques armées égyptiennes à Chypre.

Marc Antoine avait confié son message à Delius, un ami de fête et de combat, et, spontané comme toujours, lui avait dit :

— Ramène-la-moi, Delius, je la veux, et je ne sais plus vivre sans elle.

*
**

Elle, à Alexandrie, dans son palais, n'entendait plus que le nom de Marc Antoine. Toutes les femmes de sa cour ne parlaient que de sa prestance et de ses charmes ; les hommes chantaient ses audaces de guerrier. Cet enfant colossal, authentiquement sympathique et ouvert, démagogue en diable mais avec un tel charme que même les plus lucides se laissaient volontairement emballer, avait enivré tout son royaume. Et c'était celui-là qu'elle avait choisi au soir de l'assassinat de Jules César pour défendre Césarion, sûre qu'elle le mènerait là où elle voulait.

Depuis quelques nuits, elle dormait mieux et ne se réveillait plus en larmes. Jules César et sa trahison venaient moins engluer ses rêves ; le calme peu à peu revenait.

Elle avait même réussi à ne plus être obsédée par ce lancinant testament. Jules César revenait bien encore dans ses pensées le jour, mais elle commençait à ne plus le haïr. Elle s'était surprise plusieurs fois à lui parler, lui raconter ce qu'elle avait décidé de faire. Lorsqu'elle avait aussi envoyé ses mauvais bateaux à Marc Antoine, elle l'avait même, et ce tout à fait distinctement, entendu éclater de rire. Et depuis plusieurs nuits — non, cela faisait bien deux mois —, il arrivait, et de plus en plus souvent, que ce fût Marc Antoine qui s'imposât dans ses rêves. Mais alors il ne lui parlait pas,

Dieu merci ! Jules César se chargeait bien assez, même mort, de lui faire des discours ! Non, il ne lui parlait pas, mais ses rêves étaient pleins de ses jeux et de ses conquêtes. Elle avait dû bien plus écouter les femmes de sa cour qu'elle ne l'aurait voulu.

La dernière nuit, elle avait assisté, participé avec lui à une fête qui l'avait laissée au réveil toute rieuse. Habillé d'une simple tunique de gladiateur ceinturée aux hanches, il avait combattu et gagné contre trois véritables hercules. Dans son rêve, la fête était sous une tente, mais — comme elle est étrange, la nourriture des rêves ! — la tente était dressée dans le jardin de la villa romaine où elle avait vécu dans l'attente des visites de Jules César. Là, autour de la tente, Marc Antoine dirigeait une parade de cirque. Bouffons et musiciens tournoyaient, chantaient, riaient. Et soudain il y avait eu un silence, un silence total, blanc, tandis que Marc Antoine, grave, lui tendait une coupe, sa coupe brisée, ici, intacte et pleine d'un vin rare. Elle avait bu, Cléopâtre, ses yeux accrochés dans les siens. Et tout le jour suivant, où elle avait travaillé encore plus que d'habitude, elle n'avait pas croisé d'autre regard : où qu'elle pose ses yeux, c'étaient les yeux, les yeux bleus de Marc Antoine qui la fixaient.

Après s'être tue, et n'avoir pas répondu à l'invitation de Marc Antoine — en vérité écrite sous forme d'ordre, la reine ne s'y était pas trompée — de venir le rejoindre à Tarse, elle décida — il avait assez attendu — qu'il était temps d'aller, elle, Cléopâtre, reine d'Égypte, enfin lui rendre visite ! elle était prête. Et, tandis que ses voiles rouges ajoutées aux bleues rendaient son navire le plus rapide au monde et qu'inlassable elle allait d'un pont à l'autre, d'une cale à l'autre, contrôler elle-même tout ce qu'elle emportait dans ce voyage, elle souriait et le soir venu, devant son miroir, se souriait encore. Comme elle était loin, perdue à jamais, la petite Cléopâtre qui, à moitié nue, avait attendu des heures roulée dans un tapis, attendu pour pouvoir se jeter aux pieds, désarmée, du vainqueur ! « Merci, César, ta trahison m'a arraché mes dernières timidités, mes dernières réticences. Je devrais te faire élever des autels partout où je pose ma sandale. » De plus en plus souvent elle arrivait à se parler ainsi, et l'angoisse, celle qui la laissait hurlante et tordue au sol, reculait, reculait, laissant place à un désespoir étale, qui engourdissait tout en elle. « Ou alors j'abuse des drogues ? Tant pis, si ça fait reculer l'intolérable. »

Elle longea Chypre, la Cilicie, et arriva enfin, escortée de quelque huit mille hommes répartis sur des bateaux recouverts de goudron noir — que son navire à elle, habillé de feuilles d'or, soit aperçu de loin, unique et flamboyant. Faisant ralentir ses rameurs, ce qui fit ralentir tous les autres, c'est lentement, très lentement que sa flotte venue de la haute mer s'enfonça dans le fleuve qui traversait la ville. La foule se pressa, jamais elle n'avait vu un bateau fait d'or à la voilure pourpre et azur. Elle s'arrangea pour accoster au mitan du grand lac de Tarse à l'heure où le soleil est au plus rouge juste avant de disparaître et que toutes les couleurs alors s'exaspèrent. Elle fit lâcher au-dessus de son navire dix mille colombes et cinq mille flamants roses, puis, de l'avant de son pont, éclata un feu d'artifice comme aucun humain, autre que de Chine, n'en avait jamais vu.

Marc Antoine, lavé, étrillé, et qui avait, bien qu'il détestât cela, revêtu la cape rouge de général romain, suait sang et eau, assis sous sa tente depuis midi. Elle avait fait savoir, bien décidée à n'en rien faire, qu'elle appareillerait au milieu du jour. Il attendait Cléopâtre. Il était logique qu'elle vienne, elle, le saluer, lui le représentant officiel de Rome. Mais, ce soir-là, Cléopâtre n'apparut pas, pas même sur le pont de son bateau. Mise en scène ? Oui, mais pas seulement. Car, lorsqu'elle envisagea, à peine arrivée, de descendre de son bateau et d'aller le saluer — il était le maître et elle avait besoin de lui —, son corps se mit à trembler sans qu'elle puisse le calmer et à exhaler cette sueur jaune, âcre, lourde, puante qui sourdait d'elle déjà lorsqu'elle vivait cachée dans les roseaux d'Alexandrie, chassée par son frère, puis dans le tapis, et encore tandis qu'elle voyait la foule avancer vers elle sur ce chemin poussiéreux de Rome... Cléopâtre, reine d'Égypte, malade, était tout simplement incapable de se lever et de marcher. Alors, oui, elle avait transformé son malaise en mise en scène.

Les généraux de Marc Antoine étaient d'abord sagement restés debout sous le soleil de plomb entourant la tente de Marc Antoine, puis peu à peu, imitant leurs hommes, ils s'étaient mis eux aussi à courir jusqu'au bord du lac, assister au spectacle... A bout de patience, Marc Antoine envoya un de ses généraux, le seul qui n'avait pas osé quitter son poste — bien que si Antoine eût mieux regardé ses jambes il eût vu qu'elles se préparaient à bondir ! (en période de paix, Marc Antoine savait laisser une grande liberté à ses hommes) — envoya ce général prier la reine à dîner. Elle fit répondre qu'elle était lasse (il est des hommes que cela flatte de penser que les femmes sont des êtres fatigables, Marc Antoine en était), mais que les tables seraient, demain, dressées sur son bateau et qu'elle les priait, lui et ses proches, d'être alors ses hôtes. Avant, sa barque privée traverserait le lac, que

Marc Antoine grand chef romain soit près d'elle pour accueillir les autres invités, qui viendraient, eux, par les terres.

... Dîner sur le bateau où avait vécu Jules César, le bateau avec lequel ils avaient, couple royal, remonté le Nil... Combien de légendes n'avait-il entendues sur ce navire ? Et impatient, excité comme un enfant qui se sait invité à une fête, il est heureux, trépigne et croit que l'heure n'arrivera jamais ! Incapable de faire autre chose qu'attendre.

La petite barque surmontée à l'avant d'une tête d'éléphant à la hampe dressée vers le ciel, tout en or, que des hommes munis de torches éclairent, finit par arriver, enfin, droit vers lui. Et là, il la voit, elle est venue, ne l'a pas attendu dans son bateau. Étendue sous un dais d'or, vêtue en déesse d'Isis, alourdie de tous ses bijoux — elle se les est fait poser au dernier moment, c'est un tel carcan —, environnée d'encens brûlant et d'autres huiles : l'air sent Cléopâtre, elle lui sourit.

Depuis la veille Antoine remuait son nez, quelque chose dans l'air le titillait, et là, à l'instant, son sexe se dresse sous sa tunique et sa cape. Cette odeur, elle seule en est entourée, comme il aime cette odeur ! De l'ambre ? Du jasmin ? Non, cela ne s'apparente à aucune odeur connue. Lorsqu'il était rentré à Rome, la nuit où elle avait dû fuir, par endroits et dans certaines anses de la route cette odeur l'avait assailli, puis avait disparu, évaporée. Et là à nouveau. Enfin !

Oublieux du discours qu'il voulait lui assener, il sent qu'il doit prendre garde à ne pas être subjugué — il s'est assez agacé de l'engouement de Jules César, agacé aussi de le voir si maladroitement essayer de s'en défendre. Mais elle, allongée, lui a tendu la main ; qu'elle est menue ! Et lui fait plier le corps, qu'il s'allonge aussi, à petite distance d'elle.

— Bienvenue, Marc Antoine, dans mes contrées.

Elle se sent presque reine de Tarse ! Comme c'était loin et si proche, sa fuite de Rome et son « nous n'en avons pas fini, nous deux ». « Bienvenue, Marc Antoine, rions maintenant. »

Arrivés à son navire, elle l'invite à pénétrer le premier dans la salle de banquet préparée. Les murs sont recouverts de filets faits de broderies d'or posés sur des tissus de lourds velours pourpres — elle déteste cette décoration, mais sait les Romains sensibles au rouge et or : signe pour eux de puissance, de richesse et de force. Venue d'Alexandrie avec des centaines de plats et de coupes d'or, elle les a fait disposer autour des lits de repos recouverts de la même pourpre. Il est comme un enfant, Marc Antoine, sa main va d'un plat large comme un bouclier constellé de pierreries à une coupe faite d'albâtre et d'or — l'albâtre si fine et taillée comme une rose ouverte. Cléopâtre alors prend une mine confuse, s'excuse de la précarité de ce pique-nique et offre à Marc Antoine toute sa vaisselle de voyage (« Je me conduis comme une marchande, mais ça n'est qu'ainsi que la plupart des humains vous respectent, enfin vous craignent — ce qui finalement revient au même »). Mais aussi et surtout, survie d'humiliée, il faut qu'elle lave d'elle cette fuite de Rome devant cet homme.

Il faut qu'il la voie en reine, incarnation vivante de Vénus, lui qui ne l'a connue que concubine de Jules César — concubine bafouée, concubine chassée par une foule hurlante alors qu'elle se croyait épouse et mère d'empereur.

Elle a fait dresser une forêt sur le pont, chaque

arbre est couvert de centaines de lanternes aux verres de couleurs différentes, et, tandis qu'ils mangent, des hommes cachés, à l'aide de fils, les bougent au rythme d'une musique que Marc Antoine, plutôt habitué à la musique militaire ou à la musique de cirque, n'a jamais entendue, une musique faite par des cordes qui vibrent. Il est bouleversé devant tant de beauté, tant de richesse, et elle si menue, si belle, le visage parfaitement lisse qui lui sourit... lui sourit.

Le lendemain au soir, elle l'invita de nouveau, et il eut l'impression que la fête de la veille était manquée par rapport à celle-ci ! Ce n'est qu'au soir du quatrième jour qu'elle accepta, elle et ses ministres, d'aller dîner au camp sous la tente de Marc Antoine. Là, rassuré, chez lui, il se laissa aller à donner une fête comme il les avait toujours aimées, avec des danseuses qui se joignaient aux dîneurs et des raconteurs d'histoires salaces, lourdes, rudes. Et Cléopâtre, qui avait été, lorsqu'elle l'avait reçu sur son bateau, d'un raffinement extrême, ne goûtant que peu au vin et aux plats, fit la fête cette fois avec Marc Antoine, mangeant ce qu'il mangeait, buvant ce qu'il buvait, riant à ce qui le faisait rire. Démagogie ? Pire ruse ? Non, soudain Cléopâtre — et c'était la première fois qu'elle festoyait avec un homme jeune — aima faire la fête, rire à des énormités, puis, elle s'entendit, la première étonnée, en dire, et pas des moindres ! C'est vrai qu'enfant, cachée dans le palais de son père, certains soirs, elle avait déjà tout entendu de ces grossièretés partout et depuis toujours les mêmes, et qui ne roulent guère que sur un sujet : le sexe.

Et puis, et puis, si elle avait eu quelques lassitudes, revenait cette obsession : « Lui seul peut m'aider à conquérir le trône d'Occident pour Césarion. Alors rions, buvons et énonçons nos richesses d'Afrique, d'Asie et de Nubie réunies, donnons-lui cet or qui n'est rien pour moi, montrons-lui les chemins qui mènent à l'Inde — ils en rêvent tous ! »

Le lendemain, la tête un peu lourde, ils allèrent se baigner en mer.

Elle nage, et cette fois pas question de minimiser l'amplitude de ses mouvements et de les faire maladroits, elle nage pour gagner et lui aussi, mais il est le plus fort et il gagne... « Essoufflée, je suis essoufflée. Je me suis trop laissée aller, et ce pavot m'a tout engourdie, je dois me reprendre. » Marc Antoine, pour qui il est normal de gagner, est ravi de lui tenir la main et de l'aider à reprendre pied tandis qu'elle cherche son souffle. Allongés au soleil qu'ils aiment tous deux, ils commencent à parler. Marc Antoine lui reproche l'envoi de bateaux pourris, elle rit — agacée qu'il le sache. Qui a parlé ? « S'en occuper dès mon retour. »

Et elle lui explique — que sa voix est belle, grave et chantante sur toutes les fins de mots ! — que rien dans ses lettres ni dans ses actes ne pouvait lui prouver que lui n'était pas ami avec Octave, et qu'Octave était l'ennemi mortel de Cléopâtre. L'obstacle à la reconnaissance de Césarion. Et là, toute petite, toute menue, le visage soudain tiré, elle murmure, la voix rauque :

— Tu te souviens de ta promesse, Marc Antoine, de mettre Césarion là où il doit être : à la place de son père, maître de Rome.

— Je te l'ai promis, petite reine.

Il ne peut en dire plus. Le soleil, là dans ses yeux, leur donne une couleur qu'il n'a jamais vue. Et puis l'eau qui coule de ses boucles — elle porte ses cheveux un peu plus longs — descend en une rigole unique entre ses petits seins écartés, qui se voient précis, gonflés, mieux que nus, sous sa robe de lin mouillée qui lui colle au corps.

— Déshabille-toi, Cléopâtre, tu vas prendre mal.

Fouaillée par le « Déshabille-toi », elle soulève les bras, qu'il lui enlève sa tunique. Consentante ? L'a-t-elle voulu ? Elle n'y avait jamais pensé tant son corps était mort, là, elle s'ouvre, mais inerte, comme ne s'appartenant pas.

La tête seulement grisée par cette voix d'homme et cet ordre : « Déshabille-toi. » Un ordre dit si doucement, comme une prière. Et lui, le corps tendu au-dessus d'elle, la plaque maintenant au sol d'une main et de l'autre lui caresse les seins en un lent et continu mouvement. En un instant ses bouts de seins se dressent, turgescents — comme lorsque Césarion, pressé, la mordait, mais cette fois il n'y a pas de douleur, il y a, mais comment cela s'appelle-t-il ?

Maintenant il entre en elle, et elle sent, non, elle entend son corps se déplier, s'entrouvrir pour mieux recevoir ce sexe si fort, si sûr et si obstiné. Depuis un moment elle entend une femme gémir, s'est même agacée qu'une de ses dames d'honneur fît l'amour si près d'elle. Et tandis que sa tête s'affole, va d'un côté l'autre, et que Marc Antoine la mord aux lèvres, elle reconnaît la voix : c'est elle — elle, Cléopâtre, reine d'Égypte, qui s'était donnée parce qu'il fallait que cet homme fît Césarion empereur. Elle s'était donnée à ce rustre, à ce gymnaste de foire — c'est ainsi qu'il lui arrivait de l'appeler — et maintenant elle jouit, jouit comme jamais le plus adroit de ses amants choisis — lorsque adolescente on lui avait appris l'amour — ne l'avait fait jouir. « Ainsi mon corps n'est pas mort... »

Marc Antoine, percevant que tout en elle s'affole, a accepté lui aussi de jouir. Il sait à merveille se contrôler et peut, des nuits durant, jouer à troubler une femme maintes et maintes fois sans perdre bêtement son sperme dès le début. Mais, là, il a voulu jouir avec elle. En même temps qu'elle...

Et maintenant, ils sont comme deux enfants las. Elle, ses mains accrochées dans ses boucles. Menue, plus, minuscule et noire comme un petit pruneau, et lui, colosse à la peau claire, rendue brique par le soleil, ses mains perdues dans ses cheveux à elle, tandis qu'il a niché sa bouche juste entre ses deux seins — il y a là un petit triangle de peau si chaud, et qui exhale une odeur affolante pour lui... Le désir à peine parti revient, et cette fois lentement, prenant son temps, il caresse Cléopâtre qui le caresse aussi. Hors d'elle. Éperdue. Foudroyée. Femme, elle se reconnaît Marc Antoine pour maître, maître de son corps.

Tout son corps le salue, mais, décidée encore à garder pour elle ses pensées, ses volontés, elle s'endort.

Cléopâtre se réveille. Et dans l'instant elle tend le bras... Elle est seule. Elle a mal, si mal, qu'elle se redresse, se plie : le trou, la béance en elle est telle qu'elle hurle, comme vidée du dedans. Mais Marc Antoine n'est pas loin, il rit, l'appelle.

— Regarde, regarde comme je nage. Tu reconnais ? Tu reconnais ? Oui, c'est le dauphin (il le lui avait déjà fait la veille). Attends, je vais t'encercler, et monter et descendre. Tu as déjà vu un nageur faire le dauphin comme ça, hein ? Jamais, hein, allez, dis-le, dis-le, ma petite reine...

« Aïe, aïe... il est bien comme papa César, le meilleur ! »

— Non, mon grand. Personne, personne n'a jamais glissé, sauté comme cela dans l'eau. Apprends-moi. (Lui aussi aime apprendre, tous les hommes se veulent maîtres !)

Et c'est vrai qu'il était magnifique, nu, brun, doré, ses boucles constellées d'eau où jouait le soleil dès qu'il refaisait surface. Un dauphin royal. Impérial. La trace de ses jambes parfaitement jointes dans l'eau était droite et la mer coupée comme par un couteau d'acier dur.

— Dis, dis-le que jamais, jamais tu n'as joui comme j'ai su te faire jouir. (Il l'écrase, la tient, aux épaules.) Dis-le.

Et sa sueur à lui tombe sur le visage de la petite reine qui, yeux clos, reçoit cette sueur de plaisir comme encore du sperme... Incapable de lui répondre, brisée, rompue, mais si calme au-dedans d'elle, comme jamais. Si, peut-être, les quelques secondes après la naissance de Césarion.

Ça n'est que maintenant que le sang recommence à glisser au travers d'elle, sa pompe à cœur recommence à fonctionner, mais lentement, très lentement, et le bas de son corps est comme encore détaché d'elle. Le sommeil, le sommeil irrépressible arrive. Elle a le temps de penser : « Nous allons brûler là. » Ils sont enlacés sur la plage. En lui aussi le sommeil arrive. Alors leurs deux corps engourdis se séparent l'un de l'autre, ils émettent comme une plainte, la même.

Ils dorment, offerts à nouveau au soleil, mais séparés. Seuls. Encore.

Yeux clos, bouche fermée, murée sur cette explosion à l'intérieur de son corps, elle veut lui dire, lui hurler : « Je t'aime, je t'aime », le même verbe que celui qu'elle employait lorsque, petite fille éperdue, enceinte, elle remontait le Nil, sa main dans celle de Jules César. Quel rapport ? « Taire ce je t'aime-là. Cléopâtre, ma belle, je t'interdis de laisser tes lèvres le murmurer. » Un instant après, elle le lui crie, ce « je t'aime », tandis que lui, éperdu de voir ces petites gouttes de sueur autour de son nez, excité à nouveau par l'odeur qui monte d'elle, conscient d'avoir joui, certes, mais de l'avoir fait jouir comme jamais, lui répond un « je t'aime » qui n'a peut-être pas le même sens, à moins que ces deux « je t'aime-là » ne veuillent, en vérité, rien dire si ce n'est que l'un et l'autre, fouaillés par les deux petits mots-sésame, se pénètrent à nouveau.

*
**

Au bout d'une semaine, Cléopâtre décida de lever l'ancre et de repartir dans son royaume. Il ne lui fallait pas s'enfoncer trop loin dans cette volupté joyeuse. N'ayant jamais été aimée, Cléopâtre ne s'aimait pas, et cette joie physique, chaque jour plus intense, qu'elle éprouvait auprès de Marc Antoine lui faisait peur. « Me ressaisir, m'éloigner, ne pas oublier mon but », et en même temps, lucide, s'engueulait : « Dis donc, ma petite reine, tu te souviens enfin de tes leçons de charme — première loi : s'enfuir, que l'autre s'enflamme. Et si je n'avais pas été jusqu'à Rome, peut-être, peut-être que César aurait déclaré Césarion roi ? »

Trois semaines après — on était en l'an 41 —, Marc Antoine et ses troupes entraient dans le port d'Alexandrie. Il fit accoster son propre bateau là même où le bateau de Jules César s'était autrefois amarré.

Marc Antoine, quand son cœur avait un élan, ne se posait aucune question. Cette petite reine rendait son corps fou, alors il accourait et, en prime, elle lui offrait ses trésors ! « Qu'il l'aide à conquérir le trône pour Césarion », il l'avait promis et tenait toujours ses promesses, donc il la tiendrait, et il deviendrait du même coup lui aussi — « Césarion n'est qu'un enfant » — le maître suprême, l'Auguste.

Il n'avait pas beaucoup de temps devant lui et il le savait. Octave, retourné à Rome, recommençait à se disputer — le terme était faible ! — avec ses alliés à lui, Antoine. « Qu'ils s'empoïgnent ! J'y gagne, moi, au loin. Je ne suis pas prêt à les vaincre. Mes troupes sont lasses (les fièvres et la dysenterie avaient rongé le corps de ses soldats) et j'ai besoin de l'or, des troupes et des bateaux de Cléopâtre. Alors, en attendant, que la fête commence ! » Et il riait, Marc Antoine, courant vers le palais, incapable de supporter ce rythme lent, officiel — « on dirait une marche funèbre » — que lui imposaient ses généraux. « En imposer au peuple. » Et c'est comme un gamin enivré qu'il arriva contre les portes du palais de la reine.

— Ouvrez-moi ! ouvrez-moi ! La reine m'attend.

La reine l'attendait, et elle l'accueillit en maître de tout ce qu'elle possédait, non seulement de ses fortunes, mais aussi de ses cultures. Et Marc Antoine, qui jusqu'alors ne demandait au vin que l'ivresse — qu'il avait joyeuse — se prit à découvrir le charme, la volupté des raffinements. Lui qui jouait — cela lui allait — à avoir des allures de gladiateur, mais qui avait autrefois, à l'encontre de Jules César, pédant mais ignorant, étudié à Athènes, se prit d'un vrai intérêt pour la bibliothèque d'Alexandrie. Une trêve avant de redevenir ce général foudre de guerre et futur maître, unique — cela allait de soi — de Rome et d'Égypte, car lui aussi maintenant voulait l'épouser, la petite reine.

Il partagea son temps entre les plaisirs de l'amour et ceux de la lecture ou captivé par cette pléiade de savants qui lui racontaient les étoiles ou la mathématique aussi simplement qu'une bonne blague.

Cléopâtre, la petite fille sans mère, sans vrai père, haïe de son frère, avait le besoin maladif d'une union officielle. Et très vite le mariage eut lieu. Cette fois elle le tint secret.

Mais Marc Antoine n'était-il pas déjà marié ? Oui, à la grosse Fulvie, qui menait à Rome une vie impossible à Octave, fomentant sans cesse contre lui des troubles, le harcelant. Qu'importe ! Incurablement naïve ? Cléopâtre était sûre à nouveau que, le temps venu, Marc Antoine divorcerait. Sinon, sinon... Elle était morte depuis longtemps, la petite Cléopâtre qui regardait, bouleversée, l'épouse si douce et si effacée de Jules César. Morte. A jamais. Alors, si Marc Antoine tardait... elle ne manquait pas de moyens pour que disparaisse la grosse Fulvie ! Et tandis que lui se plongeait dans le charme serein de ce raffinement, nouveau pour lui, à vivre, Cléopâtre, à l'inverse, se sentait enfin jeune et adorait ces jeux fous, si enfantins, si dérisoires que pratiquait le soir Marc Antoine, son nouvel époux.

Elle vêtue en paysanne, lui en esclave, ils couraient les bistrots qui longeaient la route du port. Là, ils buvaient, riaient, et quand un matelot ivre serrait de trop près la petite paysanne, l'esclave abattait son poing et gagnait facilement la proie qu'elle faisait semblant d'être. Ils chevauchaient à cru deux petits chevaux noirs venus de Chine et les faisaient courir là où la mer touche au sable, éclaboussant tout sur leur passage. Ils faisaient entre eux des matches de boxe et Marc Antoine riait tellement alors de la voir si menue qu'elle arrivait à placer quelques coups au mitan de son corps — il était si grand —, quelques coups qui laissaient de grands bleus sur sa peau... des bleus qu'elle massait après, doucement, de ses lèvres...

On donnait fête sur fête au palais, et lui, qui savait en campagne boire de l'eau croupie ou manger des lentilles charançonnées, apprenait à ne déguster qu'un certain morceau de sanglier (c'était son plat préféré). Il en voulait chaque jour ! Mais, comme on ne savait jamais quand il aurait faim, Cléopâtre avait donné l'ordre que de cinq heures de l'après-midi et jusqu'à passé minuit des sangliers soient les uns après les autres mis en broche et attendent, mais soient jetés si lui et ses invités préféraient des oursins, ou des huîtres, ou des cailles aux asperges, ou encore des coqs de bruyère aux champignons, ou des murènes farcies d'œufs d'esturgeon, ou, ou...

Quant à elle, depuis Rome et sa fuite, et même avec ce nouveau bonheur, elle se nourrissait de peu. De temps à autre dans la journée, elle mangeait du blé grillé, gonflé dans du lait d'ânesse et mêlé à des amandes pilées et des raisins secs. Manger de la viande continuait de l'horrifier. « Ça sent le bûcher », avait-elle dit lorsqu'elle s'enfuyait de Rome, et, depuis, cette odeur qu'elle avait imaginée ne l'avait jamais quittée et empuantissait tout ce qu'elle essayait de manger.

Ils sont sur la terrasse du palais. Lui est assis, elle virevolte autour de lui, avec des petits ciseaux d'or aux bouts recourbés. Cléopâtre lui coupe ses boucles trop longues, retenues par un lacet dans son cou. Elle rit, il rit ; puis elle grogne, alors il grogne.

Ils se disputent, ou plutôt ils se chamaillent sans cesse, tels un frère et une sœur incestueux, terriblement incestueux... Il n'y a jamais entre eux cette émotion, cette admiration qu'avait Cléopâtre pour Jules César, ni chez Marc Antoine ce souci de l'éduquer qu'avait César. Ils se plaisent, follement, et la vie pour eux ressemble à un jeu d'obstacles avec pour but commun et final : Rome. Mais tous deux bien décidés à braconner, glaner plein d'instants de joie avant d'y parvenir.

— Arrête, je vais te couper.

Il l'a attirée entre ses deux jambes et la serre un peu plus ; sexe tendu, il essaie de la pénétrer.

— Arrête, il faut en finir avec ces poils qui te sortent des oreilles. C'est horrible. Maintenant que j'ai fait tomber tes boucles qui tire-bouchonnaient comme des cheveux de femme, cette toison fauve qui te sort des deux oreilles fait obscène, je te le dis, moi !

De son petit auriculaire intact — l'autre est resté atrophié, recroquevillé, brisé depuis la nuit où elle a mis sa main dans la bouche de César : qu'il ne se brise pas les dents tant sa crise d'épilepsie avait été violente —, de son auriculaire elle écarte un à un les poils de ses oreilles. Il frémit, son corps hésite entre l'agacement d'une sensation de chatouillis et le désir qui de l'oreille traverse tout son corps pour aller se nicher jusqu'à son sexe qui décidément, gourmand, pressé, se dresse. Cléopâtre perçoit très bien la montée du désir chez Marc Antoine comme chez elle, mais elle prolonge le jeu — c'est peut-être en amour ce qu'elle aime le plus. Maintenant elle lui coupe sa frange qui pousse si vite que, passé huit jours : « Tu as le front trop court, et alors tu ressembles à un tueur de bœufs. » Antoine, assis, les yeux fermés, crispés — et ces petits poils insistants, coupants, qui se fourrent partout —, Antoine donne des conseils ! Assis, nu, près du bassin de marbre rose où Cléopâtre aime tant se baigner puis se faire masser sur son rebord lisse avec des huiles venues d'Inde :

— Tu coupes trop court, et ça n'est pas symétrique.

Chaque fois cela met Cléopâtre hors d'elle.

— Mais comment le sais-tu ? Tes yeux sont fermés. Dis-moi, Romain, n'est-ce pas inhérent à vous, Latins, de toujours tout savoir et pontifier ainsi ?

— Oh ! les discours boursouflés de César !

« Tu m'emmerdes, Marc Antoine, et si tu continues à discourir, je vais te couper délibérément un morceau d'oreille. Ou tu me fais confiance et tu t'abandonnes, ou tu demandes à ton barbier de te refaire cette gueule de militaire obtus qu'il sait si bien te composer. Détends-toi, c'est un ordre ! »

— Tu as beau dire, reine d'Égypte, que la symétrie, ça n'est pas de l'art... D'ailleurs c'est ton dada : tu répétais sans cesse cela à Rome que « c'est trop facile », et que nous, Romains, sommes ridicules et timorés finalement de toujours faire aller par deux les urnes, les candélabres et les fauteuils. « Et vos pots de chambre, vous en avez deux ? Quand vous dormez à deux ? » demandais-tu à César parce que, lorsqu'il était chez toi, il n'avait de cesse de réunir par paire les flambeaux ou les vasques. Tu crois que je ne voyais pas la colère dans tes yeux et ta bouche pincée ? Il n'empêche que je veux que ma frange soit symétrique et égale.

Alors elle coupe un rien trop à droite, lui ouvre les yeux et lui met un miroir dans la main. Furieux, il est furieux, Marc Antoine ! Elle sent qu'il faut qu'elle coure, il y a urgence ! Le jeu va changer.

Elle court, et rit tant qu'elle perd ses forces. Mais que faire devant un tel athlète ! Elle fait mine de tomber (« Moi, Cléopâtre ! ») et lui se laisse tomber sur elle. Ils rient. Bonheur, enfin joies.

Et lui, de tout son corps, la recouvre. Il se sait

lourd et se fait léger pour la pénétrer. Elle, menue comme une fillette... — un instant fugace... il lui revient en tête le corps de la dompteuse de cirque qui l'a suivi des années en campagne. Il aimait ce corps à corps entre deux gladiateurs, un homme une femme, et maintenant cette finesse — mais attention, il n'y a pas de fragilité chez Cléopâtre — le bouleverse et porte sa sensualité sur les plus hautes crêtes, là où il ne montait que trop rarement avant.

Et lui, avant de lui plaire, apprend à ne plus être si goulu en amour.

***

Et il rit, et elle rit. Aujourd'hui, toute la journée a ressemblé à une journée de bonheur : le désespoir, le doute qu'elle connaît si bien, niché à jamais en elle, s'est tu. Cancer engourdi, il n'a envoyé aucun de ses poisons à travers elle. Sauf, sauf maintenant, bien sûr, juste quand elle pensait qu'elle avait gagné un jour...

« Mais où est Césarion ? » Chaque fois qu'elle joue, rit avec Marc Antoine, Césarion quitte la pièce...

Un hiver qu'ils vivent et dorment ensemble et elle a une nouvelle pour Marc Antoine. Cléopâtre, habituée à mater son corps, l'a tous ces mois suivi, écouté, et aujourd'hui tout ce corps lui dit qu'il porte à nouveau un enfant. Bien sûr, elle aurait pu s'introduire cette éponge pleine de vinaigre que se mettent les femmes d'Égypte qui ne veulent pas d'enfants. Elle aurait pu, aujourd'hui, faire venir ses médecins, ou une de ses femmes de chambre, et boire un peu de cet extrait de chiendent qui fait tomber tous les œufs ; mais le corps de Cléopâtre, dès qu'il se sent fécondé, se referme sur l'œuf, heureux, engourdi. Une partie d'elle cette fois sait que ce mariage est précaire, que leur association amoureuse, politique, un jour, un jour peut-être cessera. Et pourtant elle a envie de cet enfant. Tout en elle refuse de le rejeter. Plus, elle se sent si bien, si calme, si sereine qu'elle recommence — décidément incurable — à se sentir l'épouse unique et aimée de Marc Antoine.

Il a appris en riant cette future naissance, levé son verre — Marc Antoine, à l'encontre de Jules César, n'a pas la fibre paternelle très développée. Il rit et dit seulement :

— Je t'ai aimée si fort, Cléopâtre, que ça n'est pas un enfant mais deux que je t'ai sûrement déposés d'un coup.

C'est vrai qu'elle attend des jumeaux ! Les médecins de sa cour lui ont très vite annoncé qu'ils entendaient distinctement battre deux cœurs.

— Veux-tu que je te fasse maintenant officiellement roi d'Égypte ?

Sans même avoir l'air de réfléchir — ce qui devait humilier et bouleverser Cléopâtre à jamais —, il répond un « non » énergique. Possesseur en vérité déjà des biens d'Égypte, et plus que jamais soucieux de devenir le maître de Rome, il ne veut rien précipiter en acceptant cet honneur que lui offre Cléopâtre. Elle, certes, il lui faut s'attacher Antoine — il est son seul défenseur — mais elle lui offre cette couronne dans un vrai élan d'amour. Elle est reine d'Égypte, il est déjà son époux, et maintenant il va être le père de son enfant. C'est donc logique pour elle.

Il répond « non » parce qu'il sait depuis toujours que ce fut l'erreur de Jules César d'accepter ce titre, ce titre-là justement de roi d'Égypte. Et tout son corps de chasseur — il sait comme personne trouver la sente d'une biche —, tout son corps d'animal qui flaire de loin les chausse-trapes de l'homme le prévient, lui dit que, pour lui, ça n'est pas le moment... Il ne se souvient que trop de la feinte admiration, rigolarde, de Rome, lorsqu'elle avait su que Jules César avait épousé la reine d'Égypte et avait été fait roi (« la bonne affaire ! »), puis de l'effroi de Rome lorsque la ville avait compris que César voulait être aussi roi de Rome. Ne pas recommencer la même erreur, ne pas ainsi provoquer Octave qui aurait beau jeu alors de renouveler le piège qui avait coûté la vie à César... Non, il le sait, il le sent : le temps n'en est pas venu. Plus tard...

— Cléo, ma Cléo, tu es trop impulsive...

Ça lui allait bien ! Elle s'agace. « Impulsive ? »

Est-ce qu'on va le lui reprocher toute sa vie ? Et Césarion qui grandit, et Octave qui prend ses aises à Rome.

— Alors, Marc Antoine, il faut faire mordre la poussière à ce neveu chiasseux...

— Ça, tu as raison, mon miel âcre, mais écoute-moi pour une fois : crois-moi, ne faisons aucune cérémonie qu'il puisse aller raconter à sa manière au sénat. Et ne sommes-nous pas déjà époux devant tes prêtres ? Je le sais bien que tu es ma reine et que je suis ton roi.

Et il lui sourit alors d'une telle manière... qu'elle fond d'amour !

— Allez, répète...

Et elle répète :

— Mon roi... Mais les enfants... ?

— Toi, reine d'Égypte, as-tu besoin vraiment de te justifier auprès de ton peuple ? Nous sommes, mon amour, de la race de ceux qui n'ont plus de comptes à rendre à personne.

C'est vrai, Cléopâtre n'a peur ni des dieux ni des hommes ; sa seule faiblesse, sa seule naïveté est face à l'amour qui la laisse désarmée. Incurablement enfantin, parce que enfant pas aimée et trahie dès le biberon. Qui l'a nourrie ? Elle n'en sait seulement rien ! Nounou, sa Nounou, n'est arrivée que bien longtemps après...

N'empêche, n'empêche que la petite reine d'Égypte aurait voulu le faire roi d'Égypte ! Dès qu'elle aime un homme, elle veut tout lui donner. Et pas besoin de se mentir plus longtemps, de se dire, de se croire forte, aguerrie : elle l'aime comme une folle, aveugle à tout ce qui n'est pas lui. D'un amour totalement différent de l'amour qu'elle éprouvait pour Jules César. « Ainsi on peut aimer deux fois ? » Ébahie, la petite reine, qui a si long-temps cru qu'elle était condamnée à errer sans aimer !

Là, elle écarquille les yeux ; ils la piquent. Myope depuis toujours, et comme Marc Antoine s'agaçait des lunettes qu'il lui arrivait de porter — « Tu t'en-laidis » —, ses médecins lui ont confectionné des petites loupes qu'elle se glisse dans l'œil. Mais dès qu'il y a du sable — et à Alexandrie ! — ou une larme, car il lui arrive de pleurer... Et là elle pleure à chaudes larmes... « C'est que quand je suis enceinte ça doit m'appuyer sur je ne sais quoi. » Elle essaie de rire, ces larmes agacent tellement Marc Antoine !

— Tu pisses des yeux ? ou quoi ? Mouche-toi, Cléopâtre.

Alors elle quitte ses monstrueux petits verres si douloureux à porter, les perd et bien sûr n'est pas fichue de les retrouver !

Il est tard. Très tard, ou plutôt très tôt. Et, quoi qu'elle fasse, Cléopâtre se réveillera les mains serrées, si serrées qu'elle aura du sang dans chacune de ses paumes au réveil.

*

Allongés.
Elle au-dessus de lui. De ses doigts elle caresse sa bouche qui rit.
— Tu as les dents du bonheur, Marc Antoine.
Et elle le baise aux lèvres.

*

Aujourd'hui, au plus creux du palais — que le soleil, l'eau, la plage et les fêtes ne viennent les tenter —, ils travaillent, toute trace d'enfantillage absente de leurs visages. Un ministre de la reine leur énonce en chiffres le poids des récoltes, et ce que cela donnera en monnaie. Un autre donne la liste détaillée des bateaux de guerre fin prêts, le nombre d'hommes armés valides, et combien de jours de marche il leur faudra pour rallier Alexandrie.
— Marc Antoine, c'est le moment, je le sens. Porte-toi contre Octave. Tout ce qui m'appartient est à toi...
Mais Marc Antoine, une fois de plus, hésite. Conquérir Rome pour Césarion, il le veut ; conquérir Rome pour lui, aussi il le veut, oh ! oui, il le veut ! Animal doué, mais incapable de s'expliquer, tout en lui pourtant continue de pressentir qu'il ne doit pas prendre de front Octave...
— Le temps n'en est pas venu, ma petite reine.
— Tu te traînes comme un char à bœufs. Lourdaud ! Quand le temps en sera-t-il pour toi venu ?

— Ne nous chamaillons pas, mon petit ballon, et tiens, rendons notre mariage officiel, puisqu'il semble que, comme toutes les femmes, le mariage te rassure !

« Et dans le fond, se dit Marc Antoine, là-bas à Rome, ils seront impressionnés par mes richesses... » pensant là le contraire de ce dont il était sûr il y avait peu de temps encore.

L'officialité de ce mariage combla, enfin rassura la femme. Mais politiquement, elle, à l'inverse de Marc Antoine, était sûre — l'armée égyptienne n'avait pas guerroyé depuis longtemps et éclatait de santé, il fallait leur inventer des combats entre armées pour que les hommes se détendent ! — sûre que c'était le moment d'attaquer Octave.

Mais il n'accepta toujours pas d'être déclaré roi d'Égypte.

— Plus tard, mon miel, ma petite amande qui a gardé sa peau amère par endroits. Plus tard...

***

Tout en Cléopâtre piaffe, mais que faire ?

« Je n'ai pas le choix, il me faut faire confiance à ce grand enfant pour sauver l'autre. Il est comme un magnifique alezan de loin, mais de près il boite. »

Elle l'aimait, mais, au terme presque d'une année de vie commune, elle avait compris qu'il n'obéissait qu'à son instinct, que le raisonnement n'avait aucun pouvoir sur son corps et que dans le même temps — contradiction ? — il avait su lui cacher maints de ses actes alors qu'elle s'était totalement livrée à lui.

Que faire ? Rechercher de nouvelles alliances avec les petits roitelets d'Asie ? Impensable !

Non, Marc Antoine est son seul allié possible.

On était au creux de l'hiver 40 et Marc Antoine ordonnait toujours des fêtes, encore des fêtes. Des cirques venus de Rome ou de Crète dressaient leurs chapiteaux à Alexandrie. Alors Césarion, bien qu'il approchât de ses sept ans, encore blotti contre sa mère, un rien effarouché, apeuré, battait des mains devant les exercices de force et Cléopâtre, émerveillée, pour ne pas se sentir en reste d'un geste fastueux, faisait apparaître des enfants équilibristes venus de Chine : ils étaient cent et en cent bonds se dressaient en une parfaite pyramide multicolore. Le dernier, le plus petit, dressé ainsi au faîte du chapiteau, sortait alors de ses habits des voiles de toutes les couleurs et inventait des ciels et des orages aux couleurs jamais vues.

Marc Antoine redoublait de tendresse, de gentillesse. « Que prépare-t-il ? se demandait la petite reine, dont tout le corps avait réappris, antennes dressées, à percevoir la ruse, le non-dit. Que me prépare-t-il ? »

Les crocus et les mimosas étaient en fleurs, les feuilles des figuiers dans les patios déjà larges et d'un vert doux... Un matin, Marc Antoine arriva botté et revêtu de sa cape de général. « Tout recommence », et son corps alourdi, las, se plia, suintant de peur à nouveau.

— Attends, attends, Cléopâtre, ne t'angoisse pas. Je pars seul.

Elle le coupe :

— Mais emmène mes troupes.

— Ça n'est pas le moment.

Marc Antoine, homme de lutte à mains nues, a toujours cru aux explications d'homme à homme, et cette fois encore il veut s'en sortir seul. Diverses nouvelles arrivées de Rome semblent toutes dire que ses amis sont en difficulté. Plus, Fulvie sa femme, qui a une passion pour la diplomatie et les complots, a dû s'enfuir de Rome, d'Italie même, après avoir tenté un coup d'État contre Octave qui a lamentablement avorté.

— Mais de quoi se mêle cette gorgone ? (Cléopâtre se dresse. Son petit ventre gonflé et amolli tressaute.) Mais dis-moi, bouseux, est-ce cette femme qui te mène ? Ou es-tu l'époux de Cléopâtre ?

— Tais-toi, ma petite reine, ne deviens pas petite. Tu sais bien l'importance, à Rome, de la famille de Fulvie.

Elle écume, Cléopâtre.

— Vous êtes tous pareils, vous, les Romains. Subjugués par la famille de vos femmes ! Des petits maris ! Vous ne méritez pas d'être l'époux d'une femme née sans mère et d'un père-tonneau. (Mariée à un impuissant de frère, mais reine, elle ! Seule au monde, mais reine d'Égypte.) Rentre, rentre à Rome, va saluer la famille de ta femme et demande bien à sa mère s'il n'y a pas quelques petits travaux que tu pourrais faire pour elle dans sa maison. Il paraît que chez vous les gendres font des travaux domestiques dans la villa de leur belle-mère ! Pendant que moi je t'offre un royaume ! C'est trop pour toi, Romain. Vous, là-bas, avez trop longtemps pissé dans des cuvettes. Heureusement que moi, Cléopâtre, suis venue à Rome et que mes architectes vous ont appris les bains, les chiottes et le tout-à-l'égout !

— Arrête, Cléopâtre... Ne laisse pas les mots grossir, tu vas finir par les entendre et les croire. C'est une affaire privée, familiale. Après, après j'appellerai tes troupes et nous mettrons ton plan en branle. Je t'aime, Cléopâtre, et veux autant que toi voir Octave mangé par les vers. Allez, mouchez-vous, Cléopâtre, reine d'Égypte... Mouche-toi, Cléopâtre.

Jules César avait attendu la naissance pour partir ; l'autre Romain, Antoine, la laissait lourde, fatiguée et si grosse déjà qu'elle ne pouvait plus même marcher. Il la laissait là, comme une femme à la maison, priée de se taire et d'attendre. Elle pensa : « J'accouche et j'arrive », mais il lui restait des mois pleins avant de mettre bas. Et son cœur qui se mettait à battre si irrégulièrement, et ses jambes à gonfler dès midi. Sans parler de Césarion qui, du petit garçon épanoui, gai, vif qu'il était, était devenu un enfant agressif, sauvage et l'instant d'après mou, pleurnichard.

— Majesté, Césarion a tendance à être violent sans raison et en même temps trop émotif. Il faut y remédier, murmurait à genoux, les lèvres presque collées au sol de marbre, son Premier ministre. Majesté, cette nourrice, cette Circassienne, ne lui apprend à lire que les histoires d'Alexandre et l'*Iliade*. Confiez-le à des hommes.

— Pas encore. C'est moi qui veux qu'avant toute autre chose il sache tout de son ancêtre Alexandre. Et qu'aussi d'un bâton il puisse dessiner Ithaque sur n'importe quel sable. Laissez-le dire que, tel Alexandre, il arrangera le monde... N'est-ce pas l'Orient et l'Occident réunis que je veux pour lui ? Et n'est-il pas mon fils ?... Mais non, ne lui dites pas encore. Plus, je vous l'interdis. Ne lui dites pas qu'Ulysse est rentré les mains vides de son voyage aux royaumes des autres hommes, ni que l'on naît et meurt les mains vides et qu'au milieu il y a seulement du rêve. Moi, Cléopâtre, reine d'Égypte (elle s'est levée, Cléopâtre, et parle fort), moi, Cléopâtre, reine d'Égypte, pour lui, je changerai le monde. Enfin j'essaierai ! Mais laissez-le rêver encore quelques mois — il y a bien assez de sa mère qui ne rêve plus.

Là elle se tait et ne parle plus que pour elle : « ... qui ne rêve plus et pressent des nuages noirs... Mais je me battrai, je me battrai. »

*
**

La situation pour Marc Antoine est consternante. Sa famille, sa mère et sa femme, chassées de Rome, font route vers la Grèce pour le rejoindre. Interdites de séjour à Rome... et cela sans que Marc Antoine y soit pour rien. « J'ai tout oublié à Alexandrie ! » Alors à l'instant il décide de ne plus aimer cette petite noiraude qui a trop bien su le retenir ! C'est Rome, Rome qui est sa vie et sa bataille avec cette ganache d'Octave... « J'ai trop perdu de temps. »

*
**

Tandis que Cléopâtre accouchait difficilement, cette fois son corps ne s'ouvrait pas et il n'était aucune respiration, aucune concentration qui puisse atténuer la douleur. Son corps se tordait, torturé par deux femmes munies de ciseaux qui l'ouvraient, la coupaient, pour enfin extraire, après deux jours et deux nuits de douleurs, deux enfants violets et malingres, un fils et une fille, qu'elle appela Alexandre Hélios et Cléopâtre Séléné. Le Soleil et la Lune...

Cette fois elle ne s'occupa pas des cordons. Les coupe qui veut. Elle a fait poser sa couche dans le coin le plus sombre de la chambre. Elle ne veut voir personne. Qui d'ailleurs pourrait venir la voir ? Césarion s'est enfui dans les écuries du palais et vit chez un ami palefrenier, il a demandé à sa mère de ne pas être au palais au moment de la naissance « de ces deux chiards » — oui, il a dit « chiards ». Marc Antoine ? il n'a jamais donné de ses nouvelles. Et, à l'instant où ses enfants sortent et ne vagissent qu'après qu'on les a rudement secoués (« Je t'ai aimée si fort, Cléopâtre, que ça n'est pas un enfant mais deux que je t'ai sûrement déposés d'un coup »), Marc Antoine, expulsé de Rome par contumace, est en train de se battre avec Fulvie !

— Mais de quel droit, hurle-t-il, as-tu fomenté ce coup d'État avorté dans l'œuf, contre Octave, sans m'en prévenir ?

— D'abord, bouseux, ne mens pas. C'est parce que ça a foiré que tu hurles, que tu beugles. Si j'avais gagné, tu aurais dit que l'idée était de toi ! Et dis-moi donc, espèce de matelot en goguette, si tu étais rentré plus tôt au lieu de te rouler comme un cochon dans une bauge, sur le dos, le ventre à l'air — que cette truie te cherche la vermine dans cette cour d'Égypte, où tous les hommes se perdent ! — si tu étais rentré chez toi, tu aurais pu nous aider de tes précieux conseils, puisque tu sembles te croire doté d'une cervelle ! C'est nouveau, ça ! Ça t'a poussé en Égypte ?

Marc Antoine est muet d'étonnement. Effaré ! Fulvie, sa grosse Fulvie, parle comme Cléopâtre... Est-ce le langage réservé aux femmes en colère ? « Mais ce sont des sauvages, se murmure Marc Antoine, atterré, des sauvages... »

Il n'a pas écouté ses injures jusqu'au bout, il sait trop bien jusqu'où une femme humiliée peut aller ; et d'ailleurs ses espions lui ont affirmé que Sextus Pompée s'approchait des cols de Grèce... Sextus

Pompée, le fils de Pompée, l'ennemi d'Octave ! Il ne lui reste plus qu'à faire alliance avec lui !

Oubliée, Cléopâtre, la petite reine d'Égypte ! Marc Antoine est ainsi. Enceinte, inquiète, elle l'a, en tant qu'homme, lassé, elle et ses poussées de colère si fortes « que l'eau des fleuves remontait alors aux sources de peur » ! C'est ce qu'il lui disait en tout cas pour essayer de la détendre... Invivable avec ses « tu as promis, tu as promis » lancinants. Ses armées ? Eh bien, il s'en passerait.

Marc Antoine n'est ni un homme intéressé, ni un homme capable d'établir un long plan. Simplement, il lui faut maintenant bondir vers Pompée. « Finalement, je ne veux que des amis ou des ennemis romains ! »

Il venait à peine de faire alliance avec Sextus Pompée, qui était aussi seul que lui, perdu dans cette Méditerranée, qu'il apprit que Fulvie, sa grosse épouse, était morte des fièvres... Alors, par le messager qui lui annonçait la mort de sa femme, heureux, fier, comme un gosse qui a trouvé la parade, il fit porter cette lettre à Octave :

Ami, frère, par respect pour mon épouse, j'ai accepté d'endosser la responsabilité de ses erreurs et outrances à ton égard. Elle morte, rien ne m'empêche de me dire à nouveau ton ami, si tu le veux bien.

S'il le voulait bien ! C'est lui, Octave, qui avait fait empoisonner Fulvie, conscient que Marc Antoine était en mauvaise posture et qu'il allait s'en faire un ennemi irréductible prêt à toutes les guerres. Enfoncé dans les jupons de Cléopâtre, il le savait à l'abri et incapable de mordre tant il était occupé à embrasser, mais là, associé au fils de Pompée, il pouvait lui faire mal... très mal... Sextus Pompée, passé l'effroi du premier exil et de l'assassinat de son père, s'était ressaisi et, inlassable, sillonnait terre et mer pour rencontrer, et ils étaient légion, tous les oubliés, amers, de ce nouveau triumvirat... Et il était riche, très riche, Sextus Pompée. En effet, pressés, Octave et Marc Antoine avaient fait plus de mécontents que de flattés. Ils n'avaient pas même pris la précaution de décorer par charretées — qu'est-ce qu'une petite décoration pour un chef ? — les oubliés au fond des garnisons lointaines, inactifs, pauvres, humiliés d'être commandés par des « bien moins bien qu'eux », aussi Sextus Pompée s'en était fait, un par un, des amis, en tout cas des alliés. De plus le peuple, et Octave avait assez d'espions pour le savoir, commençait à trouver qu'il était trop souvent perdu dans des batailles lointaines, ruineuses, et que Marc Antoine, lui, avait littéralement disparu... Rome se sentait privée de son privilège de capitale... Et puis même si son corps malingre en tremble de rage — « Qu'est-ce qui est totalement caché par une hallebarde fichée de profil dans un pot de fleurs ?... Octave »... C'était la blague du moment chez les sénateurs —, Octave sait qu'il doit encore une fois se réconcilier avec Marc Antoine. Il a encore besoin de lui. Ce gladiateur, ce garçon boucher amateur de femme blette — c'était sa défense, au pauvre Octave —, loin, perdu dans les ors d'Égypte, l'avait arrangé : « Qu'il pourrisse près d'elle et quand il sera obèse (Octave était fier de ses diètes, il les disait volontaires alors qu'en vérité son estomac ne savait rien garder), la tête noyée de vins et le sexe nourri de vérole, je frapperai, moi, Octave, mais il me le faut comme allié encore deux ans... même si j'en étouffe de rage. Il plaît aux Romains, sa vulgarité enchante le peuple, oui, il faut qu'il réapparaisse, oublie cette houri dangereuse, que Rome se calme, ronronne, rassurée... Après... après j'en fais mon affaire, j'ai mon plan, imparable. Allez, en place pour la première partie »... et il éclate de rire, Octave, et au même moment il a comme un mouvement pour se pincer le nez : même lui est incommodé par l'odeur qui sort de sa bouche quand il l'ouvre.

Et c'est les larmes aux yeux qu'Octave accepta les excuses de « son ami » Marc Antoine. Et à l'instant, à Rome, il fut réaffirmé solennellement qu'Octave demeurerait le maître de l'Italie ainsi que de tous les pays d'Europe, qu'Antoine continuerait à gouverner la Macédonie, la Grèce, l'Asie, la Syrie et bien sûr l'Orient... Mais en plus, en signe d'amitié indéfectible entre les deux hommes, Marc Antoine épouserait la belle, la douce Octavie — sœur d'Octave — dont le mari venait de mourir, épuisé par des vomissements verts, tout comme Fulvie (normal, ils avaient avalé le même poison). Et Marc Antoine qui avait eu si peur de vivre à jamais exilé loin de Rome, ennuyé d'avoir eu à subir une Cléopâtre enceinte, fatiguée — les femmes enceintes lui faisaient horreur, il fallait bien qu'il se l'avoue —, excédé de voir qu'elle le prenait le plus souvent pour un enfant écervelé, était enchanté de cette nouvelle vie. Qu'elle était belle, son Octavie ! Douce, lisse, jeune, si vive à apprendre les caresses ! Et cette fois il était le maître, et non plus l'élève. Et c'en était fini aussi de croiser le regard de Césarion, ce regard accusateur : « Alors, tu couches avec ma mère, pilles les coffres d'Alexandrie et me voles ma couronne. Je le vois, tu sais. » Oui, il y avait cela dans le regard de ce garçonnet que Cléopâtre appelait encore « mon bébé ».

Rome fit une fête fastueuse aux deux mariés, chacun voulant croire que ce mariage arrêterait cette guerre fratricide qui ne faisait qu'appauvrir un peu plus Rome.

*

Elle était toujours vêtue de noir, Cléopâtre. Ses règles n'étaient pas encore revenues, lorsqu'elle apprit, quasiment en même temps, la mort de Fulvie (« Libre, Marc Antoine est libre ») et son remariage !

Cette fois, son corps ne plia pas. Il ne se recouvrit pas de cette sueur qu'elle haïssait tant. Elle fut soulevée par une colère, une colère immense contre elle : l'imbécile, la demeurée, qui n'avait rien voulu voir des petits signes qui pourtant ne trompent jamais. Il s'était servi d'elle, et depuis le premier jour.

Mensonges, son « Nous n'en avons pas fini, nous deux ». Mensonges, ses caresses. Mensonges, sa capacité à la faire jouir pour se la mieux attacher. Et elle qui, en cachette, avait fait bourrer ses bateaux d'or ! Elle aurait dû comprendre, lorsqu'il a refusé ses troupes, qu'il repartait pour une félonie. « Allons, allons, reine de tes deux qui ne sont jamais descendues. » Comme il disait vrai, son Ptolémée de frère ! « Il pouvait être un félon, et aussi me prendre ma flotte et tout mon or ! Puisque je suis aussi bête qu'une vieille servante qui donne son mouchoir et ses économies au premier matelot qui lui sourit. Pour Césarion ? Oui, c'était bien pour Césarion au départ ; mais après, après, je le voulais pour homme, pour mari. Et me voilà à nouveau mère et abandonnée, moi, reine d'Égypte. Jamais, jamais dans l'histoire du monde, il n'y eut femme aussi bête, aussi naïve que moi. Jamais. »

— Dis-moi (elle appelle sa petite Circassienne), comment elle est, cette Octavie ? Est-ce que je la connais ?

— Mais oui, Majesté, elle est venue chez vous à Rome. De longs cheveux auburn et des yeux violets, si grands qu'ils se perdent dans ses cheveux.

— Tu te tais ou je te fais brûler la langue ! Et quoi encore ? Elle est grosse, elle est grosse, hein ! Et marche comme un canard.

— Oui, Majesté, c'est ça : elle est grosse et marche comme un canard...

— Menteuse, va-t'en.

Cléopâtre se tait. Elle se souvient parfaitement d'Octavie, longue, souple comme une liane, qui lui souriait si doucement. Elle s'était même dit : « Tiens, une vraie femme. » Et aussi elle se souvenait de son regard.

Oui, c'était dans ses jardins, Cléopâtre donnait une fête pour Jules César et ses amis. Octavie était près de son frère, le chiasseux. Cléopâtre était lasse, et s'était sentie soudain perdue. De loin elle avait senti un regard la fixer ; elle l'avait alors, elle aussi, regardée et tout dans ses yeux lui disait : « Tiens ton cœur haut, Cléopâtre. » Ainsi aidée, elle avait fait redémarrer la fête, un instant alanguie.

Marc Antoine et Octavie vivaient à Athènes. Marc Antoine, qui y avait fait jeune ses études de rhétorique, s'y sentait heureux comme un poisson dans l'eau. Sa femme mit très vite au monde une fille, Antonia, tandis que là-bas en Égypte Cléopâtre allaitait toujours ses deux enfants, sinon ils seraient morts, trop malingres. Pour les allaiter, elle s'était bourrée de lentilles et de bière. « Une machine à faire du lait, je ne suis plus qu'une machine à faire du lait. » Césarion, dès qu'il la voyait s'approcher des petits, faisait de telles colères qu'elle avait toujours peur qu'il ne fasse une crise comme son père. Ce qui arriva un jour où elle tenait un nourrisson à chaque sein. Alors, elle ordonna que l'on trouve des femmes aux seins gonflés de lait et qu'elles viennent vivre près de Soleil et de Lune, et elle, elle se retira dans ses appartements avec son fils aîné pour vivre ensemble ses derniers jours d'enfance. En effet, le temps pour lui était venu. Il allait lui falloir un jour régner sur l'Égypte — elle ne parlait plus jamais de Rome, bien qu'elle n'ait jamais cessé d'y penser et bien qu'un moment elle ait même pensé envoyer des émissaires chargés de présents au fils de Pompée : n'avaient-ils pas tous les deux été trahis par Rome ? Mais les forces lui avaient manqué bien qu'elle y pensât toujours et elle se faisait donner ses positions et des espions à elle vivaient près de lui.

Elle voulait vivre quelque temps seule avec Césarion. Après, après Césarion apprendrait à devenir un homme avec des hommes pour maîtres. Longtemps (à vrai dire toujours) elle avait pensé qu'un homme n'était pas forcément le meilleur maître pour un futur roi, mais aussi, là, elle voulait — appel viscéral — elle voulait disparaître, un temps. Souvent les ciels du désert, lorsque adolescente elle avait fui son palais, lui revenaient, et il n'était pas un dessin de ce ciel qu'elle ne sût. Elle entendait les cailloux rouler, le sifflement du vent dans les touffes d'épineux, le crépitement de la chaleur, et sa bouche alors qui cherchait le pis d'une chèvre. Elle voulait aller plus loin cette fois, plus loin que les troupeaux, plus loin que les tentes de laine noires que dressent les nomades ; elle voulait aller jusqu'où chaque dune s'enlace dans une autre dune. Nounou, toujours Nounou ! Nounou lui avait dit que là-bas, au cœur du vrai désert, vivent quelques humains sans rien. Sereins.

Consciente toujours d'être Cléopâtre reine d'Égypte et responsable de Césarion, le fils de Jules César — elle pensait moins à ses deux autres enfants, c'est vrai. Il lui fallait s'enfuir, non pas s'enfuir à jamais — il aurait été plus simple alors de mourir, et mourir pour Cléopâtre n'était rien, elle savait tout des poisons lents ou rapides et gardait dans ses voyages un panier plein de fruits où l'on déposait toujours deux aspics noirs aux crocs sans faille, ne voulant en aucun cas se trouver prisonnière et incapable de décider elle-même de sa mort. Lorsqu'elle était arrivée à Rome, les aspics étaient de son cortège et au soir de leur fuite la petite Circassienne en avait laissé échapper un ! Elle l'avait avoué à peine arrivée sur le bateau, mais Cléopâtre avait souri, enfin presque souri. Et, tandis que Marc Antoine était encore sur le pont, d'un regard elle lui avait montré un petit panier fermé. En s'enfuyant dans le jardin, la reine l'avait retrouvé, et d'un geste vif l'avait fait entrer dans le panier où Césarion rangeait ses trésors : ses petits soldats d'or...

Consciente de n'avoir jamais appris la sagesse, c'est au plus fort de son désespoir — son corps de trente ans appelant pourtant sans cesse les caresses de l'absent — qu'elle décida de partir dans le désert y apprendre la sérénité, sûre que cela aussi s'apprenait. « Après, après je redeviendrai une grande reine et une mère. En ce moment je ne suis qu'une femme trompée. C'est immonde, et je suis engluée dans cet état comme dans de la morve. »

Elle est là, menue à nouveau, seule dans son grand lit royal. L'absence physique du corps de Marc Antoine provoque en elle une douleur intolérable. Son corps se tord, se recroqueville ; il ne lui reste plus qu'à reprendre ses pauvres caresses solitaires pour trouver enfin un peu de sommeil, et que sa tête, sa pauvre tête, ne résonne plus du mot « trahison » qui tourne en elle comme une mouche verte sous une cloche à lait caillé. Faire appeler un homme pour la nuit ? Ce sont les bras, l'odeur, les rires de Marc Antoine qui lui manquent — seulement les bras, l'odeur, les rires de Marc Antoine, de Marc Antoine le traître.

Tout est prêt pour son départ. Et elle qui refuse que l'on vienne lui parler de présages, qui chasse les prêtres qui savent si bien en inventer ! alors qu'à cheval elle s'était écartée d'Alexandrie, elle a vu un jeune aigle tenter de s'envoler ; arc-bouté sur ses pattes si faibles, il bat de ses petites ailes encore chargées de duvet. « Trop vite, ses mouvements sont trop rapides, il va s'écraser... » Elle connaît le nid de ce couple d'aigles et chaque année elle vient les voir, lui, l'aigle royal, pousser, pousser l'aiglon né de l'année jusqu'à ce qu'il n'ait plus de roches sous ses ergots et que perdu, terrorisé, il ouvre ses ailes... et fasse le mouvement que lui a appris le père, des heures durant, mais au sol... L'aiglon lâché, la mère s'envole alors et se place dessous, juste dessous, et plane, prête à le recevoir sur son dos en cas de fausse manœuvre.

« Mais où est le couple ? Qui a osé les chasser ? » Elle l'a pourtant formellement interdit.

Ça y est, l'aiglon s'est jeté, elle a lancé son cheval : arriver avant, avant que... Mais il est tombé comme une pierre. Brisé de partout.

Et elle qui aimait tant caracoler sur son cheval à l'aube comme ce matin-là décide d'arrêter sa course. Elle rentre au palais.

Là, les servantes couraient, criaient, affolées : Lune, la petite Lune qui était en train de jouer, s'était soudain raidie et tête en arrière, rigide, râlait. Ça n'est que plongée dans de l'eau glacée qu'elle revint à elle... mais incapable de se servir de son petit bras droit qui pendait inerte contre son corps. « Je ne partirai pas. Je resterai avec eux. Cette recherche (de quoi d'ailleurs ?) n'est qu'une fuite ! Me retrouver ? Comme si j'en avais les moyens ! Ma pauvre Cléopâtre, tu as de ces mots... de ces idées parfois, et d'ailleurs voulais-tu vraiment partir ou as-tu voulu croire que tu pouvais partir ? Mais tu ne peux pas. Soudée ici. Et la mort de ce petit aigle, finalement, elle t'arrange. Tu fais dire ce que tu veux aux signes ! »

Et désemparée, si désemparée pourtant, elle remonte vers son palais : continuer, continuer même si elle ne sait plus, là à l'instant, pourquoi.

Et puis bien sûr elle se reprend, comme elle se reprend toujours. Nounou disait d'ailleurs : « Finalement, les autres te connaissent mal, tu jettes ton encre comme un poulpe pour faire peur ! mais tu n'es jamais qu'un petit soldat obéissant. »

Obéissante ? Femme de devoir en tout cas ! car elle continue, et Cléopâtre reine gouverne son royaume et Cléopâtre mère veille à ce que Césarion, l'héritier de Jules César, apprenne certes tout ce qui s'apprend dans les textes, mais apprenne maintenant aussi le maniement des armes et la stratégie militaire. Il va dorénavant et régulièrement vivre sous la tente avec des généraux dont elle est sûre. Lorsqu'il revient au palais, heureux, fier, et qu'il veut, enfant ébloui, se blottir contre elle pour lui raconter tout ce qu'il a fait, elle l'écarte un peu et dit : « La reine t'écoute... », et le cœur gros, si gros, le regarde s'éloigner pour la nuit. C'en est fini. Plus jamais elle ne lui permettra de dormir contre elle. Un homme, Césarion apprend à devenir un homme. Non, plus jamais elle ne se réveillera, son petit blotti contre elle comme s'il voulait retourner au plus creux d'elle. Fini. Cela aussi. Soleil et Lune, eux, sont élevés dans une autre aile du palais. Elle va chaque jour les voir. Et inlassable, comme si c'était un jeu, elle fait bouger le bras de Lune et lui met chaque jour un caillou un peu plus gros dans la main, replie ses petits doigts dessus :

— Serre.

Lune serre, mais elle a peur.

— Mais si, tu peux, là, tu vois que tu y arrives...

Puis elle joue avec les jumeaux, leur apprend à prononcer des mots qu'ils trouvent jolis. Ils rient alors de la même façon en rejetant leur tête en arrière. Comme leur père. Comme Marc Antoine, bien sûr. Mais Soleil, qui est toujours en manque d'une caresse, devient soudain muet lorsqu'il comprend que Cléopâtre va partir et de sa petite main il s'agrippe à sa robe mais ne dit rien. Seulement sa peur, sa panique à la voir partir est telle que, depuis quelque temps, à peine est-elle arrivée chez eux qu'il se crispe et reste les yeux fixés sur la porte tant il a peur qu'elle reparte. Incapable de jouer, de rire.

*
**

Elle vit jour après jour, comme sans passé... Des jours entiers de son enfance, de son adolescence, à jamais oblitérés comme si une pierre tombée d'une haute falaise était venue frapper et transformer une partie de sa cervelle en rate gorgée de sang. Une autre a dû atteindre aussi la case où était rangé, plié, Jules César... Il est des semaines où son nom n'affleure plus à ses lèvres ni son image à l'avant de ses yeux.

« Encore heureux que ma cervelle s'engourdisse, sinon ce serait l'enfer... » Une autre pierre a dû la frapper aussi là où étaient les traces de Marc Antoine, car lui également commence à la laisser en paix, plus même que Jules César. Trois ans qu'il l'a abandonnée, enceinte des jumeaux.

Mais bientôt elle prendra une décision et s'y tiendra. Une chose est sûre pour elle. C'est à elle, dorénavant, Cléopâtre, reine d'Égypte, de changer la carte du monde... Il y a longtemps d'ailleurs qu'elle se l'est fait dessiner, cette carte qu'elle rêve de voir concrétisée. Faire de cette partie du monde, avec l'Égypte au centre, un bloc uni, un bloc qui abatte Rome. Ses pourparlers avec les royautés environnantes progressent, progressent bien. Elle a déjà l'accord virtuel d'au moins quatre rois. Et, dans le même temps, les émissaires qu'elle a envoyés à Sextus Pompée sont formels : « Oui, il est prêt à se joindre à elle et il est sûr de bon nombre de généraux romains mécontents. » Mais faire alliance à nouveau avec un Romain ? « J'ai déjà donné ! » dit-elle dans un rire amer. Pourtant, s'il le faut, elle la signera, cette alliance. « Et puisque Sextus Pompée n'est rien pour moi, mais alors rien, je saurai, là, être et demeurer le chef puisque c'est quand j'aime que je perds tout ! »

Oui, et quel qu'en soit le prix à payer, faire de cette partie du monde un bloc uni qui abatte Rome et que les dépouilles d'Octave et de Marc Antoine soient laissées sans sépulture... livrées aux bêtes et qu'enfin Césarion retrouve la terre de son père, et que sa mère lui instaure là-bas son deuxième royaume. Rêves de femme meurtrie ? Abandonnée ? Mégalomane ? Non, elle se prépare vraiment à cette conquête.

Tel est son devoir. Son unique devoir.

Mais l'histoire au cours de cet automne de l'an 37 se mit soudain — cela arrive — à galoper, et à galoper autrement. Jamais automne n'avait été aussi doux, et tard dans la nuit Cléopâtre se tenait sur la terrasse de son palais face à la mer. Au loin Rome, plus près Athènes... Et, tandis que les parfums des jasmins et des lauriers partaient à l'assaut de la ville, il revenait de plus en plus souvent aux oreilles de la reine que Marc Antoine, à Athènes, était fêté comme un dieu. Général chanceux, il gagnait toutes ses batailles. Et conscient que Jules César s'était bien trop hautainement détaché de sa base, ses soldats, et qu'il en était mort, par trop uniquement soucieux de politique, Marc Antoine faisait pour eux organiser de magnifiques fêtes et allait jusqu'à prendre sur une stèle la place de la statue du dieu Bacchus ! Que ses hommes rient et le sentent des leurs ! Il était adulé de tous les soldats, pas seulement des siens, mais de tous ceux qui rêvaient de servir sous les ordres d'un homme pareil.

Il avait — elle l'avait bien sûr appris — renouvelé son contrat avec Octave pour cinq ans encore, bien qu'il fût à ce moment-là le plus puissant des deux.

En effet, Octave n'était plus guère occupé qu'à se venger, à torturer, à écraser, intimider, pour régner... Il aimait de plus en plus conduire son char sur des routes où des hommes vaincus, crucifiés, agonisaient, lentement, très lentement. C'étaient ses fleurs à lui, ses fêtes à lui. Les populations se terraient quand on annonçait sa visite. Même en Italie, son peuple, pourtant.

Cléopâtre, qui n'avait jamais cessé d'avoir des espions tant auprès d'Antoine que d'Octave, ne s'était pas étonnée de ce renouvellement d'alliance. Marc Antoine préparait un coup, c'était évident ! Et lorsqu'elle sut qu'il avait offert à Octave cent trente vaisseaux — dont cent dix en vérité étaient à elle — en échange de vingt et un mille légionnaires, elle esquissa un pas de danse et demanda ses musiciens, ses musiciens qui n'avaient plus jamais joué pour elle depuis le matin où Marc Antoine était parti... A ses ministres, elle ordonna :

— Messieurs, rappelez nos émissaires envoyés chez tous les petits roitelets qui nous entourent. Ils ont décidément le plumage trop terne pour nous. Nous ne traiterons pas avec eux, ça n'est plus nécessaire. Nous entrons dans une nouvelle phase avec messieurs les Romains. Marc Antoine est en train de se moquer d'Octave : il vient de lui faire présent de nos vaisseaux fatigués, qu'il a sans cesse malmenés en mer ces trois dernières années ; et puisque délibérément il s'est séparé d'eux, c'est qu'il sait où en trouver d'autres et si, moi, j'ai des espions auprès de lui, il en a sûrement près de moi. J'en sais même quelques-uns à qui je fais distiller comme information ce que je veux ! Il est même possible qu'il y en ait un en ce moment même dans cette salle — il y en avait un et elle le savait. Il n'est donc pas sans savoir, ce nigaud de Romain, que je n'ai pas cessé de faire construire des bateaux de guerre encore plus puissants, encore plus rapides. Aussi, il viendra les chercher dans ma main, ces bateaux sans lesquels il ne peut rien. Gardes, emparez-vous de cet homme ! (Et elle désigna l'espion. Enfantine, impulsive toujours, elle n'avait pu résister au plaisir de parler devant lui.) Et vous, ministres et prêtres, cessez de m'applaudir. Ça n'est qu'une déduction. Evidente. Allez...

« ... et alors il va venir, Marc Antoine, et en personne. Il n'osera pas m'envoyer des émissaires... Dans ma main... » Éperdue, elle court d'une salle à l'autre, partagée entre l'envie de tuer ses émissaires, s'il ose lui en envoyer, et de le chasser, s'il vient lui-même ; et dans le même temps exaltée à l'idée que si elle refait alliance avec lui, alors, cette fois, ils vaincront Octave.

Oublieuse qu'il a trahi l'épouse, la reine, l'amante ?

Oublieuse ? Non.

La lune, qui en était à son plus petit quartier lorsqu'elle avait convoqué ses ministres et ses prêtres, n'était pas encore pleine, qu'un certain Fonteius Capito, envoyé de Corfou par Marc Antoine, demandait audience à la reine Cléopâtre. « A la reine seule. » Il avait une lettre écrite par Marc Antoine à lui remettre.

Marc Antoine lui annonce qu'il a répudié Octavie et la renvoie, elle et ses vertus domestiques — oh ! cette quenouille qu'elle filait des heures durant ! — à son frère Octave. Quant à lui, Marc Antoine, il donne rendez-vous à Cléopâtre à Antioche. Suivaient quelques mots qui n'avaient de sens que pour eux deux ; des mots dont ils se servaient autrefois, au plus fort de leurs caresses. Ainsi elle avait deviné juste, il n'avait rien oublié, ou plutôt leurs plans communs qu'il avait abandonnés trois ans plus tôt lui convenaient à nouveau. Et sûr de lui, habitué à ce que tout et tous lui cèdent, il était persuadé qu'il lui suffisait d'écrire pour qu'elle lui ouvre ses bras et ses coffres à nouveau... Il n'hésitait pas même à se servir de leur complicité érotique passée. L'immonde ! Le chien ! Tout son corps en tremble.

Mais le monde en ces trois ans a changé. Cléopâtre reine ne peut pas ne pas savoir que cette fois Marc Antoine sera bientôt le maître unique de tout l'Orient et qu'il lui faut, quoi qu'il lui en coûte à elle, conclure un pacte avec lui, et personne d'autre.

Il a besoin d'elle. Elle a besoin de lui.

Donc la reine offrirait son aide, pas la femme. Elle pria un scribe de venir — elle ne voulait pas lui écrire de sa propre main.

... La reine le remerciait de son invitation et, bien qu'il ne lui demandât rien dans cette première lettre, elle lui remettait des nouveaux vaisseaux qu'elle lui avait d'ailleurs promis il y avait plus de trois ans... La reine Cléopâtre tient toujours ses promesses. En revanche, non, elle ne se rendrait pas à Antioche (Antioche, comme la vie, aime vous faire des clins d'œil. AN.TIO.CHE était un nom de ville qui l'enchantait, et parfois, lorsqu'elle était par trop lasse, par trop désemparée, elle se disait : « Un jour j'irai à Antioche et j'y vivrai... »). Et :

— Attendez, scribe, ajoutez encore qu'Antioche n'est pas Tarse et que de toute façon « il est impossible d'entrer deux fois dans le même fleuve. Est-il besoin de vous préciser qu'il s'agit là d'une phrase »... Mais qu'est-ce que vous avez, scribe ? Main en l'air ? Écrivez. « Il s'agit là d'une phrase d'Héraclite, un ancêtre à moi, et quand il l'a écrite vos aïeux à vous, Marc Antoine, étaient occupés, à quatre pattes, à ramasser des glands pour survivre. »

— Mais, Majesté...

— Écris cela, je le veux. Mais, que, bien sûr, elle, Cléopâtre, reine d'Égypte, l'attend. Qu'il se fasse annoncer, et si elle est à Alexandrie alors, et libre, elle le recevra selon son rang : convaincue qu'il est à nouveau son allié. (Là, elle avait eu grand mal à dicter ce mot.)

*

Marc Antoine irradie de bonheur. Tout lui réussit.

Cette lettre de Cléopâtre l'a fait tant rire ! Sacrée petite reine ! Elle lui donne ses bateaux promis, et sa colère et sa violence en prime !

Comme ça lui plaît !

Comme ils vont s'aimer à nouveau !

Comme il s'est ennuyé d'elle et de ce caractère intraitable ! Un vrai petit cheval sauvage...

Cette parenthèse avec Octavie, la douce, la calme, la bonne, l'a comme ressourcé ! Jamais il ne s'est senti aussi jeune, aussi viril. Oh ! reprendre, et vite, la vie avec Cléopâtre... Que de rires, que de jeux !... Et réussir leur grand rêve... Autant il n'y croyait pas à Tarse, autant là, oui, cette fois il pense qu'ils peuvent à eux deux réussir à vaincre ce mal blanc suintant d'Octave.

Octave, lui, à Rome, tape des pieds et des mains lorsqu'il voit sa sœur et son enfant répudiés arriver chez lui. De rage ? Non, de joie. « L'étau se resserre... » Lorsque Octave a donné en prime sa sœur pour épouse à Marc Antoine, il savait que Marc Antoine se lasserait très vite de cette femme, bien

179

trop douce, bien trop humble, bien trop bourgeoise. Plus, Octave, incapable d'aimer lui-même, avait pourtant perçu que Cléopâtre et Marc Antoine étaient deux étranges animaux faits pour se déchirer mais s'entendre, et ne jamais s'oublier. Il était sûr qu'ils ne resteraient pas longtemps séparés. Ils étaient de la même race, de celle des animaux indomptables, et Octave, lui, ne supportait, ne tolérait, que les animaux domestiques... Et maintenant l'injure familiale était telle qu'il lui fallait venger, pas seulement Rome, mais sa sœur et sa jeune nièce !

Et même lors de leur dernier concordat de cinq ans, en acceptant les vaisseaux de Marc Antoine — qu'il savait pourris —, il faisait en sorte de le renvoyer ainsi à sa mécène : la reine Cléopâtre ! Mais alors ses milliers de soldats donnés en échange ? Des chiasseux vidés par la dysenterie et le scorbut, prêts à trahir pour une piécette, et surtout, surtout encadrés par des généraux dont Octave était sûr, enfin autant que l'on peut l'être d'un homme. Il les tenait, ces généraux donnés à Marc Antoine, chacun ayant une lâcheté ou une turpitude à son actif qu'Octave connaissait mais n'avait pas encore punie. Oui, il y avait de quoi danser une gigue, et même de quoi boire un coup de vin, quitte à en être malade huit jours durant ! Ce qu'il fit, et ça n'est pas huit jours qu'il dut garder la chambre, mais douze...

**

Cléopâtre attend Marc Antoine dans ses appartements privés. Dans sa chambre.

Le palais a un air de fête. Des gardes en tenue d'apparat font une haie d'honneur sur la terrasse et jalonnent le chemin de la mer au palais.

Les grands prêtres et les ministres, revêtus de leurs plus belles robes et de tous leurs bijoux, sont debout, muets, dans la salle du conseil, où Marc Antoine arrive en courant, persuadé que la reine l'y attend.

Ses jambes ont été ravies de retrouver les marches de marbre rose, larges, douces. Il les a enjambées, comme toujours, deux par deux, puis d'un élan a sauté les trois dernières. Ça va, il n'a rien perdu de sa souplesse. «Tiens, pas de musique pour m'accueillir?» Le trône de Cléopâtre demeure vide et les visages des ministres et des prêtres figés. Enfin apparaît — elle ne marche pas, elle glisse — apparaît la Circassienne. Elle s'incline, à peine, il le remarque, et, muette toujours, lui fait signe de la suivre. Ah!... la reine est dans ses appartements privés. «Elle m'attend, ma Cléo, prête...» Alors il court, court, Marc Antoine. Mais, au moment d'entrer, de pousser les doubles battants — aucun garde noir n'est là pour le faire —, il prend peur. Et si Cléopâtre était en colère? Vraiment en colère? Conscient, un instant, enfin, qu'il s'est ignoblement conduit avec elle?

Mais non, elle est là, allongée sur son lit, habillée en déesse d'Isis. Elle porte sa perruque de reine et un diadème de turquoises, d'émeraudes et de rubis. Qu'elle est belle! Il l'avait oublié. Mais comment a-t-il pu oublier une telle beauté? un tel regard? «Quel con je suis!» Elle semble presque sourire, du moins son visage, parce que ses yeux, non...

«Si elle sourit, ça va aller.» Et dans l'instant il se détend et d'un bond va vers la salle de bains, là soulève sa toge pour pisser dans l'immense lavabo de granit rose aux robinets d'or. Chaque fois qu'il entrait dans cette chambre, il le faisait, et là, heureux de s'y retrouver, la même envie, impérative, lui est revenue. Il pisse dans le lavabo et ses bottes — d'un cuir très fin brodé et rebrodé de fils d'or et d'argent (seuls les Crétois savent les faire si ouvragées) — sont tout éclaboussées, souillées. Et Cléopâtre rit, enfin. Aux larmes.

— Alors, Marc Antoine, chien pisseur, on revient marquer son territoire ? Je savais qu'en arrivant tu aurais une de ces élégances-là. Aussi j'ai fait desceller cette vasque, elle est seulement posée sur sa base.

Jules César avait cette même manie, et déjà Cléopâtre avait joué avec cette idée, réalisée aujourd'hui. Mais elle n'avait alors pas osé.

— Dorénavant, tu regarderas mieux où tu pisses, chien errant ! Maintenant explique-toi, je suis prête à t'écouter. Mais, avant, il est encore un geste de toi qui me choque et que je veux te dire. Laisse-le à ceux qui lèvent des pierres dans les carrières ou aux tueurs de bœufs dans les abattoirs. Cesse de te remonter les testicules tandis que je te parle et de te tenir ainsi jambes écartées, à l'avantageuse. C'est par trop vulgaire. Un tic de manant que la reine d'Égypte ne tolérera plus dans ses appartements. Enfin, Romain, je te prie de couper cette moustache qui te cache les lèvres : dans mon armée, seuls les pédophiles la portent, et tu sais ce que leur disent alors les autres ?... « Dis donc (elle prend alors une voix de soldat aviné), t'as trop longtemps brouté le con de ta mère en passant, même que tu en as gardé une touffe pour te faire passer pour un homme. Mais ça trompe qui, eh, connard ? »

Elle s'en veut... Elle est bien trop agressive, bien trop bavarde. Donc trop fragile.

— Allez, parle, explique-toi sur cette absence de trois ans et demi. Je suis prête à t'écouter, mais sois bref, Marc Antoine. Et que tes mensonges m'amusent, sinon ma garde te reconduira à ton bateau et il te faudra reprendre la mer dès ce soir. Nous t'écoutons.

« Mais pourquoi mes mains tremblent-elles comme cela ? Obligée de les cacher dans les plis de ma robe ? Et ces aigus dans ma voix ? »

Il ne parle pas, Marc Antoine, simplement il s'approche du grand lit, s'agenouille et, la tête nichée entre ses deux petits seins, éclate en sanglots.

Alors ses mains qui tremblaient tant depuis qu'il était entré dans la chambre, ses mains, elle les pose dans ses boucles — il a les cheveux trop longs — et, d'instinct, sans même qu'elle le comprenne vraiment, se met à lui caresser le front et à s'enfoncer dans ses cheveux si épais, doigts écartés, comme un gros peigne d'écaille...

Marc Antoine, doucement maintenant, fait descendre sa robe de déesse. Que la couleur abricot doré de sa peau est belle ! Jamais une autre femme n'a eu cette couleur. Patient... Il s'efforce de moduler ses caresses... Cléopâtre le laisse faire. Il caresse ce corps qui se tordait du manque depuis près de quatre ans maintenant, et ses mains à nouveau sont sur elle. Et ses baisers, son odeur, sa peau toujours aussi dure, aussi cuivrée, et cette moustache si décriée tout à l'heure, qu'elle est douce ! Elle s'ouvre, s'offre, prête. Marc Antoine, arc-bouté sur ses bras — ne pas l'écraser, elle est si menue —, se prépare à la pénétrer lentement, heureux qu'elle ait les yeux fixés sur son sexe, cela l'excite au plus haut degré. Il la pénètre et, yeux clos, ahane. Elle aussi a fermé les yeux, elle attend, tendue, cette morsure qui s'empare de son sexe rempli de l'autre, cette exaltation de tous ses muscles qui part alors de son vagin, irradie et fait trembler tout son corps. Mais rien, rien ne se passe, elle sent certes un objet chaud entrer et sortir d'elle, et ça n'est qu'ennuyeux, plus, à la limite du douloureux. Mais où est la jouissance qui les faisait tant trembler ? Marc Antoine a arrêté son va-et-vient, il s'est rendu compte que rien ne répondait chez Cléopâtre ; il a failli continuer, prendre, lui, son plaisir, puis s'inquiéter d'elle après. Mais son excitation est plus que doublée quand elle participe, alors il s'arrête, interloqué, et agacé déjà, un rien !

— C'est drôle, Marc Antoine, lorsque à Tarse je me suis donnée à toi, c'était comme une esclave, comme une vaincue, mieux, comme une pute. J'avais besoin de toi et j'ai joui, joui comme jamais je n'avais joui. Aujourd'hui, je veux faire l'amour avec toi, mais mon corps, lui, est mort. Il s'ennuie, tu ne l'émeus plus.

Marc Antoine se fait rassurant, doux...

— C'est la fatigue, l'attente, le manque.

Inconscient, il ne pense pas un instant qu'elle ait pu avoir quelque amant en son absence, ce qui au demeurant est vrai, elle n'en a pas eu !

— Allez, montre-moi nos enfants...

— Non, Marc Antoine, parlons d'abord. Tu as attendu près de quatre ans pour les connaître, tu peux tout à fait attendre encore quelques heures.

Elle est assise maintenant, et lui debout devant elle.

— Bien. Je présume que si tu es revenu c'est que tu as besoin de moi. Or, moi aussi, j'ai besoin de toi. Donc, voici ce que j'ai décidé. D'abord notre mariage, qui n'a été célébré que devant les prêtres — que j'étais naïve de vouloir être unie à l'homme que j'aimais ! — deviendra officiel dans le monde entier. Ta première femme est morte, l'autre répudiée : plus de problèmes. Et ainsi je deviendrai, puisque je suis reine, reine à tes côtés de tous les territoires que tu as conquis. Toi, tu seras non pas roi d'Égypte, puisque cela te fait d'évidence pisser de peur, mais autocrator, gouverneur avec moi de l'Orient. J'en ai décidé ainsi. Mes prêtres et mes ministres sont là, nous allons signer les actes, ils sont préparés.

— Mais dis donc, ma Cléo, tu es devenue une reine gourmande. Très gourmande.

— Non, Marc Antoine, parce que, par le même acte, Césarion deviendra l'héritier légal de toutes ces terres. Plus rien dorénavant ne te rattache à Rome. Je te donne tous mes trésors, mais cette fois tu en finis avec Octave. Le temps en est définitivement venu.

— C'est vrai. Mais aide-moi à gagner contre les Parthes avant. Il me faut le territoire des Parthes. Après je serai invincible et Rome se rendra sans combat. Mais dis-moi, petite épouse, n'avons-nous pas, nous, deux enfants ? Tu ne leur donnes rien dans ton partage du monde ?

— J'y ai réfléchi et te dirai plus tard quels sont les royaumes que je leur réserve. Mais n'oublie jamais qu'ils ne sont pas les enfants de Jules César, eux, Rome ne leur revient pas. (« S'il me parle de cette Antonia qu'il a eue avec Octavie, je le flanque dehors ! »)

Mais Marc Antoine n'en dit mot. Oubliée, la petite Antonia...

Ayant rompu, lui, avec Octave, il n'hésite pas — Jules César avait fait de même — à signer ce pacte, donnant ainsi au royaume d'Égypte le Sinaï, l'Arabie, la mer Morte, une partie de la vallée du Jourdain, la ville de Jéricho, ainsi que la côte phénicienne, le Liban, la Syrie, Chypre et la Crète.

Tout cela certes était des conquêtes romaines ! Mais pour la plupart, évidemment, gagnées par

Marc Antoine. Aussi il pouvait bien en faire ce qu'il voulait, non ?

En échange, Cléopâtre lui offrait tout, absolument tous ses trésors, toute sa flotte et tous ses soldats : une manne inouïe.

**

Finalement elle l'accompagna à Antioche. Aller à Antioche une fois ! C'est de là qu'il voulait préparer son premier coup de boutoir. Sa dernière victoire avant de s'attaquer à Rome : la Parthie.

Antioche était une capitale presque aussi belle qu'Alexandrie, enfouie dans les lauriers et les cyprès, et sa bibliothèque était quasiment aussi importante que celle d'Alexandrie.

Bon nombre de savants et de philosophes y vivaient. Cléopâtre en découvrit même certains qu'elle avait essayé d'acheter ; qu'ils viennent vivre à Alexandrie, mais ils avaient refusé. Plus libres ? plus heureux à Antioche ?

Marc Antoine et Cléopâtre recommencèrent à donner des fêtes. Mais ils étaient tendus, fatigués, plus épuisés. Nuit après nuit, Marc Antoine s'acharnait à essayer de faire jouir le corps de Cléopâtre qui restait inerte. Elle en prenait son parti. C'est lui qui se sentait, se croyait humilié. Elle, elle courait d'un camp l'autre, inspectant ses troupes, faisait venir de l'or, beaucoup d'or... Pourtant, cette nouvelle, cette dernière conquête que voulait Marc Antoine ne lui plaisait pas. Elle était sûre que, stratégiquement, c'était maintenant qu'il fallait attaquer Octave. Une victoire sur les Parthes entraînerait des pertes, des fatigues et leur empire d'Orient était déjà si grand, pourquoi y ajouter encore la Parthie ?

Mais il le voulait, Marc Antoine, et quasi obsessionnellement.

— Il me faut d'abord la Parthie et te faire jouir...

Pour ne plus être humilié, le soir, lorsqu'ils étaient seuls dans leur chambre, il emmenait le plus souvent Cléopâtre, déguisée en matelot, dans les bouges du port. Là, lui faisait l'amour à des femmes lourdes, colossales, comme il les aimait avant qu'elle n'arrive dans sa chair, cette petite reine, sûr que cela l'exciterait et que jalouse, enfin, elle jouirait. Mais non.

Un soir de plus, il l'avait traînée dans une de ces beuveries, où curieusement elle acceptait toujours d'aller, mais elle n'y riait plus, n'y jouait plus comme autrefois à Alexandrie ; un soir où il avait bu vite et beaucoup, comme pour être très vite soûl et ne pas avoir à l'aimer — elle ne demandait rien, mais lui se croyait obligé d'essayer encore et encore —, un soir où il dormait, ronflait, assommé, elle se dressa et le regarda, lui lissa les cheveux collés par la sueur. Il avait grossi et son ventre gonflé, blanchâtre, tressautait comme celui d'un homme soudain vieux. Bouche ouverte, il ronflait : laid. Ce soir l'imperator avait participé, avec agressivité, violence même, à une de ces partouzes que l'on organisait pour lui. On avait amené des ânesses et Marc Antoine s'était enfoncé dans l'une d'elles. Cela n'avait en rien choqué Cléopâtre — enfant, elle avait très souvent vu son père le faire, ou les ministres de son frère. Au plus, cela l'ennuyait.

« Ô ! Marc Antoine, mon petit, un jour il y aura une de ces soirées-là que je ne me pardonnerai pas, et alors je me mépriserai et donc te haïrai. Ô ! Marc Antoine, où allons-nous ? J'ai failli tuer mon père ou mon frère pour moins que cela. Je n'ai plus de respect pour toi. » Ses débordements la choquaient, enfin la dérangeaient, surtout, surtout parce qu'elle comprenait qu'il n'y prenait plus de vrai plaisir, c'était dorénavant systématique. Parties, l'insouciance et la drôlerie de ces débordements d'Alexandrie. Elle était obligée de s'avouer qu'elle ne désirait plus ses caresses, qu'elle les repoussait même. Son corps mort pour ces jeux-là.

Elle aurait eu un an, un an de sensualité partagée et heureuse dans sa vie. Et, dans le même temps qu'elle repoussait ses caresses, tout en elle hurlait : « Je suis jalouse, jalouse, moi, Cléopâtre, jalouse à en crever. » Lorsqu'il s'absentait dans la journée, elle guettait des traces de fatigue sur son visage, prenait sa main et faisait mine de s'en caresser, pour mieux en contrôler l'odeur, sûre que cette fois il allait sentir l'intérieur de femme ou qu'elle trouverait autour de ses ongles des traces de sperme volé à un jeune éphèbe. Ses yeux fixaient sa toge : elle y guettait des traces, des taches, et pourtant, lorsqu'il partait pour quelques jours, comme elle dormait bien alors, seule ! Mais il fallait à son retour qu'elle se retienne pour ne pas interroger sa garde sur ses nuits loin d'elle, sûre, sûre qu'il avait une maîtresse, un amant qui l'accompagnait depuis son retour de Grèce... Autant les jeux collectifs, érotiques auxquels il participait la laissaient indifférente, l'ennuyaient, autant l'idée qu'il aimait, qu'il désirait un être unique la terrorisait. Alors elle le faisait suivre, espionner, horrifiée d'elle-même : « Mon sexe ne sait plus rien faire. Seule la jalousie le mord encore... »

« Je veux savoir, et cette houle qui me monte alors du sexe, la sueur qui perle, qui roule au creux de mon dos, et cette houle qui devient boule, nausée, jusqu'à ce que je tombe. Jalouse, jalouse à en crever. Je sais que je ne supporte plus ses caresses, et pourtant, dès que je me réveille, tout en moi chante "il est revenu, il est revenu" ou alors ça n'est que mon orgueil de reine qui se réjouit ? Ou celui de la femme vieillissante, fière d'avoir gagné sur la jeune Octavie ? Tu en es là, Cléopâtre ? Mes félicitations ! »

Parfois, lorsqu'elle arrivait à être calme, elle savait, elle comprenait que toutes ses trahisons passées l'obsédaient littéralement et qu'elle s'était trompée en croyant pouvoir passer outre et plus elle lui en voulait, plus elle exigeait qu'il soit sans cesse près d'elle. Parfois, aussi, elle percevait qu'il payait, lui, l'accumulation de toutes les autres trahisons qu'elle avait reçues. « Il paie pour tout. Nous payons tous les deux. Mieux vaudrait que nous vivions comme deux associés, deux simples associés. »

Elle savait qu'il leur faudrait, s'ils voulaient garder, retrouver leurs forces pour le combat, qu'il leur faudrait en arriver là... Car les scènes constantes qu'il y avait entre eux les horrifiaient, les épuisaient, et c'était elle, toujours elle, qui les provoquait.

Deux esclaves attachés à la même chaîne. Condamnés à tourner ensemble, que l'eau sorte du puits, lui avait-elle écrit une fois.

Marc Antoine avait fait sortir de la bibliothèque d'Antioche tous les textes érotiques qui s'y trouvaient. Des livres et des dessins d'Astyanassa, de Polycrate, d'Alexandre l'Étolien, de Pyrete.

— Des aïeux à toi, des Grecs, riait Marc Antoine... Regarde, lis, ma belle...

Il aimait, lui, surtout un livre de Sotades, Sotades qu'un des grands-pères de Cléopâtre, un Ptolémée, avait envoyé par le fond, enfermé dans un vase de plomb. Trop insolent, ce monsieur !

Parfois elle regardait les dessins et lisait, blottie contre Marc Antoine. Sa tête y prenait même plaisir, mais, dès qu'il s'efforçait d'imiter une des postures, elle se raidissait, l'écartait. Plus jamais ils ne s'aimeraient dans les rires comme autrefois, et ces exercices, ces gymnastiques étaient par trop dégradantes. Elle dit à Marc Antoine que dorénavant elle préférait qu'ils ne soient que des alliés.

— Mais je t'aime, moi, je te veux...

Parfois elle était si lasse qu'elle avait envie de simuler le plaisir, qu'il arrête et soit heureux. Elle n'en pouvait plus de le voir crispé, tendu, la besogner. Elle avait parfois pitié de lui et s'en voulait de ne plus avoir qu'un corps mort à lui offrir. Envie de simuler le plaisir. Mais tout son être se refusait à cette tromperie. Pourtant Nounou, encore Nounou ! ne lui avait-elle pas dit et redit lorsqu'on lui avait, l'année de ses douze ans, amené des hommes dans sa chambre, qu'elle apprenne la science de l'amour : « Tu sais, ma violente, ma sauvage, parfois ton corps ne voudra rien sentir. Fais-toi douce alors avec lui, dis-lui avec ta tête que c'est bien et il se détendra. »

C'était possible autrefois, quand elle n'aimait pas le partenaire, c'est vrai qu'alors cela marchait. Mais, chaque fois qu'elle aimait, tout se compliquait. Avec Jules César, elle n'avait jamais, éblouie d'aimer et d'être aimée par cet homme, voulu lui montrer sa science et s'était contentée de ses pauvres caresses. Quant à Marc Antoine, leur entente avait été merveilleuse, bouleversante. Totale. Mais, en la trahissant, il avait tué son corps, c'était irrémédiable. Et de cela aussi elle lui en voulait...

*
**

Les troupes étaient prêtes, groupées. Les romaines, les égyptiennes, auxquelles s'ajoutaient les arméniennes que Cléopâtre avait achetées. On arrivait vers des jours longs. Il était temps que l'attaque de la Parthie commence, Cléopâtre en avait conscience, les troupes piaffaient d'impatience. Et puis, dès que les combats commenceraient, Marc Antoine cesserait ses beuveries, elle le savait, il redeviendrait un soldat : un chef.

Elle aurait voulu suivre la bataille — elle avait déjà, à la tête de ses armées, participé à des batailles, qu'elle avait gagnées — mais elle était à nouveau enceinte. Son corps inerte, mort, avait quand même accompli sa fonction. Alors il lui fallait rentrer chez elle. Et puis ses prêtres, elle n'aimait pas leur regard. Qu'est-ce qu'ils lui préparaient comme nouvelle trahison ? Et Césarion, travaillait-il ? Et comment lui annoncer cette nouvelle naissance ? Ne pas arriver trop grosse, oui, avoir le temps de le préparer.

Mais elle ne se décidait pas à partir. Tout était prêt et sans cesse elle remettait son voyage.

... Non, elle n'est décidément pas d'accord avec cette nouvelle guerre.

— Tu ne penses qu'à Rome et à ta vengeance, lui criait Marc Antoine. Tu en oublies d'être une grande reine, toi, la fameuse héritière d'Alexandre ! Eh ! femme, tu baisses les bras ? Ma petite pisseuse, ma petite fendue...

C'est vrai que reconquérir la Parthie, la Perse,

avait déjà été le rêve, le grand rêve, de Jules César quand il était arrivé en Égypte. Et n'avait-ce pas été aussi autrefois son unique but ? Lorsqu'elle était une jeune reine, humiliée et cachée dans le désert, dormant sous les chèvres pour avoir enfin un peu de chaleur humaine ? Car Rome, ce besoin obsessionnel de dominer là-bas, ne lui était venu que bien après : lorsque Césarion, le fils de César, le Romain, avait commencé à bouger dans son ventre... remisant alors l'autre rêve dans un après, assez flou.

« C'est vrai que je suis devenue aveugle, impatiente, étroite, obsédée... Rome, Rome... et ce gros et gentil tueur de bœufs de Marc Antoine, il veut aller y poser ses bottes puisque son Alexandre à lui c'est Jules César ! Normal, tout cela... mais quand nos rêves, nos ambitions se cognent, quel fracas ! »

Et puisque Marc Antoine était le bras qu'elle s'était choisi pour défendre Césarion...

« Ô mon Césarion... Je pressens des nuages noirs, des tempêtes, et pourtant il le faut... C'est vrai que c'est à toi, que tout cela doit te revenir aussi, puisque cela a été à moi par Alexandre. Je dois te redonner tout ton héritage et pas seulement celui qui te revient par ton père : mon esprit de revanche me rend trop étroite et puisque Marc Antoine est le bras que j'ai choisi... qu'il la fasse, sa guerre ! »

Elle avait passé la dernière nuit à expliquer à Marc Antoine piaffant, déjà botté et casqué, que les Parthes étaient des nomades, des maîtres en guérilla. Qu'elle s'était déjà battue à l'orée de ces contrées-là, qu'ici les troupes n'avancent pas de front, bouclier contre bouclier, masse alors inouvrable, que la bataille en carré n'existe pas, pas plus que les lignes frontales. Non, ici ils se battent par petits groupes montés sur des chevaux rapides. Qu'ils harcèlent l'ennemi au plus fort de midi, quand l'air est si chaud que le ciel et la terre ne font qu'un et que les yeux des autres, mal habitués, pleurent sous le sel de la sueur. Qu'ils harcèlent l'ennemi comme les abeilles un renard qui a dérangé leurs ruches.

— Attention, Marc, ils se battent comme des voleurs de chevaux, pas avec une science apprise dans les casernes...

— Oui, mon général, dit-il en lui relevant une mèche de son front... (Il aime son front.) Oui, mon général.

Sacré petit bout de femme qui va lui apprendre la guerre !

— Prends deux de mes généraux avec toi, le supplie-t-elle, ils connaissent le terrain. Et eux sauront les retrouver, ces étranges guerriers qui, l'attaque sitôt finie, s'évaporent littéralement, habillés de nouveau en chameliers faméliques ou en commerçants ignares accroupis, hébétés, contre un pan de mur. Envolée, l'escadrille. Disparus, les chevaux.

— Mais tu me prends pour un bleu, ma petite tigresse du désert, tu m'offres une paire de béquilles ? Tu rigoles ou quoi ?

Il lui promet pourtant — l'aube est là — qu'il scindera son armée en trois, et que, foi de Marc Antoine, il fera sien cet aggloméré de royaumes et le rendra à Césarion, au nom d'Alexandre.

— Ça va, ma louve, ma petite Grecque ?

Elle sourit, Cléopâtre, elle sait qu'il se moque doucement d'elle. Mais qu'il est gentil, ce Marc Antoine ! Oui, elle pense gentil, un mot dont elle se sert pourtant si peu... C'est pour Césarion qu'il se bat... Il la tient, sa promesse de soldat faite sur le bateau au soir de l'assassinat de Jules César. Il la tient, même si le mari, l'amant l'a trahie, elle.

— Prends garde à toi, mon petit, et, s'il te plaît, ne bois pas l'eau des puits avant de la faire goûter...

— De l'eau ? tu veux rire !

C'est de plus en plus souvent qu'elle l'appelle son « petit ».

*
* *

Et elle s'en est allée, lourde, lasse. Pourtant, avant de rentrer à Alexandrie, il lui faut encore aller à Damas, à Jérusalem et aussi à Gaza, et enfin à Jéricho ! Il lui faut, elle reine d'Égypte, rencontrer Hérode. Car si Marc Antoine a bien dans sa corbeille de mariage officiel, lors de son retour, donné la région de Judée à Cléopâtre, Hérode ne l'entend pas ainsi, et ça n'est pas le moment de faire éclater aussi une guerre de ce côté-là. Elle a engouffré la plus grande partie de son argent et quasiment tous ses hommes dans cette guerre contre les Parthes ; il faut absolument qu'elle calme tous les autres points chauds qui la cernent, l'encerclent.

Que la route de Jéricho à Jérusalem est étroite ! « Un chemin de mule, tracé par une mule soûle. » Que des zigzags ! « Ce nouvel enfant est décidément bien accroché à moi. Si cela continue, je vais y perdre mes dents et mes membres, mais lui est là, arapède, agrippé à l'intérieur de mes flancs. »

Rompue, après avoir déjoué — elle l'avait deviné dans un de ses yeux — l'envie qu'avait Hérode de la faire assassiner : faire basculer son char, ou en fausser l'essieu, quoi de plus simple ? C'est rompue qu'elle arriva à Alexandrie pour trouver son palais vide de Césarion.

Césarion avait appris bien sûr que sa mère attendait un nouvel enfant, alors il s'était enfui quelques heures avant son retour. Tous ses ministres et ses dames d'honneur l'attendaient sur la terrasse, terrorisés... Mais elle eut un grand sourire, Cléopâ-

194

tre : « Laissez, je vais le retrouver, moi... » Couverte de poussière, les reins brisés, les jambes enflées : « J'ai mille ans, et je prétends encore conquérir le monde et enfanter... Me coucher, me coucher et en finir... »

Cléopâtre s'avance doucement vers la mer, là où il y a toujours des vagues de corail ajoutées au sable.

Il est là, dans leur crique, recroquevillé, la tête entre les genoux. Bien sûr qu'il l'a entendue venir, d'ailleurs elle chante, qu'il le sache. Mais non, il ne relèvera pas la tête, « plus jamais il ne la regardera », non, Césarion (il va avoir dix ans bientôt) ne cédera pas. Alors elle s'accroupit tout contre lui et, un à un, lui détache les doigts qu'il a crispés sur son visage, un visage en larmes. Maintenant il lui donne des coups de pied, la visant au ventre. Mais elle a des bras d'acier et elle le tient serré, serré, et le berce.

— Ô mon Césarion, mon ami, mon fils, mon amour ! Marc Antoine est en train de t'agrandir ton royaume et toi, tu donnes des coups de pied à son enfant... C'est bête, sais-tu. Allez, viens, viens avec moi te baigner. Nageons...

— Je vais te battre ! Je vais gagner.

Il est debout tendu sur ses jambes.

— Oui, tu vas gagner, à moins, à moins...

... Et elle court en riant vers la mer où elle s'élance tout habillée. Elle plonge. Ne plus remonter. Être une algue. Une algue morte, bercée, rejetée par la mer. Oubliée.

— Mais c'est pas de jeu, tu nages mou... Tu me prends pour un bébé ? Je ne joue plus.

Il trépigne dans l'eau, Césarion. Alors vite, du mieux qu'elle sait, elle nage, mais ses robes sont lourdes et son ventre aussi. Césarion touche le premier la barque amarrée qui a toujours été la marque, le ponton, le but de leurs courses. Arrivés là, ils s'allongent un moment puis, plus calmement, reviennent à quai et enfin vers leur palais.

— J'ai gagné, j'ai gagné.

— Oui, tu as gagné, vraiment gagné.

Elle est radieuse, Cléopâtre. C'est vrai, il l'a battue et sans complaisance de sa part.

— Un homme, Césarion, tu es un vrai homme. Ô mon amour... (Et bouche fermée : « Ça n'est pas le plus dur que tu as fait, c'est maintenant que l'horreur arrive. »)

Mais qu'est-ce que ces nuages noirs dont elle se laisse recouvrir ? qu'elle entretient ? Elle se complaît dans la lourdeur, la fatigue. « C'est trop facile, ma vieille. » Césarion est là, beau, solide, et Marc Antoine va la gagner, cette guerre, c'est évident. Oui, c'est elle, fatiguée, qui voit tout en noir. Il va la gagner, cette guerre, il a une armée formidable et qu'est-ce que c'était que ces mauvais rêves qui lui font voir les Parthes comme des vagues de mouches agglutinées sur une bête morte, pattes dressées vers le ciel ?

« Marc Antoine a gagné toutes ses batailles. Il est le plus grand des généraux romains. Il doit être déjà au cœur de la Parthie aujourd'hui. »

— Allez, viens, on va faire la fête.

— Moi (il adorait dire moi ! moi ! se faisait plus enfant, un instant, qu'il ne l'était), je veux des œufs noirs d'esturgeon avec des asperges, et puis du poulet rôti et des amandes grillées. Mais, dis, tu me donneras la becquée ? Rien qu'à moi, pas aux deux autres...

— Tt, tt, Césarion, j'ai déjà couru pour te retrouver et n'ai pas encore été voir ton frère et ta sœur. Non, nous dînerons tous ensemble et je vous donnerai à chacun la becquée, parce que c'est le premier jour. Mais après vous redeviendrez grands, promis ?

— D'accord (il écrase au même moment de son pied un petit escargot). Mais tu me donneras la becquée le premier ?

— Oui, je te donnerai la becquée le premier.

— Bon, mais j'ai changé d'avis. Je veux manger des œufs au poivre, au pignon, au vin et à l'huile avec de la, attends, je ne me rappelle jamais ce mot, de la... de la cardamome, voilà, c'est ça.

— Mais qu'est-ce que c'est que ce brouet ?

— C'est ce que mangent ceux qui goudronnent la coque de tes bateaux. J'ai été les surveiller — tu n'es jamais là, il fallait bien. Et c'est très bon, très très bon, la cardamome.

— Avec du vin !

— Parfaitement, avec du vin. Je peux, je t'ai gagné à la course, non ?

— Allez, on rentre maintenant...

L'enfant dans son ventre était si pesant ! « Il ne restera pas avec moi neuf mois, celui-là, il tape, tape comme s'il voulait déjà sortir. »

— On rentre, j'ai dit. Allez, lève-toi. Et en plus de l'œuf au vin, tu sais ce que l'on va manger ? Du miel arrivé de Crète. De l'âcre, de l'amer qui râpe l'arrière-gorge (le seul miel qu'elle aimait).

Elle accoucha peu après d'un fils, qu'elle appela Ptolémée, que Ptolémée, on verrait plus tard pour les autres noms. Elle était sans nouvelles depuis des semaines de Marc Antoine et de sa progression. Habituellement il lui envoyait des émissaires. Là, rien. « C'est qu'il va arriver couvert de gloire, après avoir rouvert le chemin d'Alexandre à travers la Perse jusqu'à l'Inde, et plus loin encore vers l'Orient... l'Orient et ses trésors. Rome, devant un tel triomphe, en fera son héros tandis que ce chiasseux d'Octave croupira dans un cul-de-basse-fosse ! »

***

Les nouvelles arrivèrent : un désastre. Cette guerre s'était soldée par un désastre. Un émissaire se présenta, squelettique, famélique, en haillons ; il eut même un malaise à ses pieds.

— Cet homme meurt de faim, apportez-lui quelque chose...

— Les autres aussi meurent de faim, Majesté, enfin ceux qui restent.

De sa tunique en loques, il sortit une lettre de Marc Antoine avant de s'écrouler.

Marc Antoine bivouaquait avec le reste de son armée sur la côte de Syrie. *Viens, viens vite avec de l'argent, je n'ai pas payé mes soldats depuis des mois. Viens avec des bateaux pleins de vivres et de potions, mes hommes, ceux qui me restent, sont malades, vidés. Nous sommes à pied, nous avons perdu tous nos chars.* L'écriture était hachée, il manquait des mots... L'horreur !

Mais le temps n'était pas à se lacérer le visage, ni à maudire ces pieds plats de soldats.

Dans l'instant elle convoque ses ministres et ses prêtres : qu'on lève un nouvel impôt. Elle sait qu'elle s'aliène là, à vie, ses prêtres. Un nouvel impôt sur la troisième récolte de lentilles et de blé, usuellement, depuis son règne, propriété des prêtres, même si les prêtres se servaient aussi sur la première récolte, réservée au trône, et la deuxième aux paysans...

Oui, qu'on lève à l'instant un impôt exceptionnel. Que les prêtres l'avancent sur leurs cassettes. Que l'or qu'elle avait fait cacher pour Césarion « pour plus tard » réapparaisse, et que sa garde, ses troupes et tous les médecins du pays se préparent à partir ; elle prendra la tête de cette expédition de secours. Elle fixe le départ pour le surlendemain, la main levée tenant son sceptre, que personne n'intervienne.

Et ils partirent, alourdis d'or, de chars et d'un nouveau matériel de guerre. Des ballots de victuailles et de linge bien amarrés sur les ponts des trois cents navires de sa flotte personnelle.

*
**

Antoine avait bien, ainsi qu'il l'avait promis à Cléopâtre, séparé son armée en trois branches – il le lui reprocha d'ailleurs, et bien sûr, sa vie durant. Trois branches : l'une composée de quelque soixante mille fantassins dits romains — en fait, étaient regroupées là les troupes recrutées dans les terrains occupés : Espagne, Gaule et aussi bien au-delà du Rhin ou en Grande-Bretagne –, des fantassins « offerts » pour la plupart lors de son troc avec Octave, et en tout cas gouvernés, dirigés par les généraux fidèles, enfin liés à Octave. Marc Antoine avait pris la tête de dix mille cavaliers vraiment romains, eux, et qui le suivaient depuis le début de ses campagnes ; seulement dix mille mais célèbres loin dans le monde pour leur rapidité : une troupe de choc. La troisième branche était composée de trente mille hommes, mercenaires, achetés par les rabatteurs de Cléopâtre. Ceux-là, Marc Antoine les avait placés sous les ordres du roi d'Arménie, aux côtés de ses treize mille cavaliers et fantassins. Toute l'armée d'Arménie ! Cléopâtre l'avait achetée en son entier.

Marc Antoine, avec ses dix mille cavaliers amis — son armée quasi privée, celle qui était son corps, celle qui connaissait toutes ses tactiques de combat — prit une route rapide vers la Médie tant il était pressé d'arriver. Il comptait sur la rapidité et l'efficacité de son intervention pour désarçonner l'ennemi, tandis que le roi d'Arménie, à la tête de ses troupes et des mercenaires, était chargé d'acheminer les lourds engins de guerre qui arriveraient après (il avait prévu trois jours d'écart) pour pilonner, raser ce qui resterait après l'attaque-surprise et rapide qu'il aurait lancée. La troisième branche, elle, dirigée par les généraux romains, arriverait par une autre route, fraîche, reposée, prête à s'enfoncer en territoires déjà conquis et déjà décimés.

Le point de jonction prévu était Ecbatane, la capitale de la Médie.

Au huitième jour du voyage, une tempête de sable enlisa à jamais la plupart des engins de guerre. Le roi des Arméniens s'était trompé de route. Par crainte d'être vu ? Par couardise ? En tout cas, il s'était perdu, puis enlisé, dans un chemin qui n'en était pas un, et les Parthes, fidèles à leur tactique, avaient d'abord attendu que le sable et la chaleur aient fait leur travail pour venir frapper par petites rafales rapides, puis disparaître ensuite dans les dunes, et s'évaporer tels des mirages... Par petites rafales rapides, avec pour toutes armes des flèches lancées avec une adresse démoniaque. Ils tuaient alors tant de soldats que là-bas le ciel était noir, assombri d'oiseaux de proie qui planaient, quasi immobiles des jours durant, attendant que leur repas soit prêt en bas.

Lorsque Marc Antoine apprit le désastre, il n'envisagea pas un instant de surseoir au siège de la ville — une fois engagé dans une guerre, il n'avait jamais reculé — cela ne lui effleura pas même l'esprit. Eh bien, il se battrait avec ses hommes et les soixante mille autres qui n'allaient pas tarder à arriver, et bon vent à ce couard de roi d'Arménie qui avait pris la fuite... Il lui réglerait son compte plus tard. Mais tous ces déploiements, bien que séparés en trois branches, avaient impressionné, plus, terrorisé les populations et exaspéré les dirigeants de là-bas. « Et si c'était un nouvel Alexandre ? » Aussi toute l'Inde alertée décida d'aider les Parthes qu'elle haïssait pourtant car si Marc Antoine gagnait sur la Perse, il était quasiment arrivé chez eux après. Non, il ne fallait pas trop laisser s'approcher ce fou de Romain. « Que les Parthes aient des pertes, bien, bon, mais pas au point de perdre la bataille... Aussi aidons-les. »

Marc Antoine, qui était un foudre de guerre dans les grandes batailles organisées et de front, ne savait là où donner du glaive. Elle avait raison, Cléopâtre. Des mouches, des frelons, ces Parthes. Mais horreur, lorsque les soixante mille hommes prévus de la troisième branche commandée par Crassus arrivèrent, ils n'étaient plus que quinze mille. Par milliers entiers, ils avaient déserté ou s'étaient, volontairement ou non, perdus dans les terres, et les autres avaient été massacrés par des hommes déguisés en villageois, en femmes même. Les survivants arrivèrent terrorisés. « La flèche des Parthes, quand tu crois qu'elle va venir de l'avant et que tu te prépares à te défendre les yeux accrochés aux yeux de ton ennemi, tu as déjà deux trous dans le dos : deux flèches envoyées par personne, car derrière toi tu n'as rien vu, Marc Antoine, parce que derrière il n'y avait personne, il faut nous croire. »

Après les tempêtes de sable, ce fut le vent. Le vent d'abord brûlant qui faisait se dessécher les soldats terrorisés devant cette nouvelle guerre où rien n'était prévisible. Alors ils fumaient, fumaient de cette herbe qui cache la peur et que des ânes — à qui étaient-ils ? par où passaient-ils ? — apportaient le dos chargé de pleins paniers jusque dans leurs tentes. Soûls de drogue, les Romains se persuadaient que ça n'était pas des hommes, ces Perses ou ces Indiens, ces petits êtres noirs tannés par le soleil, vifs comme des esprits malins, oui, c'est cela, des esprits... Des esprits qui sans cesse épiaient le moindre de leurs mouvements. En effet, comment leurs projets étaient-ils aussi immanquablement déjoués par ces cavaliers fantomatiques et redoutables ?

Et puis le vent devint froid, glacial. On n'était qu'au début de l'automne et pourtant on retrouvait des sentinelles figées, gelées, mortes. Marc Antoine avait beau aller d'un point à l'autre, s'enfoncer dans chaque tente, manger avec eux ce qu'il y avait, c'est-à-dire à peu près rien... Il avait beau rire, chanter, leur dire qu'ils étaient les plus braves parmi les plus braves, ses soldats n'avaient plus le moral. Ils ne comprenaient rien à cette guerre-là, et côté rapine, c'était zéro. Bloqués là devant cette ville qui ne se rendait pas. Mais comment vivaient-ils là-dedans puisque eux en bouchaient toutes les entrées ? En toute logique, cette capitale aurait dû se rendre, et depuis longtemps ! Hisser le drapeau blanc, demander, exsangue, affamée, une trêve, crier pouce. Au lieu de cela — tandis qu'ils bivouaquaient et n'avaient, eux, le plus souvent que du pain moisi et sec à tourner et retourner dans leur bouche pour le gonfler d'un peu de salive, qu'il ait ainsi un peu plus de consistance dans leur estomac qui se crispait sur du vide — au lieu de cela, le soir, les habitants de la capitale faisaient rôtir, mais quoi, bon Dieu ? En tout cas, des mets qui sentaient la viande ! Ils devenaient fous, les soldats de Marc Antoine ! Une nuit, il y eut même un magnifique feu d'artifice tiré du haut des murs... Fous et terrorisés... Alors, eux, hisser le drapeau blanc ? Non, Marc Antoine ne le fit pas mais ses hommes étaient par trop maigres, et nerveusement épuisés, il les aimait trop pour les laisser crever là au pied de ces murailles, où la terre était si dure que les vivants ne pouvaient pas même la creuser pour enterrer leurs morts ; alors on les brûlait. Certains, on disait, on murmurait qu'il leur manquait parfois quelques morceaux lorsqu'on les posait sur le bûcher ! Il fallait savoir arrêter ce carnage avant l'hiver, le vrai. Rentrer à Alexandrie, s'y reposer, y réfléchir, et revenir avec une autre manière de faire la guerre. Au début, il en avait tant voulu à Cléopâtre — « J'ai été trop con de partager en trois mon armée » — puis il comprit que s'il ne l'avait pas fait ils auraient, masse trop lente, trop lourde, tous, absolument tous, été massacrés... Et parfois au petit matin — il ne dormait plus — il se murmurait au plus creux de lui que d'accord, le système léger était nécessaire ici, mais qu'aussi, qu'aussi, il n'aurait jamais dû laisser les deux autres branches de son armée être commandées par des hommes qui n'étaient pas à lui. Il avait été naïf, naïf comme un bleu.

Il fit donc parvenir un message au roi de Parthie, lui affirmant qu'il lèverait le siège si on lui rendait ses prisonniers, et qu'on vienne protocolairement lui remettre ses drapeaux et ses aigles perdus... Le roi de Parthie lui refusa l'honneur de lui rendre ses drapeaux. Mais, par contre, par chariots entiers, lui déversa ses prisonniers blessés, amputés, fous de douleur et d'épuisement. Des agonisants. Des hommes du rang avaient rassemblé quelques planches, accroché une roue dessous et, avec des ficelles, tiraient ces étranges civières — des brouettes plutôt — où ils avaient, respectueux, plus, aimants, déposé leurs officiers mourants, tandis que les lambeaux de chiffons dont ils les avaient entourés pour les protéger du froid traînaient derrière la civière. Au premier rang, têtes basses, les à peu près valides portaient ce qui restait de leurs drapeaux, des aigles déchirées, souillées de sang et d'excréments, et faisaient lentement démarrer cet atroce cortège, précédé de deux soldats musiciens survivants : deux !

Le roi de Parthie leur avait souhaité bon vent et promis qu'ils ne seraient pas poursuivis durant leur retraite.

Le temps qu'ils se regroupent, entourent leurs blessés et qu'ils demeurent dans la plaine, les restes de l'armée de Marc Antoine furent en effet laissés en paix. Mais, dès qu'ils approchèrent des montagnes, des congères énormes bloquèrent soudain les chemins, aussi bien à l'avant qu'à l'arrière. Et là, les soldats encore valides furent pour la plupart massacrés. Qui avait trouvé cette dernière ruse ? Et comment s'y prenaient-ils ? Ceux qui — quelques milliers — purent s'échapper de cet enfer, où les cris des torturés se répondaient des heures durant dans les montagnes, se regroupèrent dans une vallée gorgée d'eau et de neige fondue. En larmes, houlé de sanglots, Marc Antoine allait vers chaque soldat, le prenait aux épaules, l'embrassait, lui demandait pardon.

Et puis un soldat revint, presque en courant ! Il avait trouvé, juste derrière, là, un champ plein de racines qui étaient bonnes comme tout ! On aurait dit de la bouillie de millet, de la bouillie pour bébé.

— C'est bon pour nous, regarde, ne sommes-nous pas démunis, à nouveau des bébés ? dit Marc Antoine qui organisa alors un repas de fête.

Il fit ramasser toutes les racines, et regroupés, serrés, chantant pour essayer de chasser leur peur, ils en mangèrent tous. Comme si c'était un fabuleux festin. C'est vrai que c'était bon et que l'on se sentait très vite réchauffé du dedans. Plus, les hommes enfin riaient, s'apostrophaient, mais très vite ces rires devinrent des hennissements, et les hommes, du moins les plus valides, se mirent à courir, à s'agiter, fébriles, puis un, deux, dix, cent se mirent à vouloir arracher les rochers de la terre. Soudain sérieux, ils voulaient entourer leur camp, faire un mur, un rempart et attendre l'ennemi. Fous, ils étaient devenus fous. Marc Antoine, qui, au début du festin, n'avait d'abord pas mangé, tant il était occupé à tenir la tête de ses blessés et à leur dire, heureux : « Tiens, mange, c'est bon », si heureux, se fit vomir dès qu'il comprit que les racines étaient lourdes de poison. Il aurait dû mieux regarder et voir, et tout de suite, qu'il n'y avait pas l'ombre d'une morsure de bête dessus et que donc cette racine était mauvaise à manger... Comme pour les champignons. Enfant, il savait cela d'instinct, et là, général d'une armée de fantômes, il ne savait plus rien. Un vaincu, Marc Antoine, « un vaincu minable je suis ». Passant de la colère, l'aveugle, celle qui vous fait tenir, à la ratiocineuse, et il s'en prenait à nouveau à Cléopâtre ! Pensant le contraire de ce qu'il avait pensé une minute avant, « oui, ses soixante mille plus trente mille plus dix mille hommes groupés, tous ensemble, se seraient auto-surveillés, et chacun des généraux aurait alors fait assaut de courage au lieu de prendre la poudre d'escampette ou de vendre ses armes contre du pain... ou des femmes ».

Puis l'anéantissement arrivait et à nouveau cette certitude : « Elle avait raison, la guerre, ici, ne se fait pas de front. Il faut être un danseur aux pieds nus et ne pas arriver lesté de plomb et de béliers imbougeables. » Elle avait raison, cette petite bonne femme. Aux portes de l'Égypte, la guerre n'est plus la même, et il s'était conduit comme un con, comme un nouveau riche, sûr de ses armes lourdes qui s'étaient à jamais enfoncées dans le sable, bêtes inertes, à mille lieues du but ! Il se murmurait tout cela pendant qu'il essayait avec des morceaux de planche et des lambeaux de tissu de dresser un mur pour permettre à un soldat – il avait quoi ? quinze ans – de mourir protégé, au moins du vent, vu qu'il baignait dans un cloaque de boue croupie, et le gosse, le mourant, qui essayait encore de lui sourire, à Marc Antoine, pourtant arrivé au seuil des portes grandes ouvertes de la mort, son visage déjà recouvert de la placidité, de la sérénité du « c'est fini » – le poison lui avait miraculeusement endormi ses entrailles qui s'étalaient autour de lui – oui, de lui sourire et même de s'excuser de lui faire perdre ainsi son temps...

Vingt-sept jours ils mirent, dix-huit fois ils tombèrent dans les pièges des Parthes, vingt-sept jours ils mirent pour arriver en Arménie où les ministres du roi fuyard, terrorisés – qui allait diriger l'Arménie ? – les laissèrent se resserrer, se recenser. Il leur restait encore à traverser toute l'Arménie et à atteindre les rives de la Syrie, et si, là, ils ne furent ni poursuivis ni traqués, et plus que convenable-

ment nourris, était-ce l'approche de l'arrivée hon-
teuse ? ou la tension, le vouloir surhumain de s'en
sortir retombé ? En tout cas, beaucoup alors se
couchèrent sur les bas-côtés des chemins, faisant
signe aux autres de continuer, las, décidément trop
las. Non, ils n'iraient pas plus loin. A quoi bon
rentrer ! Marc Antoine avait beau aller, venir, les
secouer, les engueuler, les supplier, ils faisaient
« non, non » de la tête et fermaient les yeux pour ne
pas être impressionnés encore une fois par lui, et
lui obéir, et se relever... « Ma parole, mais ils se
dépêchent de mourir pour ne pas avoir à me
désobéir », se murmurait Marc Antoine tant il était
impressionné par leur célérité à mourir soudain. Il
fixait, hagard, ceux qui restaient debout. Attentif,
terrorisé. « Ma parole (il aimait plus que tout cette
formule), ils meurent quand ils le décident !... »
    Plus de huit mille soldats s'arrêtèrent ainsi défi-
nitivement.
    Ceux qui arrivèrent enfin en terre amie, c'est
Marc Antoine qui les avait sortis de là, les relevant,
les frappant, les cajolant jusqu'à ce qu'ils se remet-
tent en marche. « Marche, marche », et il chantait,
Marc Antoine, « marche » — jusqu'à ce que un à un
ils chantent aussi — tandis que quelques-uns encore, pourtant, faisaient « non » de la tête et se
couchaient, recroquevillés au bord du chemin.
Lorsqu'ils arrivèrent près de la mer, par où devaient venir Cléopâtre et les secours, Marc Antoine,
qui s'était acharné à faire survivre ce qui lui restait
de troupes, fut consterné, horrifié. Son armée était
une armée fantomatique. Une armée de gueux.
Comment se présenter ainsi devant la reine Cléopâtre ? Et son or, ses caisses d'or, qu'est-ce qu'elles
étaient devenues, ces bon Dieu de caisses d'or ?
Oubliées, volées, perdues ? Où ?

Alors il ne lui restait plus que le vin. Marc Antoine ne touchait pas à l'herbe dont raffolaient ses soldats ; lui, c'était le vin. Aussi dès son réveil, dès que les brumes du sommeil se gommaient et que l'horreur de sa défaite lui apparaissait, vaincu, honteusement vaincu, il buvait. Assis, jambes écartées, ventre en avant, de son bras droit plié, il s'envoyait un jet de vin qui giclait de l'amphore : « Donnez-moi une amphore lourde, qu'elle pisse dru. » Un coup, deux coups, il reprenait son souffle, rotait, reposait un instant son bras, les yeux exorbités, fixant de préférence rien. Rien. Il buvait encore un coup, deux, et ce jusqu'au soir, oublieux de manger et insouciant soudain de ses soldats. Ils étaient là ? Vivants ? Bon. Alors repos. Et il s'affalait et, ivre mort, pleurait dans son sommeil... « Ma cuirasse, même ma cuirasse, je l'ai perdue. »

La maison flottante de la reine Cléopâtre — son vaisseau aux voiles rouges — apparaît, entourée de ses bateaux noirs, il est impossible de réveiller Marc Antoine pour l'accueillir, et c'est seule qu'elle descend de son bateau royal et que lentement elle marche, au travers de ce camp qui ressemble à l'arrière de sa ville d'Alexandrie, là où les parias et les tueurs survivent, un cloaque puant. Il gît sous sa tente. Un de ses officiers a couru et l'a recouvert d'une cape rouge, de général : sauvée, par quel miracle ? Quand il a vu Cléopâtre arriver : qu'elle ne le voie pas sale, hirsute... Des hommes errent. « Mais où sont les milliers de soldats que j'ai équipés ? Ça n'est pas possible, combien en reste-t-il ? dix mille ? pas même. » Et puis elle voit une tente grise comme les autres, aussi sale pourtant ; devant, deux hommes semblent monter une garde. C'est la tente de Marc Antoine. Il dort, ronfle. Ou plutôt il est réveillé, mais il a si honte qu'il ne se décide pas à ouvrir les yeux et à rencontrer le regard de la reine. Accroupie, elle lui caresse doucement le visage :

— Mon petit, mon pauvre petit...

Horrifiée, depuis la veille, elle est obsédée, hantée par une phrase qui lui est venue en tête et dont elle ne peut plus se défaire. «Et si je portais malheur aux généraux romains ? »

— Écoute, Marc Antoine... Viens, lève-toi, nous rentrons. Oublions... Le royaume d'Égypte est grand...

Dans l'instant elle oublie, pardonne.

— Eh bien, Césarion n'aura pas dans sa corbeille les territoires d'Alexandre, tant pis, tant mieux. (Elle rit, se veut gaie.) Allez, Marc Antoine, oublions.

Alors lui se dresse :

— Ah ! non ; je me battrai contre Octave. Laisse-moi souffler quelques mois, et tu vas voir ce que tu vas voir ! Je t'ai promis Rome, tu l'auras. Là-bas je sais me battre. Les zombies d'ici m'ont eu. C'est vrai, mais attends que je me ressaisisse, tu vas voir ce que je vais leur mettre !

Pendant que, lucide, Cléopâtre se murmure pour elle : « Pourrons-nous même garder l'Égypte après un tel désastre ? »

— Allez (elle le secoue). Rentrons.

Ne pas laisser Alexandrie trop longtemps à ses ministres, à ses prêtres.

— Il faut te ressaisir.

Elle ne croit plus à rien dans cet instant ; cet homme humilié, sale, puant la vinasse, la sueur et la pisse, aurait pu, dû, la choquer, et alors elle aurait été sauvée par la colère ; mais non, cet homme, cet homme vaincu — elle qui croyait haïr les faibles —, cet homme l'émeut, la bouleverse

(« Des pieds d'argile il a, des petits pieds d'argile, de tout petits pieds... ») et pas un instant elle ne songe à l'abandonner. Enchaînés. Elle se sait enchaînée à lui.

— Je ne sais pas où nous allons, mais nous irons ensemble, Antoine. Je ne te quitterai plus. Rentrons maintenant.

Et soudain elle met la main devant sa bouche, elle allait dire ce qu'il ne fallait surtout pas dire : « Je te l'avais bien dit que les Parthes étaient invincibles et que là-bas dix hommes à eux sont plus forts que mille des tiens ! »

**
*

Ils repartent lentement, abandonnant sur place ces immondes tentes, sans cortège, sans protocole, vers le bateau de Cléopâtre. Là, ses suivantes le laveront, le raseront, le coifferont, l'habilleront. Ils repartent, et Marc Antoine enfonce, fort, son pied droit dans le sable tandis qu'il jure de se venger, de se venger de cet affront. « C'est vrai (ne pas le dire tout haut surtout !), elle a raison : la guerre que je sais faire et que je gagne n'a pas cours ici. Alors... elle me renfloue, et je fonce sur Octave et lui fais la peau. Je gagne Rome et après, après seulement, je reviens me venger de ces Parthes-là. Mais il me faudra bien un an ou deux pour réapprendre le courage à de nouvelles troupes et pour souffler. Mais Cléo, ma Cléo, a-t-elle encore de l'argent et où le trouve-t-elle ? »

A moitié endormi, épuisé, il s'imagine, se voit dans ce même bateau remonter le Nil avec elle pour aller chercher des trésors — mais elle ne l'a jamais invité à faire ce voyage. « Est-ce qu'elle m'aime au moins ? » Vaincu, il lui faut se sentir aimé d'elle.

— Tu m'aimes, dis ?

Elle sourit, enfin essaie de lui sourire, Cléopâtre.

— Tu m'aimes, dis ?

Que ne le lui a-t-il demandé quand il l'a quittée l'autre fois ? Alors elle l'aimait. Oh ! oui, elle l'aimait, comme une femme peut aimer : totalement. Maintenant, maintenant elle l'aime, certes, mais un peu comme un fils aîné insupportable, instable. Mais l'aimer, l'aimer d'amour, elle se l'est interdit, et jour après jour elle a arraché de son cœur les lambeaux de ce sentiment-là qui avaient tendance à y traîner encore. « Nous sommes des associés, des associés incestueux... Nos vies sont trop imbriquées l'une dans l'autre maintenant, il nous faut continuer, enchaînés, oui, enchaînés l'un à l'autre... » Elle avait vu, enfant, passer des forçats que l'on faisait avancer à coups de fouet. L'un était tombé, mort, l'autre tentait de rester droit, mais le mort l'entraînait au sol. « Lequel est le mort de nous deux ? » se demanda-t-elle tandis qu'elle riait pour cacher sa panique. Elle se ressaisit. « Mais il s'est bien battu, et il a ramené des hommes. » Elle savait trop bien, elle, qu'ici, dans ces régions de Parthie, des armées entières pouvaient disparaître corps et biens. « L'enfant, l'enfant qu'il est, a voulu réaliser le rêve de Jules César. Et moi et moi ? Quel rêve je poursuis ? Le même. Ça me va bien, au propre et au chaud dans mes robes, d'y aller de ces éternels "Je te l'avais dit, je te l'avais bien dit". »

Rien qui la faisait plus bondir, enfant, quand elle faisait une chose défendue. Et elle avec Césarion, est-ce qu'elle n'y allait pas aussi de ses « Je te l'avais pourtant dit » ? Imbécile, près de recommencer avec cet homme fourbu mais pas fini, lourde de tendresse, maintenant elle lui écarte ses cheveux collés par la sueur sur le front. Il s'est endormi sur le pont. A peine arrivé à bord, tout son corps s'est enfin laissé aller. Et chez elle, chez eux, à jeun, enfin il dort, d'un vrai sommeil, sans rêves ni cauchemars. Il dort.

*
**

Tandis qu'il se battait, Marc Antoine, ou plutôt qu'il tentait d'esquiver des coups qu'il ne voyait pas venir en Parthie, Octave, lui, bien que haï de tout son peuple, avait continué son jeu solitaire. Après avoir fait tomber Lépide dans des pièges gros comme des bittes d'amarrage, il l'avait officiellement destitué de son titre et lui avait repris ses provinces d'Afrique ; depuis, Lépide attendait dans une cage d'être donné aux lions.

Sextus Pompée, lui, s'était lassé. Il avait perdu le plus clair de la fortune — colossale — de son père à aider des roitelets qui lui promettaient des alliances qu'il n'avait jamais vues se concrétiser. Il avait su la déroute de Marc Antoine et compris qu'il fallait qu'il cesse de harceler, pour le moment, cet Octave. Celui sur qui personne n'aurait parié était en train de calmement, froidement gagner. Il était maintenant indiscutablement le maître de tout l'Occident. Aussi Sextus Pompée décida de lui faire savoir qu'il abandonnait tout projet politique et rentrait dans la vie privée. Ce qu'il ne fit pas vraiment, continuant à comploter avec les Mèdes et les Parthes ; il tenta même de se rapprocher de la cour d'Égypte, mais il s'y prit affreusement mal.

Marc Antoine — il avait une merveilleuse constitution — se remit très vite, si ce n'est qu'il avait pris l'habitude d'être ivre chaque soir. Il avait trop peur des images qui arrivaient immanquablement au coucher du soleil.

*
**

Il avait envoyé au sénat de Rome un compte rendu de sa guerre, certes perdue, *mais très positive*, écrivait-il, *par certains côtés*. Octave ne lui répondit même pas. Qu'est-ce qu'il préparait, celui-là ?

Marc Antoine, maintenant que son corps allait bien — l'inaction le rendait fou — était sur le point de se relancer dans une guerre contre les Parthes. En effet, les Mèdes, alliés redoutables des Parthes, lui promirent d'être cette fois à ses côtés. Mais un messager lui annonça — on était en 35, presque un an qu'il se reposait — qu'Octavie, son épouse romaine, et sa fille, escortées de deux mille légionnaires appartenant à la garde privée de son frère, voguaient vers la Grèce et comptaient l'y attendre pour reprendre la vie commune.

Ça y était, ce serpent d'Octave, enfin prêt, bougeait et envoyait son pion, sa dame, sa sœur. Cléopâtre, comme toujours lorsqu'il s'agissait d'Octavie, perdit d'abord son sang-froid, crut que Marc Antoine allait bondir à Athènes, et elle qui était sûre de ne plus aimer d'amour Marc Antoine était à nouveau mordue au corps « et, hélas ! au cœur », se murmurait-elle, par la jalousie.

Il y serait bien allé, Marc Antoine, il l'aimait bien, Octavie, et sa douceur lui manquait même un rien. Il s'ennuyait toujours, tout à fait homme en cela, de celle qui n'était pas là ; mais sa colère contre les Parthes était telle qu'il chassa cette provocation d'Octave, comme si ça n'était qu'une petite mouche sur son front, tandis que Cléopâtre, femme meurtrie, mère de ses trois enfants, reine appauvrie, voyait, comprenait que cette fois Octave voulait la lutte finale, celle qu'elle espérait autrefois, forte et rayonnante. Aujourd'hui, lasse, usée, elle devait pourtant s'y lancer. Le temps était venu, que ces deux-là se mesurent et que l'un meure — Octave, bien sûr. Quant à cette alliance nouvelle des Mèdes, elle n'y croyait pas. Elle pressentait que Marc Antoine, rééquipé par ses soins, serait de nouveau pris en étau par les Mèdes et les Parthes. Peut-être même que les Mèdes étaient payés par cette ordure d'Octave...

— Non, Marc Antoine, bats-toi à la romaine et contre les Romains d'Octave.

C'était bien là, justement, ce qui dérangeait Marc Antoine. Il le savait, cela lui avait traversé l'esprit, foudroyant, comme une flèche, tandis que ses hommes mouraient là-bas, au fond de la Perse. Oui, il répugnait non pas à se battre contre Octave — il le haïssait et depuis toujours — mais oui, il répugnait à se battre contre des frères romains. Il savait que leur haine entraînerait une guerre fratricide.

— Oh ! me battre seul à seul avec cette larve d'Octave. D'accord, il n'acceptera jamais, cet avorton, car je dois dire... (et il regardait, rassuré, tous ses muscles revenus mais désormais enrobés de graisse, de mauvaise graisse), je dois dire qu'évidemment il n'a aucune chance.

Là-bas, tandis qu'il assiégeait cette capitale imprenable, il s'était même demandé s'il ne s'inventait, ne s'imposait pas des guerres lointaines pour reculer le moment où il ferait se battre des Romains contre des Romains...

— Quel beau roi d'Égypte tu fais, mon lapin, tu n'es qu'un républicain ! Un homme du peuple !

Et Cléopâtre le savait aussi que c'était là que le bât le blessait. Alors elle usera de tout, de tous les moyens dont elle dispose, y compris bien sûr les plus maladroits, puisque, reine, il ne l'écoutait plus.

Elle lui apparaîtra en femme transie, éperdue d'amour :

— Ne me laisse pas, ne t'enfonce pas encore une fois dans cette Perse... Regarde comme je suis fragile, regarde, je pleure...

— Mouche-toi, merde, tu m'agaces, Cléopâtre.

— Reste là... Laisse les miasmes de la colère, de l'injure envahir Octave. Ne va pas (elle en mourrait alors, de cela elle était sûre), ne va pas retrouver Octavie, et laisse-le, choqué, déshonoré (tu parles !), venir t'attaquer jusqu'ici. Ici je suis chez moi, je connais mes côtes. Nous lui élèverons de faux phares et ses bateaux viendront s'empaler sur mes récifs. Laisse-le venir faire la guerre chez toi, chez moi, chez nous, et là nous gagnerons, mon amour.

Elle l'aimait alors à nouveau. Par intérêt ? Non. Mais le temps, et ce qui faisait qu'ils étaient malgré tout un couple, leur complicité, leur haine commune de l'autre, Octave, les soudaient de plus en plus.

*

Enfin, il accepta de rester sagement, calmement près d'elle tout l'hiver de l'an 35-34, ne répondant pas aux provocations d'Octave, gouvernant ses possessions, et elle faisant rentrer, aveugle aux avertissements, aux regards, aux plaintes de ses ministres et de ses prêtres, faisant rentrer encore et encore de l'or dans ses coffres. On lui disait bien que des hordes de paysans affamés par ces derniers impôts, ayant perdu leurs terres trop hypothéquées et reprises alors par les prêtres, on lui disait bien que des milliers de paysans s'agglutinaient à l'orée des villes, qu'Alexandrie en était cernée et qu'il était des soirs où ces milliers d'hommes grondaient contre elle, elle haussait les épaules, elle s'en occuperait plus tard : il lui fallait préparer la guerre contre Octave et refaire un trésor pour Césarion, au cas où il lui arriverait malheur à elle, Cléopâtre, Cléopâtre sa mère.

⁎⁎

Octavie, la douce Octavie, avait attendu tout l'hiver en Grèce, disant qu'elle s'y sentait bien. Elle voulait croire encore que Marc Antoine viendrait, non pas qu'elle crût qu'il l'aimait ! mais sûre qu'il devinerait le piège, dont elle était l'appât, et qu'il n'y tomberait pas... Elle était prête à l'aider, horrïfiée des cruautés de ce frère, et elle avait tellement pris l'habitude depuis son enfance de penser aux autres avant elle... Elle devinait que son frère cherchait, voulait cette guerre fratricide et qu'elle en était, elle et sa fille, le dernier enjeu. Horrifiée. Elle ne se décidait pas à rentrer ; elle écrivit même à Marc Antoine, mais n'osa jamais lui envoyer sa missive. Pourtant elle dut rentrer. Octave avait exigé que toute sa suite retourne à Rome. Elle ne pouvait rester seule à Athènes avec sa fille, totalement démunie.

A Rome, elle trouva sa maison, celle qu'elle avait fait construire lorsqu'elle avait épousé Marc Antoine, espérant toujours qu'un jour il y viendrait vivre ; elle trouva sa maison fermée, barricadée, gardée par des légionnaires de son frère. Son frère l'attendait dans la maison familiale. Puisqu'elle était définitivement répudiée par son mari, qui n'avait pas bougé, elle devait rentrer dans la maison du frère aîné, que tout Rome sache l'injure qui lui était faite. Alors elle, la fragile, la timorée, courut certes chez son frère, mais là, comme il arrive parfois aux timorés, elle parla. « Non, elle ne quitterait pas *sa* maison ; non, elle ne laisserait pas croire au monde que Marc Antoine se perdait entre deux femmes, elle et Cléopâtre. Qu'Octave et César assument leurs querelles, mais que l'histoire ne transforme pas cette haine en une pauvre histoire de fesses et de femmes ! » Oui, elle dit bien ces mots-là. En une dernière tentative pour laisser le temps à son Marc Antoine — comme elle l'aimait ! — de se ressaisir et de tenter encore une alliance avec Octave. Elle voulait tant croire qu'ils n'étaient pas des ennemis mortels !

Pour toute réponse, Marc Antoine, lors d'une gigantesque fête où les estrades d'argent étaient surmontées de trônes d'or pour lui, Cléopâtre et les quatre enfants, proclama Alexandrie capitale de l'empire d'Orient, de *son* empire d'Orient, levant par cette injure le dernier petit pont-levis qui pouvait encore le relier à Rome. S'annexant, s'appropriant ainsi les plus riches territoires, les plus riches colonies de Rome. En effet, que pouvait Octave avec seulement pour vassaux la Germanie, qui émergeait à peine des limbes, la Gaule, nouvellement conquise et plus riche en marécages qu'en capitales, la dure et hautaine Espagne nue comme un caillou lisse alors que tout l'Orient, occupé, dominé par Rome, était bien plus civilisé, bien plus riche que son « civilisateur » ? C'était indiscutable, et la manne d'or et de raffinements qui s'abattait sur Rome venait uniquement de ces contrées. Des contrées que Marc Antoine s'attribuait aujourd'hui ou distribuait ostensiblement à ses enfants, nommant Césarion — « le fils bien-aimé de César » — « roi des rois », reprenant aux Perses cette suprême appellation. Cette fois, la scission, l'affront était irréversible. Cléopâtre souriait : croyait-elle à cette fête ? à ces titres ? Elle remarquait bien l'exaltation de Marc Antoine, son agitation, sa propension à commencer une phrase et à finir avec une autre, son allure, qui avait tant changé — il était gros comme ces marchands onctueux, luisants qui venaient lui montrer des tissus dans son palais — et puis, elle, elle le savait qu'il restait des jours durant comme hébété, muet, incapable d'attraper un mot et de reprendre vie.

Mais l'affront était à la mesure de la gifle qu'elle voulait que reçoive Octave, Octave le haï. Ou alors elle croyait en ces titres plus forts, plus fous que ceux qu'elle avait exigés lors de son retour ? Non, pas vraiment. Et elle riait, gênée pourtant de le voir énorme, couvert de soieries lourdes, la tête ceinte d'une couronne, lui qui, il y a peu encore, voulait tant cacher qu'il avait épousé une reine. Il se sacrait roi, enfin ! et il sacrait Césarion. Et pourtant tout cela n'était plus qu'une pauvre bouffonnerie. Qu'importe, l'essentiel était que cela propulse Octave hors de chez lui et qu'il arrive jusqu'ici. Car là, Cléopâtre reine d'Égypte, et depuis longtemps, l'attendait. « Mais il faut que Marc Antoine se ressaisisse, que je l'aide à se ressaisir, qu'il revienne dormir dans ma chambre. » Depuis sa pauvre et pitoyable retraite de Perse, il dormait dans une autre aile du palais où il avait accumulé onyx, marbre et albâtre. Les portes de sa chambre étaient cloutées d'émeraudes et son lit était un tel amoncellement de tissus et de fourrures que lorsqu'il voulait dormir au frais il devait rouler sur le sol ! Retardant sans cesse en buvant ou en parlant le moment du sommeil, sûr alors que l'odeur des boyaux du petit soldat mort dans la boue allait revenir le frapper aux naseaux. Vaincu, il n'était plus entré dans la chambre de Cléopâtre, et elle ne l'y avait plus, soulagée, jamais invité. « Mais ce soir il doit venir. Il faut qu'il redevienne Marc Antoine, Marc Antoine le grand... » Oui, il faut qu'elle refasse un homme de cet épouvantable vieil enfant. Neuf ans maintenant qu'ils sont soudés, amants heureux, amants maudits, soudés l'un à l'autre. Elle se dresse sur la terrasse, cherche un peu d'air frais. « Mais que la tempête arrive, bon Dieu, qu'elle arrive !... » Oui, il faut qu'elle l'aide. Elle n'a pas le choix, n'a que lui à opposer à Octave, lui pour qui elle n'a plus beaucoup d'estime. Émue pourtant quand elle l'a retrouvé meurtri, vaincu. Mais elle s'est rendu compte très vite qu'il a pris prétexte de cette déroute pour laisser ses instincts les plus immédiats le dominer. Alcool, bombance... « Il devient gaga, se répète... » Et pourtant, pourtant, dans le même temps, il faut qu'elle croie en lui. N'est-il pas, maintenant qu'il est là, un bon père ? N'est-il pas aimé du peuple ? Surtout du petit peuple. C'est vrai qu'il a une forte propension à être merveilleusement gentil avec les humbles, et grossier et impertinent avec les grands !

*
**

Lorsqu'elle essayait de lui parler d'Octave et de préparer ses plans avec lui, il simulait encore plus l'ivresse — qu'elle se taise ! — et son obsession le reprenait. Avant de s'attaquer à Octave, il voulait laver son honneur, laver sa défaite devant les Parthes, et chacun, Marc Antoine comme Cléopâtre, suivait son obsession et s'agaçait de celle de l'autre : mauvaise, puisqu'elle n'était pas la sienne.

Mais... alors qu'il avait l'air de ne plus s'occuper de rien si ce n'était de boire, il avait pourtant réussi à signer un pacte avec la Médie qui lui rendait, disait-il, son honneur... Et, miraculeusement, Marc Antoine sembla se retrouver. Et elle qui n'était plus qu'une femme vieillie, alourdie, là, voyant Marc Antoine littéralement renaître, elle aussi se sentit ressusciter et c'est amis, complices, à nouveau amants même, bien que le corps de Cléopâtre lui ne cédât toujours pas et restât inerte, qu'ils partirent pour Éphèse au commencement de l'hiver de l'an 33. Elle avait laissé ses quatre enfants sous la responsabilité totale — elle avait bien insisté — totale de celle qui était devenue sa confidente, non, elle n'avait pas de confidente, mais la Circassienne était bien la seule femme en qui elle avait confiance. Que les maîtres grecs et les serviteurs lui obéissent. Les quatre enfants vivaient dans la même aile du palais. Cléopâtre savait que, lorsqu'elle était loin, Césarion était doux avec ses frères et sa sœur, plus même, il les protégeait !

Marc Antoine et Cléopâtre étaient accompagnés d'un appareil de guerre trois fois supérieur à celui qu'elle lui avait offert pour sa tragique guerre contre les Perses.

Avant de quitter Alexandrie vêtue en déesse d'Isis, elle, la descendante d'Alexandre, avait fait un serment à son peuple : cette fois elle partait, elle, leur divine reine ; elle partait accompagnée de son mari, le roi Marc Antoine — elle ne disait plus l'« imperator » — vaincre Rome, Rome qui les avait trop longtemps asservis. Et elle leur jura qu'elle, accompagnée de son fils Césarion, le fils du grand César, s'assoirait au Capitole en reine, qu'ils seraient ainsi tous vengés et deviendraient les habitants de la plus puissante capitale au monde.

Que non, plus jamais ils ne seraient asservis à Rome ni à personne.

Plus, que Rome serait dorénavant à eux : colonisée !

Elle le croyait vraiment, Cléopâtre. Elle en était sûre : l'histoire cette fois allait changer, basculer.

A l'aube, lorsqu'elle allait se baigner par grand beau temps à l'heure où les poulpes viennent par centaines jouer sur la plage — elle courait pieds nus dans l'eau, qu'ils s'effraient et crachent tous leur encre d'un coup —, elle voyait bien sûr l'île de Samos verte, si verte au milieu de ce bleu. Mais parfois aussi, lorsque l'air était pur de tout brouillard, elle devinait les montagnes d'Athènes. Il lui arrivait même d'apercevoir, disait-elle, en plissant les yeux, la lance d'or de la statue d'Athéna... « Pour une dame qui voit mal de loin, bravo ! » riait Antoine qui sortait nu de la mer. Il lui arrivait, s'il ne s'était pas couché trop tard et si le vin résiné ne lui avait pas trop tapé à la tête, il lui arrivait de l'accompagner à son premier bain. Puis, pieds nus, elle montait le chemin qui menait au temple dallé et ombragé d'ifs et de cyprès et c'était chaque matin un moment de — elle cherchait le mot — de... bonheur ? Non, ce mot sonnait pour elle comme une coque vide, ne voulait rien dire. De plénitude peut-être ? De grâce plutôt. Elle montait jusqu'à un temple de marbre blanc dédié à Alexandre et dont tout l'intérieur était recouvert de plaques d'or. Deux statues en pied en or massif à l'image de son maître l'accueillaient et tout un mur était constellé de mosaïques d'or et d'onyx : un portrait d'Alexandre encore qui semblait lui sourire. C'était devenu comme un rendez-vous à deux. Elle venait là et, accroupie, lui parlait tout bas. « Est-ce que tu crois, Alexandre, que... »

Un jour Marc Antoine l'avait suivie : qu'est-ce qu'elle allait faire là-haut chaque matin ? Pourquoi montait-elle ce chemin si dur ? trop dur, que même lui en avait l'arrière des mollets raidis... Gênée, puis furieuse d'être surprise, elle lui avait pourtant fait signe :

— Viens, puisque tu es là, mais tais-toi.

Jaloux, il avait été jaloux. Comme elle était calme ici, sereine, alors qu'en bas, au camp, elle était parfois si tendue, si dure... La veille, ne lui avait-elle pas dit : « Certes je peux me taire, mais je ne peux pas perdre la mémoire, Antoine. Comme je le voudrais pourtant !... »

Après ce rendez-vous, elle aimait plus que tout redescendre en courant sous le soleil déjà brûlant !

— Mais pourquoi, ronchonnait Marc Antoine, ne pas redescendre plus tôt ? Ou plus tard ?

— Parce que c'est plus voluptueux quand c'est dur, mon petit tonneau de Romain.

En quelques mois, Éphèse devint le plus grand centre militaire et naval au monde. Étaient déjà arrivés d'Égypte plus de quatre cents navires de guerre caparaçonnés, venus par l'isthme de Suez sur des pontons faits de rouleaux de bois recouverts de peaux de bœuf enduites de suif, que les coques ne souffrent pas : un travail de titan, un travail colossal dont les soldats de Cléopâtre avaient toujours su se jouer.

Depuis près de dix ans maintenant elle avait fait venir tout ce que la Méditerranée, l'Inde et la Chine possédaient de cerveaux, maîtres en résistance des matériaux et en balistique, que ses bateaux soient les plus puissants et les plus sûrs du monde. L'école d'Alexandrie, là encore, était la meilleure ! Il lui arrivait pourtant, lorsqu'elle passait sa flotte en revue, d'avoir comme un mirage. Elle savait que pour un vaisseau comme celui qu'elle venait d'offrir à Antoine, il avait fallu, pour que sa carène ait cet effilage, cette perfection de ligne-là, il avait fallu abattre des centaines d'hectares de forêts en Afrique pour l'extérieur et au Liban pour l'intérieur, puis choisir un par un les arbres dignes de devenir élément de ce vaisseau, rejetant les autres déracinés pour rien. Il lui arrivait de voir toutes ses forêts abattues se dresser depuis qu'un sage — un des savants qui vivaient à Alexandrie — était venu humblement mais si calmement lui dire qu'à trop peler les montagnes elle allait provoquer de grands éboulements, de grands cataclysmes ; que l'eau allait se perdre, courir trop vite et la sécheresse arriver. Elle avait haussé les épaules, l'avait chassé, excédée de ces sensibleries, mais ordonné tout de suite après, pourtant, que l'on reboise là où on avait arraché !

En plus des soldats — quelque dix-neuf légions romaines, des Gaulois, des Germains, des Maures, des Égyptiens, des Soudanais, des Arabes, des Mèdes (ceux-là mêmes qui avaient battu Antoine en Perse et devenus aujourd'hui des alliés), des Arméniens, des Grecs, des Juifs, des Syriens... —, Éphèse grouillait de marins, d'artisans, de commerçants, d'esclaves, et c'était la ruée bien sûr aussi de tous les commerces. Elle avait offert à Marc Antoine à peu près un demi-milliard de francs, qu'il puisse payer la solde de ses propres soldats ainsi que celle de ses marins (il avait réussi à faire revenir vers la ville une centaine de navires dont les chefs, romains, lui étaient demeurés fidèles).

Les émissaires de Cléopâtre avaient bien travaillé, et une dizaine de rois décidèrent aussi d'être aux côtés de Cléopâtre et d'Antoine lors de cette dernière guerre. Logiquement, logistiquement, ces deux-là devaient gagner contre Octave. Il n'y avait donc aucun risque à se rallier à eux, bien au contraire, et ils seraient ainsi les premiers à recevoir leurs récompenses après la victoire. Ainsi arrivèrent à la tête de leur armée, entre autres, Bocchus, le roi de Mauritanie, Archelaüs, roi de Cappadoce, Mithridate et aussi le roi de Thrace, sans oublier le roi de Galatée.

C'est là peut-être que les chemins de Cléopâtre et d'Antoine se séparèrent irrémédiablement, même si l'un et l'autre n'en prirent pas conscience alors. Car autant Cléopâtre mettait dans cette bataille toute sa fortune pour conquérir Rome et en faire le royaume de Césarion, autant Marc Antoine, semble-t-il, se montrait plus circonspect. Et s'il parlait bien d'abattre la tyrannie d'un Octave, ça n'est qu'à regret et à quelques-uns seulement qu'il parla de reconnaître les droits de Césarion — et s'il tenait bien ce langage-là devant Cléopâtre et les rois, à ses généraux il parlait beaucoup plus souvent de la restauration d'une République dont, éventuellement, Césarion serait le maître.

Mais l'imminence de la dernière bataille était telle que ni l'un ni l'autre ne voulaient s'affronter sur ce sujet.

Ils ne poursuivaient plus qu'un but : gagner cette dernière, cette suprême bataille. Et durant plus d'un an ils travaillèrent ensemble, organisèrent des plans ensemble.

Il arrivait aussi qu'ils nagent, qu'ils marchent

encore ensemble, il arrivait même parfois qu'ils rient. Mais, le soir venu, chacun des deux s'arrangeait pour être pris. C'est à la nuit que Cléopâtre recevait ses ministres venus d'Égypte, à la nuit qu'elle convoquait la tutrice de Césarion ou les précepteurs des trois autres enfants. Antoine, lui, restait le plus souvent tard, très tard, dans la tente des généraux. Puis parfois, avec eux, allait dans un de ses théâtres ou à une fête de cirque. Toute la ville était cernée de gargotes et de bateleurs où les soldats, avec les femmes accourues de toute la Méditerranée, trompaient leur attente.

Depuis la naissance de son quatrième enfant, Cléopâtre se sentait lasse dès la tombée du jour, dès qu'elle n'avait plus à être la reine ; l'ennui, la solitude, le froid soudain la prenaient au milieu de tous les autres qui, eux, semblaient rire et cela lui était devenu par trop intolérable, aussi le plus souvent elle restait dans sa tente, avalait, son dernier rendez-vous de travail fini, un de ces sirops que ses médecins savaient si bien préparer et sombrait dans un sommeil lourd, noir, heureusement déserté, vide de rêves.

Antoine venait la rejoindre tard, très tard dans la nuit. Parfois même, mais rarement maintenant, à l'aube. Alors il se couchait, se calait contre elle, les genoux ramenés sur sa poitrine comme s'il voulait se faire tout petit et rentrer dans son ventre à elle. « Je dors mieux comme cela », murmurait-il. « Moi aussi », répondait-elle en l'enlaçant, déchirée et pourtant en même temps heureuse, si heureuse qu'il soit là, serré contre elle, abordant peut-être enfin, l'un et l'autre, mais inconscients et toujours si blessés et si près de se déchirer, abordant l'un et l'autre l'amour, mais l'amour sans passion ; l'amour raisonnable de deux êtres qui ont une œuvre à réaliser ensemble. Un amour moins sacré, moins mortel que l'autre, tellement plus terne, mais tellement plus vivable peut-être.

Pour Marc Antoine et son côté homme de soleil, il avait été dur d'accepter qu'ils ne soient pratiquement plus amants. Mais pénétrer, posséder une Cléopâtre inerte le rendait fou. Perdue, la petite hétaïre qui vibrait sous la moindre caresse ; perdue, celle qui s'amusait à enfouir son sexe dans ses cheveux qu'elle portait — il le voulait — plus longs et à inventer des mouvements qui l'affolaient. Perdue, partie. Sans plus jamais en parler, il avait abandonné toute tentative de retrouvailles de leurs corps.

Quant à Cléopâtre, même si elle le prenait dans ses bras, même si sa main parfois le frôlait, plus jamais elle n'y mettait un influx sensuel. Amicale, elle était devenue seulement amicale. Complices.

Au printemps de l'an 32, quatre cents sénateurs romains revêtus de leur robe blanche et de leur couronne de lauriers arrivèrent un matin à Éphèse : ils demandaient asile à Antoine et Cléopâtre. En effet, Octave, au sénat, était entré dans une colère terrible : il avait fallu le sortir épuisé, tant il sentait, disait-il, les sénateurs mous. Et, hors de lui, il avait prié ceux qui ne voulaient pas jeter l'anathème contre Antoine de quitter la ville. Ils étaient dorénavant indésirables dans l'enceinte de Rome. Quatre cents s'étaient levés, et maintenant ils étaient là, et leurs familles en route. Un à un, Antoine les embrassa...

— Venez, venez, on va vous trouver des maisons.

Délogeant les rois venus à l'appel de Cléopâtre...

— Il faut que mes amis, mes frères, soient heureux. Tu vois, Cléo, ils m'ont choisi. Tu vois, ils m'aiment.

— Et combien sont restés avec Octave, mon cher Antoine ?

Il avait, trop heureux, oublié de faire la soustraction !

Huit cents à peu près avaient choisi le camp d'Octave. « Des peureux, des las, des qui ne veulent pas bouger », ce qui pouvait tout à fait être exact...

Le soir même, Marc Antoine organisa une gigantesque fête en leur honneur.

— Tu te feras belle, ma reine...

Et heureux, fiers — elle assise sur un trône d'or, lui à ses côtés —, ils reçoivent. En entrant, les sénateurs romains eurent un sursaut. « Mais il veut nous refaire le coup de Jules César ? Notre Antoine, notre grand Antoine est devenu un potentat, un roi oriental... Mais alors c'est vrai ce qu'affirme Octave ? » Et très vite ils prétextèrent la fatigue du voyage pour se retirer de la fête. Plus, au matin, ils envoyèrent leur aîné Ahenobartus parler à Antoine : eux, Romains, étaient choqués de voir cette femme gouverner le camp et préparer la bataille avec lui. La lutte entre lui et Octave ne la regardait pas.

— Il y a là deux guerres qui se préparent, Antoine ; souviens-toi de notre grand Jules César. Demande-lui de rentrer chez elle, c'est plus sage. Et d'ailleurs toi, le cavalier, tu sais bien que si tu attelles un cheval entier et une jument au même char, le char reste immobile. Quoi, ça non plus, tu ne le sais plus, Antoine ? Arrête de caracoler avec cette femme et de passer tes armées en revue avec cette étrangère, elle s'agite là comme un chiffon rouge.

Antoine le fit taire et eut un geste si violent que l'autre crut que sa tête allait être décollée de son cou. Mais, finalement, Antoine n'y alla que d'un « Ta gueule ». Il avait la violence des faibles, la rapide, la courte... et très vite arrivait la lassitude, plus, l'hébétude.

Demander à Cléopâtre de s'en aller... après tout ce qu'elle avait donné ici, après tout ce qu'elle lui avait offert et qu'il avait déjà perdu devant les Parthes ? Jamais il n'oserait. Il avait trop peur d'elle et de ses colères et en même temps il se sentait bien avec elle. Et tous ces rois venus de tout l'Orient n'étaient venus que parce que elle, Cléopâtre d'Égypte, le leur avait demandé.

Si elle partait, ils repartiraient aussi. Avec eux, il était, et de loin, le plus fort ; mais eux partis, ce serait une guerre fratricide. Une guerre civile entre deux chefs romains, sa terreur, ce qu'il redoutait le plus. Là au moins c'était maquillé !

Cléopâtre — un de ses espions (le barbier de Marc Antoine) était venu dans l'instant lui répéter les exigences des sénateurs — s'arrangea pour que, dans les jours qui suivirent, ses généraux réaffirment leur joie, leur hâte à se battre devant leur reine bien-aimée. Puis, incidemment, annonça qu'elle avait décidé de mettre encore un peu plus d'argent dans cette bataille. Écœurée ? Non, elle avait dépassé depuis longtemps l'écœurement ; mais elle savait son Marc Antoine si vacillant, si versatile et si romain ; et eux étaient quatre cents Romains, quatre cents d'un coup arrivés là.

Elle se demanda même si ça n'était pas encore une des ruses de ce salopard d'Octave. Et si elle leur offrait une promenade en mer et que, horreur, le vaisseau fasse soudain eau de partout ? Quatre cents d'un coup, ça serait peut-être un peu... et ils auraient beau jeu alors de la traiter de reine san-guinaire ! Non, se calmer. Être encore plus vigi-lante. Encore plus attentive.

D'ailleurs elle connaissait maintenant ses yeux et le son de sa voix lorsqu'il allait la trahir, et pour cette fois il était encore son allié.

En effet, il refusa de lui demander de partir, et se fit ainsi, et d'un seul coup, quatre cents ennemis supplémentaires. Quatre cents ennemis qui étaient ses hôtes d'honneur ! Quatre cents ennemis... plus une. Cléopâtre ! Car, même s'il ne l'avait pas priée de repartir, elle l'avait senti à nouveau très per-turbé, et depuis l'arrivée des sénateurs il recom-mençait à être agressif, grossier avec elle, et à boire bien plus qu'il ne pouvait tenir.

Comme si soudain il était, lui aussi, saisi par la peur de l'affrontement final Octave-Antoine.

Autant Marc Antoine, fougueux général, sem-blait toujours vouloir — de loin — en découdre, là, acculé au pied du mur, il recommençait à lambiner et à s'alourdir la tête de « Et si on se parlait, et si on s'expliquait »... Bref, il était redevenu un animal humain de série, et non un être d'exception comme elle le rêvait, le voulait. Et il allait peut-être encore reculer devant cette guerre. Et Césarion alors ? Césarion et ses quinze ans qui arrivaient. Et elle qui cette fois avait été au fond, au bout de ses trésors ? Non, elle ne pouvait plus reculer, elle n'en avait pas les moyens. Comme elle était lasse, sans courage pourtant, et s'il n'y avait pas eu Césarion... elle aurait abandonné toute ambition. Elle n'en avait plus aucune pour elle.

Harcelé, tourmenté, désarmé, Marc Antoine ne dessoûlait plus, coincé entre ses promesses à elle — d'instaurer une royauté en Italie et d'en faire à l'instant Césarion roi — et celles faites aux Romains, de restaurer là-bas, une fois le dictateur fou et cruel qu'était Octave déchu, de restaurer une vraie République. Et ce vin qui le rendait de plus en plus malade, et ses matinées maintenant usées à essayer de sortir son corps de cette torpeur qui l'engourdissait, torpeur entrecoupée de malaises. Tout son être répugnait à trahir Cléopâtre, et, dans le même temps, tout son corps se refusait à engager cette guerre fratricide. Trahir Cléopâtre encore une fois ? Elle qui — il allait avoir cinquante ans — était la femme qui lui avait le plus appris, le plus donné et il ne supportait plus le mépris qu'il percevait dans les yeux de cette femme de trente-huit ans. Il l'aimait maintenant qu'ils n'étaient plus amants. Il l'aimait bien plus qu'avant, elle lui était devenue indispensable. Et elle lui aurait dit, là, de s'enfoncer dans la mer, de ne pas remonter, qu'il lui aurait obéi, peut-être soulagé.

Marc Antoine était comme un vieil enfant attardé trop attaché à sa mère. Béat devant cette femme. Depuis un an, c'était elle qui en vérité dirigeait cette monstrueuse ville, cette monstrueuse machine de guerre ; malade, il s'en remettait le plus souvent à elle... et elle bien sûr, bien qu'habituée à commander, l'en méprisait chaque jour un peu plus. Elle le méprisait d'abdiquer ainsi.

Mais elle n'avait plus d'autre choix. Il était son bras, sa dague, son bélier contre Octave.

C'est alors que Marc Antoine pensa faire plaisir à Cléopâtre. Alors qu'il s'y était toujours refusé, il envoya à Rome des messagers déclarer qu'il divorçait d'Octavie ! Comme cette annonce aurait réjoui, réchauffé il y a peu encore le cœur et le corps de Cléopâtre ! Mais le geste arrivait trop tard, et elle n'eut qu'un sourire amer.

Pourtant, stratégiquement, cette fois cela allait avancer la date de cette bon Dieu d'entrée en guerre qui n'arrivait toujours pas entre ces deux Romains-là.

Lorsque les sénateurs, ceux qui étaient restés (certains étaient rentrés à Rome après avoir demandé pardon à Octave), surent qu'un messager était parti et après cette demande de divorce, ils se dirent horrifiés et persuadèrent Antoine qu'il aurait dorénavant contre lui toute la population de Rome. Octavie, là-bas, était adorée. Jamais elle n'avait enfoncé, elle, Marc Antoine. Au contraire, toujours elle avait protégé son époux contre son frère, et c'était ça son remerciement ? Non, le peuple ne lui pardonnerait pas. Ou qu'alors il signe à l'instant une lettre jurant qu'il rétablirait la République (ces vils sénateurs se servant ainsi de l'honneur soi-disant bafoué d'Octavie la douce, l'honnête, la pure, pour mieux servir leurs propres intérêts). Et Marc Antoine, en larmes — ils l'avaient fait boire avant de lui parler —, signa cette promesse, qu'ils coururent dans l'instant montrer à la reine Cléopâtre.

La reine, dans l'instant, fait dresser une tente pour elle seule.

C'en était cette fois fini : enchaînés, ils feraient bien ensemble cette guerre, mais l'amitié, plutôt la tendresse qui avait réussi à renaître entre eux était morte. Définitivement morte.

Livré à lui-même, désespéré, Marc Antoine ne dessoûlait plus.

Cléopâtre faisait venir des bateaux et des bateaux d'Égypte chargés de blé pour nourrir leurs armées, pendant qu'Octave, qui manquait cruellement d'argent et de vivres en Italie, essayait de provoquer Antoine, « qu'il vienne se battre sur terre ». Mais, bien que soûl quasiment en permanence, il se savait supérieur en mer et ne bougeait pas.

L'attente était par trop longue pour tous.

Cet hiver-là fut épouvantable. Et les tempêtes de neuf jours succédèrent à celles de onze jours sans rémission.

Le blé se charançonnait, les lentilles germaient. Les marins, confinés le plus souvent sur leurs bateaux, se battaient à mort, dès qu'ils mettaient pied à terre, avec les fantassins. Puis ils tombèrent presque tous malades. Cléopâtre se demanda même si on ne les avait pas empoisonnés : ils pissaient le sang de partout et mouraient. Il fallut envoyer à nouveau des rabatteurs un peu partout recruter, ou plutôt ramasser tous ceux qui avaient été rejetés lors de la première embauche. « Il fallait bien des hommes attachés aux rames si l'on voulait que ces bon Dieu de rames bougent le moment venu, merde. »

Les hommes valides à terre, venus de tous les coins du monde, se battent, s'entre-tuent pour une femme, pour un verre renversé, pour une partie de dés pipés.

Cléopâtre ne sort plus de sa tente. Et Marc Antoine a beau supplier, beugler, tempêter, pleurer, elle ne lui parle et ne le regarde que lorsqu'ils ont, l'un et l'autre, à assister à une réunion commune de leurs états-majors.

Tout va de mal en pis. Cléopâtre, qui prenait bien garde à ne boire que de l'eau arrivée par outre de Grèce, recueillie dans les torrents et qu'elle faisait encore filtrer à travers une toile de lin, est pourtant tombée malade. Des fièvres la laissent des jours inerte sur son lit, et elle étouffe tant sous sa moustiquaire que dans son délire elle la soulève, et alors les moustiques, gros presque comme des taons, lui sucent le sang et déversent en elle tout leur poison. Cléopâtre s'épuise, amaigrie, anxieuse. « Que deviennent mes enfants ? » Elle se fait, aussi souvent qu'elle le peut, donner des nouvelles des quatre. Le petit Ptolémée, le dernier, la connaît à peine. Heureusement que la Circassienne est là-bas et régente le palais des enfants ! Elle dit bien « ses quatre enfants », mais elle reçoit toujours en premier les messagers venus lui donner des nouvelles de Césarion. Certes elle aime les trois autres, mais en aucun cas comme l'aîné. Elle ne s'en étonne pas vraiment, elle le constate, c'est tout. Elle le sait bien, elle, que l'amour maternel n'existe pas forcément, que c'est une grâce, et qu'une grâce vient ou ne vient pas. Mais ces choses-là, les mères, les femmes les étouffent en elles pour ne pas désespérer les enfants nés pas aimés... « Je suis injuste. J'en veux aux trois derniers d'être nés d'un homme qui m'a trahie. Et Jules César, il ne m'a pas trahie ?... »

Inquiète, angoissée, malade. Les coffres chargés d'or promis par les rois d'Asie arrivent certes, mais le plus souvent vidés, pillés. « Les brigands, Majesté », et puis les officiers d'Antoine — elle le sait, même s'il n'ose pas lui avouer — désertent par paquets. Un ami de toujours a pris une barque pour rejoindre Octave. A l'aube, Marc Antoine lui a fait porter tous ses effets personnels abandonnés sous sa tente.

Il y a pire : depuis le temps que les deux camps sont si proches, des amis, des frères se sont retrouvés et il arrive que la nuit, déguisés en paysans, en marchands ambulants, ils se rejoignent pour parler, parler de leur enfance et de Rome. Ô Rome et sa douceur à vivre ! Il y avait deux frères, l'un était soldat chez Octave, l'autre chez Antoine, qui avaient acheté une barque ; chaque nuit ils pêchaient ensemble, au matin leurs femmes vendaient le poisson tandis que chacun des deux hommes rentrait dans son camp : ennemis — en apparence — à nouveau jusqu'au soir.

« Tout fout le camp, tout part en quenouille, se murmurait Cléopâtre. Nous sommes tous pris dans cette cuvette. »

Marc Antoine aussi avait la dysenterie. Et comme il avait presque cessé de se nourrir, se contentant de boire, il était dans un état total d'épuisement.

Plus de trois mois que tout était prêt, tant chez Antoine et Cléopâtre que chez Octave, et il ne se passait rien : une guerre d'usure.

Ce soir, Marc Antoine traverse une de ses crises de doute, une de plus : il ne sait même plus s'il veut lancer le combat sur terre ou sur mer. Tout ça parce que, alors qu'il marchait, un vieux soldat s'est approché de lui et, en larmes, lui a montré son corps couturé de cicatrices.

— Alors, Antoine, le plancher des vaches ne te plaît plus ? et mon épée non plus ? Il te faut des planches assemblées, surmontées d'un torchon pour te rassurer ? Ô Marc Antoine, nous en avons gagné, des batailles pourtant, toi et moi, mais tu ne veux plus, petit ? Tu ne veux plus ou tu ne peux plus ? Allez, dis-le à ton vieil ami...

Marc Antoine s'était enfui, si désemparé, le raconter à Cléopâtre. Là il s'écroule.

— Cléo, je suis mal, je n'en peux plus, j'ai le mauvais œil. Je ne sais plus où j'en suis. Et ces milliers d'hommes... et moi responsable.

La peur, la fatigue le font transpirer. Il est pitoyable. Et encore une fois elle arrache son châle et lui essuie le visage, encore une fois elle lui dit que ce n'est qu'une fatigue passagère, qu'il est le plus fort et qu'il va gagner.

— Dis-moi, mon grand, allez, assieds-toi, avec moi, là... Dis-moi un peu (elle rit), que peut un Octave devant les cinq cents bateaux fraîchement arrivés et presque aussi énormes que le tien ? le tien et ses cinq rangs de rameurs superposés, ses cinq rangs et ses cinq ponts, et ses mille rameurs par pont, mon chéri...

Elle avait dit « mon chéri », mais alors, elle ne le méprisait pas trop ? Et sa voix, sa voix était si douce à nouveau ce soir. Elle continue :

— Ton bateau et ses cinq mille rameurs et ses deux mille artilleurs, plus les deux mille matelots dressés à monter tes mâts et tes voiles en à peine deux heures... Antoine...

Il sourit... Elle voit son visage.

— Tu crois, tu le crois vraiment ?

— Mais si je ne le croyais pas, Marc Antoine, je ne serais pas là avec toi.

Elle a levé le pied !

Enfant, lorsqu'elle mentait, un esclave noir lui avait dit qu'il fallait alors avoir un pied qui ne touche pas le sol, sinon... elle ne savait plus quoi ! mais elle avait gardé l'habitude de lever le pied... et là, elle avait menti. Non, elle ne croyait plus en lui. Mais il y avait pire, elle ne croyait plus en la bataille. Lorsqu'elle lui racontait, simulant l'exaltation, la force, la puissance de sa flotte, elle tremblait. Elle tremblait parce qu'elle commençait à comprendre qu'elle avait peut-être bien commis une épouvantable faute stratégique. Car passé l'orgueil devant une telle réalisation, devant une telle flotte, plus de cinq cents bateaux pour Marc Antoine et pour elle près de six cents, elle s'était, elle aussi, glissée la nuit jusqu'au camp d'Octave, et là, d'abord heureuse, fière, triomphante même, elle avait pu s'assurer qu'en effet — leurs espions l'affirmaient à juste titre — sa flotte était bien plus petite. (C'est vrai, il n'avait guère plus de quatre cents bateaux, et si ceux d'Antoine faisaient plus de cent vingt mètres de long, ceux d'Octave n'en faisaient que soixante.) Mais depuis quelques jours — on arrivait en mai de l'an 31, qu'il était doux, ce mois de mai ! — la peur, l'atroce, celle qui vous monte du ventre, l'avait saisie : et si leur flotte, à elle et à Marc Antoine, était trop lourde ? Ingouvernable ?

— Alors écoute, Marc Antoine (« Ne rien lui dire de mes peurs aujourd'hui, il se sent trop mal et c'est trop tard de toute façon »), alors écoute, Marc Antoine, il faut dès demain, si c'est possible, aller prendre position à l'avant du golfe. De là on sera maître de la mer Ionienne et les premiers à nous déployer, le temps venu. Allons à Actium. Mais écoute bien, Marc Antoine, levons-nous, il nous faut être debout pour entendre ce que je vais dire maintenant. Si, par malheur — ta flotte, elle est la plus lourde, la plus puissante, c'est donc elle qui se mettra en marche la première — si, par malheur — bien sûr que cela n'arrivera pas, mais il nous faut tout prévoir, non (elle sourit, se veut rassurante, presque mutine, comme si Antoine était un enfant à qui elle voulait éviter la peur) — ? si, par malheur, la bataille ne prenait pas le sens que nous lui souhaitons — ne pas parler de défaite, ne pas dire le mot — si... alors je le comprendrai et je partirai avec ma flotte — mes voiles à moi peuvent être montées sur un bateau immobile — et, plus menus, nous nous glisserons, nous nous faufilerons à travers ta flotte pour atteindre la haute mer. Et Octave devra combattre sur deux fronts. Tu comprends ? alors qu'il ne nous attend que sur un — c'est ce que nous avons toujours dit et qui lui a sûrement été répété, ma flotte, chargée de nos trésors, ne devait que suivre la tienne. Là au contraire, s'il le faut, nous partirons à l'avant. Octave me hait tant qu'il ne se résoudra pas à ne pas partir à ma poursuite. Et toi alors, tu l'attaqueras par-derrière. Coincé, ce sale con sera coincé...

— Oui, oui (il jubile, Marc Antoine) : ce sale con sera coincé, ô Cléo, ça va être une magnifique bataille !

— Seul le ressac nous a entendus. Que ce soit un secret entre nous...

Et ils rentrèrent vers le camp, amis, enfin presque.

Quelques jours plus tard, ils s'installèrent à Actium. De là, la situation était merveilleuse. Du promontoire, Marc Antoine pouvait tout surveiller des allées et venues d'Octave, et à l'arrière la plaine était telle qu'il pouvait y regrouper toute sa cavalerie. Octave, lui, disposait de moins de place et n'avait qu'une longue langue de sable pour loger ses cavaliers, et son armée s'étendait sur une bien trop longue étendue. Par contre, c'était dorénavant à Antoine de commencer le combat, car, avant de pénétrer en haute mer, il y avait ce chenal étroit à passer, et il fallait — c'était évident — qu'il s'y glisse le premier.

*
**

Allez, foin de présages noirs, que l'on étrangle celui qui viendrait encore raconter qu'une statue d'Alexandre avait pleuré des larmes de sang. Tout allait marcher à merveille, la victoire était là, à portée de main. Et qui encore osait murmurer que chacun était prisonnier de l'autre ? Il fallait se battre, cette attente était par trop intolérable. C'était cette attente qui rendait tout le monde fou et pessimiste. Il fallut pourtant encore trois mois avant qu'Antoine ne se décide. Octave, lui, avait intérêt à ce que le *statu quo* continue, il savait son infériorité en bateaux et en attendait de nouveaux qu'on lui construisait en toute hâte.

*
* *

Les généraux de Marc Antoine avaient perçu qu'il était plus calme, plus déterminé et aussi qu'il buvait moins : c'est donc qu'il avait adopté une stratégie, ou plutôt qu'elle, la putain, l'avait persuadé de la sienne : l'attaque en pleine mer.

Le mépris, la haine, les ragots avaient eu le temps de gonfler comme des haricots charançonnés depuis le temps qu'ils croupissaient là, inactifs, et plus personne ne respectait personne. Aussi ils se déclarèrent « contre », contre « bêtement », comme cela tout simplement, parce que, eux, Romains, n'avaient pas à être commandés par une femme, une négresse qui avait déjà subjugué et fait assassiner Jules César — elle et sa petite pince en or nichée, cachée au plus profond de son sexe. Et tous les pauvres et habituels ragots de resurgir, mêlés à des nouveaux, trouvés, inventés là sur place — le temps était si long à tuer — et Domitius, Ahenobartus, Delius recommencèrent à harceler Marc Antoine « que l'attaque ait lieu sur terre », là Cléopâtre aurait moins à diriger, leur semblait-il. Totalement oublieux que c'était elle — elle avait dû faire revenir d'Égypte un nouveau demi-milliard d'or —, totalement oublieux que c'était elle qui les armait, les nourrissait.

Seule la bataille sur mer était stratégiquement envisageable, mais, inconscients de ce que leur révolte pouvait entraîner, ils refusaient ce projet de bataille uniquement parce qu'ils avaient voulu croire que le projet ne venait que d'elle. Aveugles à tout ce qui n'était pas leur haine, leur mépris pour elle.

Il fallait en finir, même Marc Antoine le savait, le disait, et ce soir il était venu se présenter devant la tente de Cléopâtre : pouvait-il venir bavarder un instant ? Il avait pensé à une solution et c'est enlacés, pour se mieux parler à l'oreille, qu'il lui expliqua...

— Tu as une idée de génie, mon Marc Antoine.

Et c'était vrai ! En effet, il allait occuper le chenal, s'y déployer... juste à l'orée de la grande mer et là frapper, frapper de toutes les tourelles de leurs bateaux tournées vers les troupes d'Octave étendues le long de la rive. Après, après, lui et elle se détacheraient et vogueraient vers Rome. Une Rome vide, car Octave, lorsqu'il avait vu que cette situation traînait, avait fait venir les sénateurs près de lui. (Qu'ils ne restent pas trop longtemps seuls à Rome ; un nouvel Octave, enfin un demi-nouvel Octave risquerait bien alors de tenter sa chance.) Une Rome vide, dont ils se déclareraient les maîtres.

Tout en Cléopâtre percevait que ce projet était totalement aléatoire. Mais il était beau. Fou. Courageux. Et Marc Antoine avait l'air de s'être totalement retrouvé. A perdre pour perdre, autant perdre en combattant que dévorée par les moustiques ou accroupie dans le sable à attendre que son corps se vide.

— Repose-toi, ma petite reine, je cours convoquer mes généraux, donner mes ordres... Je reviendrai dormir près de toi, si tu le veux bien, dès que j'aurai fini...

— Oui, je le veux bien, va vite, Marc Antoine.

**
*

— Quoi ? Entrer dans Rome avec cette femme ? Mais tu as complètement perdu la tête, Marc Antoine ! Tu n'es pas sérieux ? Tu veux t'amuser ? Allez, dis-le que tu veux rire, voir comment nous allons réagir. Je t'ai connu plus drôle, mais, ma parole, tu as l'air sérieux ? Alors tu voudrais, grâce à tes combattants, entrer dans Rome avec cette femme qui n'aura alors de cesse que d'asseoir son avorton de Césarion né prétendument de Jules César (c'était la dernière médisance inventée : Césarion serait en vérité le fils d'un amant de passage). De l'asseoir sur un trône ? Et c'est nous républicains qui lui ouvririons le chemin ? Est-ce que tu réalises ce que tu projettes, Marc Antoine ? Ou bien as-tu désormais le vin qui t'est définitivement remonté dans la tête et qui y a tout noyé ?

Muet, Marc Antoine, voûté à nouveau, le ventre mou, secoue la tête, regarde ses généraux, baisse les yeux et à pas lents, très lents, revient vers la tente de Cléopâtre qui ne s'est pas endormie. Elle l'attend.

— Ils ne veulent pas, Cléopâtre.

— Ils ne veulent pas ! Oh ! alors, mon petit, écoute-moi bien, prends ta cape et va jouer du côté de tes maîtres. Va écouter tes maîtres. Allez, éloigne-toi de mon regard ; ta vue, ton odeur me dérangent. Dehors !

Et il s'en va, Marc Antoine. Désespéré. Mais que faire entre cette femme si absolue, si exigeante, trop absolue, trop exigeante, et ces Romains, ses amis ? Que faire ? Boire ? Boire encore ? Et c'est ce qu'il fait jusqu'à l'aube...

Et les jours et les nuits continuèrent à se lever et à se coucher. A s'user. Pour rien.

Tous dans le camp erraient comme des âmes mortes dont le corps aurait été laissé sans sépulture.

Ahenobartus déserta un soir le camp de Marc Antoine pour rejoindre celui d'Octave. Puis Postumius...

*
**

Enfin Marc Antoine osa se présenter à nouveau devant la reine.

— Cléopâtre, il faut que tu rentres en Égypte, sinon ils vont tous me quitter, et, vois-tu, je suis romain. Je vais engager le combat, celui que tu souhaites. Je vais faire un front de mes bateaux...

— Mes bateaux ! (Elle ricanait, ayant perdu là toute dignité.) Tu veux dire, sale couille plate (toute sa violence enfantine resurgie), tu veux dire *mes* bateaux, car qui les a payés ? Qui a nourri les milliers de soldats que tu as laissés pourrir devant les Parthes ? Et qui nourrit ces quelque soixante mille hommes qui croupissent ici depuis des mois ? Et qui encore a nourri tes amis romains qui passent chez cette ganache d'Octave en volant ma vaisselle d'or ? Qui ? Sale maquereau, sale larve, sale résidu de fausse couche !

Elle avait la voix aiguë, stridente soudain.

— Cléo, Cléo, tais-toi.

— Me taire ! Mais tu as peur de qui ? Écoute-moi bien, limace baveuse, écarte-toi de moi à l'instant ou je te fais étrangler au lacet par ma garde noire.

Elle s'arrête, saisie. Elle entend ses mots gicler

d'elle et les connaît déjà. « A qui ai-je déjà dit cela ?
A mon oxyure de frère. Et tout recommence. Et
tout recommence... »

— Tais-toi. (Il la saisit aux bras, l'immobilise,
qu'elle se calme.) Tais-toi, j'ouvre le chenal. Tu
rentres en Égypte et moi en Italie. Je te fais serment de vous y appeler, toi et Césarion.

Elle est assise à même le sol maintenant, pâle,
épuisée. Elle parle tout bas, doit reprendre son
souffle entre chaque mot. Elle étouffe en elle des
sanglots qui lui écartèlent, lui déchirent la gorge.
Elle a mal. Ses poumons, son cœur vont éclater. Il
est impossible que la tenaille, la douleur qu'elle
supporte dure encore. Tout va s'arrêter dans un
flot de sang.

— ... Va-t'en, Marc Antoine, je t'en supplie. Si tu
as encore quelque pitié, quitte ma tente. Entendu,
ouvre-moi la voie et je rentre en Égypte. Mais, je
t'en prie, ne mens plus. Ne dis pas : je t'appellerai,
c'est trop injurieux pour moi, et même trop injurieux pour toi. Fais-moi savoir le jour où tu décide-
ras du combat, que ma flotte soit prête. Je te prie
maintenant de t'éloigner de ma vue...

Plus de huit jours il resta sous sa tente, horrifié
de ce qu'il avait fait. Puis d'horrifié il se mit à avoir
peur, pour lui : « Elle va me faire tuer », et allait
répétant à ses généraux : « Protégez-moi. »

Elle le sut bien sûr, et un soir s'approcha de sa
tente, lui proposa même une coupe dans laquelle
elle but devant lui :

— Allons, Marc Antoine, restons polis et corrects
l'un envers l'autre jusqu'à ce que nos chemins se
séparent et que ton bateau de cent vingt mètres de
long aille vers Rome, et moi et mes rames d'or vers
Alexandrie. Buvons.

Et, souriante presque, pencha la tête. Une grappe

de glycine qu'elle portait dans ses cheveux sembla frôler un instant la coupe qu'elle lui tendait. Il allait boire, heureux comme chaque fois qu'elle voulait bien lui sourire ; mais vite elle renversa la coupe.

— Imbécile ! Cette grappe de fleurs est empoisonnée, le vin aussi maintenant. Alors cesse de bêler que tu crains pour ta vie, que je veux te tuer. Il y a longtemps que ça serait fait si je le voulais. Mais je ne le veux pas. Je veux voir jusqu'où ira ta lâcheté, jusqu'où t'entraîneront les mercis que tu me dois.

Elle eut presque honte à l'instant. « Jamais je n'aurais dit une chose aussi vile à César, jamais. Autrefois peut-être, mais aujourd'hui ? »

— Jusqu'à Rome avec toi, Cléopâtre.

— Je ne te crois plus, Marc Antoine. Tais-toi.

Et, carcasse vidée, inhabitée, elle se traîne vers sa tente.

***
***

Las, mécontent de lui, dégoûté de lui, il lui faut en finir. Et, comme tous les faibles lorsqu'ils prennent enfin une décision, Antoine précipite tout ; donne l'ordre — on était le 28 août (de l'an 31 av. J.-C.) — que l'on embarque sur les navires de guerre et que vingt mille légionnaires, plus dix mille archers s'ajoutent aux hommes prévus. Quelle pagaille ! Quel chaos ce fut depuis des mois qu'ils vivaient là ! En plus de la nourriture pour les bêtes et les hommes, chacun arriva avec des ballots, des toiles hâtivement nouées, des rapines de misère...

Il était quasiment impossible de se déplacer sur les ponts tant ils étaient chargés, mal chargés. Et puis, même s'il avait donné l'ordre dès l'aube, le chargement des troupes et du matériel dura jusqu'à quatre heures de l'après-midi. Quatre heures, l'heure où, fin août, les tempêtes dans cette région se dressent, gigantesques, démentes, imparables, et en quelques minutes.

Ce fut le cas et pendant trois jours ils durent subir les assauts de la mer. Amalgamés bêtes et hommes. Les milliers de rameurs assis à leur poste, dans l'incapacité de bouger, les archers, les canonniers bloqués dans les tourelles. A l'aube du deuxième jour, vers les cinq heures du matin — quelle que soit la force de la tempête, il y a toujours une heure avant l'aube qui peut paraître une pause —, Delius, un des généraux en qui Marc Antoine avait encore quelque confiance, ainsi qu'Amyntas, à l'aide d'une barque dans laquelle ils accumulèrent de l'or volé à Cléopâtre, rejoignirent Octave et son camp. Un Octave fin prêt lui aussi.

Il est vraisemblable que Delius connaissait le plan d'attaque d'Antoine et qu'il le donna à Octave.

*

Dès qu'il décida la bataille, Marc Antoine alla se présenter à la reine Cléopâtre.

— Cléopâtre, nous attaquons dès aujourd'hui. Donc c'est entendu : je t'ouvre la voie, et toi alors — j'ai vu que tes voiles étaient prêtes — tu t'élances vers l'Égypte, moi vers l'Italie.

Là sa voix se casse — « Elle ne va pas me croire ». Au moment de la bataille, il ne veut pas partir « fâché », comme il dit.

Tu es fâchée ? Toujours fâchée ?

— Non, mon petit ! (Elle sourit même.) Je ne suis pas fâchée, et une reine n'a pas à être fâchée !

— Dès que je suis en Italie, je...

— Tais-toi, Marc Antoine. (Elle ne veut pas encore une fois entendre une promesse qu'il ne tiendra pas.) Tais-toi, Marc Antoine, et que le meilleur gagne.

Et soudain elle se sauve, elle court. La fatigue, la maladie, les coups reçus l'ont épuisée. Elle allait sangloter comme une femme vaincue ! Elle se cache.

Lui, à pas lents, retourne vers ses soldats. « Je ne lui ai pas vraiment dit au revoir. » Mais ses hommes, ceux qui resteront sur les rives pour combattre de là, applaudissent sur son passage. « Bravo, Marc Antoine, enfin nous allons nous battre. » Il se redresse, salue, embrasse des hommes. « Ah ! elle va voir, la petite reine, la belle bataille que ça va être ! Elle va voir si je ne vais pas lui gagner son trône d'Italie !... »

**

C'est peu après dix heures que les superbes mastodontes de Marc Antoine commencèrent à bouger et à prendre leur place dans le détroit. Octave, qui savait que là les autres dominaient par leur nombre et par leur masse, s'était disposé en trois ailes, mais loin en pleine mer. C'était ce sur quoi comptait Marc Antoine, sûr qu'alors ses canons et ses éperons viendraient à bout de ces fétus de paille, « de la brindille pour faire du feu » qu'était à ses yeux la flotte de son ennemi irréductible.

La mise en place fut si lente que Cléopâtre, qui avait couru en haut du promontoire, le nez chaussé cette fois de ses petites loupes taillées et cerclées d'or, n'arrivait d'abord pas à comprendre si c'étaient les séquelles de la tempête qui faisaient trembler les bateaux ou si la marche était commencée. Mais non, ils bougeaient vraiment. Que ces bateaux étaient beaux ! Et celui de Marc Antoine, donc !

Tendue, elle a oublié ses déboires de femme. Elle ne pense plus qu'à la bataille. « Il va gagner, il va gagner, c'est sûr ; il est le plus fort, c'est évident. »

« Il est le plus fort, c'est évident... », mais, depuis deux heures déjà qu'elle regarde, un doute, un humble doute l'étreint. Il est le plus fort, mais, mille putains de sabord, il est trop fort, il est trop gros. Et l'évidence de ce que la bataille va être lui apparaît, inéluctable, alors que lui, en mer, ne peut pas le voir.

Ses quelque cinq cents bateaux, tous longs de cent à cent vingt mètres, sont bien là, en trois fronts, et ils avancent, beaux, invincibles, mais ils sont si lourds, si larges qu'ils ne peuvent pas, en si peu de distance, prendre de la vitesse, pour venir éperonner, écraser les fétus d'Octave. Inutiles, ces éperons, ces rostres, ces boutres métalliques. Il y a pire : ses bateaux sont si chargés que les mille rameurs qui sont sur le pont supérieur sont gênés dans leurs mouvements, si chargés et si mal chargés qu'elle en voit déjà qui prennent de la gîte, oscillent, tremblent. D'ailleurs des hommes jettent des canons, des chevaux, des colis par-dessus bord... Elle voit des hommes courir en désordre, en désordre sur un bateau ! Il y a pire encore. Pour que les rames puissent avoir leur totale amplitude, il faut qu'il y ait un espace entre chaque mastodonte, cette muraille mouvante doit laisser des espaces entre ses bateaux. Et, horreur, les barques d'Octave qui avaient fait mine de reculer en haute mer reviennent, moucherons insistants, insinuants, et elles sont trois ou quatre à pouvoir se glisser entre chaque colossal bateau construit par Cléopâtre pour cette ultime bataille !

Horrifiée, elle est horrifiée, la reine Cléopâtre. « J'ai fait construire des bateaux obèses, imbougeables. Ce n'est pas Octave qui m'a vaincue, c'est mon orgueil, ma mégalomanie. Mon obsession à vaincre cette chiure de mouche m'a fait confondre grandeur et démence. Mes ingénieurs ont bien essayé de me le dire, mais je les ai fait taire, bien sûr. Une Huile, Œuf et Fromage, une H.O.F., voilà décidément ce que je suis. Mes compliments, Cléopâtre de mes deux ! J'ai commis la même erreur que celle dont je voulais protéger Antoine contre les Parthes... »

En effet, maintenant, les hommes d'Octave harcèlent les mastodontes qui, une fois en ligne, une trajectoire prise, doivent s'y tenir, harcèlent et tournent autour, lançant contre eux des lances, des javelines, des perches, des quenouilles en flammes qui, propulsées au creux des fourrages engrangés sur les ponts, commencent à flamber. Les hommes d'Antoine se servent bien de catapultes du haut de leurs tourelles de bois. Mais les autres sont si mobiles que le temps que le boulet arrive, le plus souvent le bateau a viré. Et ses hommes sur la rive ? Les flancs des bateaux de Marc Antoine leur cachent les petits bateaux d'Octave qui ont resserré leur attaque au milieu de la ligne dressée par les bateaux d'Antoine. Inutiles, les hommes en armes sur les berges, ils ne peuvent que regarder. Inutiles.

« Il faut, il faut que je l'aide. » Elle court, Cléopâtre, elle a tout oublié de leurs dernières scènes. Il faut (ses bateaux à elle sont étroits, rapides et ont des voiles que les Romains n'ont pas), il faut qu'elle crée une diversion, qu'elle se lance dans la mêlée... Elle court, trébuche ; ses lunettes tombent, elle marche dessus. Brisées. Tant pis. Courir, courir...

La bataille était engagée depuis quatre heures lorsqu'elle s'y lança à son tour... Il fallait qu'elle se faufile entre les mastodontes d'Antoine, car ils avaient avancé bien moins vite que prévu, et les premiers n'étaient pas encore très loin en haute mer, sans compter ceux qui flambaient déjà et obstruaient le chenal.

« Il faut se créer une trouée, sinon nous allons être pris comme des rats dans cette cuvette croupie. »

Et le vent qui attise les incendies, le vent qui d'habitude ne se lève que vers les quatre heures, est en avance, il est à peine plus de midi et il est déjà là présent, insistant, régulier, teigneux.

« Je le connais, ce petit vent-là, il rase les flots, n'élève pas de tourbillons, mais il est redoutable, il casse les bras des hommes. »

Mais elle, elle a des petites voiles carrées qui, mises à l'avant, aiment bien ce petit vent-là. Elle fait hisser — folie dangereuse, mais elle n'en est plus là — elle fait hisser les voiles avant même que ses bateaux ne soient vraiment engagés dans le courant. Elle en perdra ainsi une vingtaine, qu'importe ! il faut aller harceler les bateaux d'Octave, que ceux d'Antoine puissent arriver au grand large, s'y déployer enfin et jouer de leurs forces, inutilisables là où ils sont.

Sans cesse elle se fait donner la position d'Antoine. Elle voit mal, a beau plisser ses yeux, mettre sa main en avant : si elle perd un instant de vue la masse du bateau de Marc Antoine, elle ne peut plus le reconnaître ni le suivre au moins des yeux...

Elle passe et a le temps de voir des bateaux, ses bateaux, éventrés. Les hommes se battent au corps à corps au milieu des canons renversés. La bataille n'est plus vraiment navale, elle ne l'a même jamais été. Il lui faut louvoyer entre les épaves en feu. Sa flotte met à mal quelques bateaux d'Octave, mais le vent est si fort que ses bateaux maintenant filent, rapides, acérés. Elle se retourne :

— Où est le bateau de Marc Antoine ? Mais, bon Dieu, répondez-moi ! je vous pose une question : où est le bateau du général ?

Elle ne voit rien tant il y a de fumée et de flammes maintenant.

— Majesté, Majesté ! Il y a un moment que nous ne voyons plus son bateau, peut-être est-il à l'arrière en train de se battre ? Ou de sauver des hommes ?

— Et Octave ? Le bateau d'Octave ?

Elle est là à la proue, comme une aveugle obligée qu'on lui raconte la bataille. C'est intolérable.

— Majesté, Majesté ! Octave semble vouloir faire demi-tour, il se réenfonce dans les terres...

« Il va aller porter l'estocade à Marc Antoine, qui doit être en train de sauver ce qu'il peut de ses hommes. » Alors, sans plus réfléchir, elle ordonne :

— Que mes autres bateaux baissent les voiles, moi seule continuerai. Musiciens, jouez du plus fort que vous pouvez, qu'Octave voie et entende que je file.

Elle rit, elle court : « Il ne va pas pouvoir se retenir... » Elle a raison, dès qu'Octave l'entend et la voit filer, il abandonne son demi-tour et se lance à sa poursuite ! Il la veut prisonnière.

— Ah ! non ! Elle ne va pas s'en tirer comme cela.

Elle est calme, déterminée. « Si Marc Antoine est encore vivant, il saura que j'ai accompli le plan que nous nous étions fixé, et s'il est mort — ce que je crains —, il faut, avant de me tuer — pas question qu'Octave pose ses pattes sur moi et me traîne enchaînée à Rome — il faut que je cache mes petits, mes petits. »

Marc Antoine était bien occupé à essayer de

sauver ce qui était sauvable quand un de ses généraux cria :

— Regarde, Marc Antoine, ta reine, ta grande reine, nous laisse tomber, elle s'enfuit. Et elle est passée, elle ! Elle n'est pas sur un bateau de plomb comme nous.

« Elle est partie, elle m'a laissé. » Et pas un instant Marc Antoine ne pense à leur ancien plan de bataille... Il n'est plus qu'un homme trahi, abandonné, et coupable, misérable, misérable loque : « C'est ma faute, c'est moi qui lui ai dit de rentrer en Égypte. C'est moi qui lui ai interdit de venir à Rome. C'est moi qui lui ai dit de partir dès que la trouée serait faite. » Et ce bateau aux voiles rouges gonflées, poussé par un vent arrière, qui file, splendide, l'emmenant, elle. Elle, atrocement indispensable. Le manque d'elle lui est alors si intolérable à lui, général vaincu, qu'il arrache sa cuirasse et saute dans une mince galère à quatre rangs ! Lui parler encore une fois, lui demander pardon. De toute façon, ici, tout est perdu...

Mais, durant ce temps, Octave s'est ressaisi. « Faire prisonnière Cléopâtre ? Il sera toujours temps d'aller la cueillir, elle et les trésors qui lui restent là-bas, après. D'abord en finir avec ce ventre mou de Marc Antoine. » Alors il ordonne encore une manœuvre contraire à son bateau.

— Droit sur Marc Antoine !

Lorsqu'il arrive près du bateau de son ennemi, le bateau est intact, immobile, des milliers d'hommes couchés sur les ponts pleurent.

« Marc Antoine est parti, le lâche ! l'ordure ! murmure Octave, et de plus il va se suicider, me priver de l'honneur de le tuer ! Non, je n'aurais pas trempé ma dague dans le ventre d'un tel lâche ! » Désarçonné, il l'est, Octave, incapable de comprendre un tel comportement, d'autant plus que les boulets lancés par les hommes de Marc Antoine ont quand même envoyé par le fond la plupart des plus gros bateaux d'Octave. Et autant sa petite flottille a eu un rôle déterminant à l'aube de la bataille, autant maintenant dans les hautes mers et avec la tempête qui est là, sérieuse, grosse, il lui aurait fallu des plus gros tonnages. « Le con ! le con ! C'est maintenant qu'il allait gagner. »

*
**

La nuit est presque tombée... Depuis un moment, l'officier de garde du bateau de Cléopâtre entend le bruit d'une autre galère rapide... Ils sont poursuivis... Il se prépare à faire donner les archers quand il entend la voix de Marc Antoine appeler Cléopâtre.

Cléopâtre se terre dans sa chambre, accroupie dans le coin le plus sombre, les mains écrasées contre ses oreilles : elle ne veut pas entendre ce que l'on est venu lui dire. « Marc Antoine est là, il a abandonné la bataille. »

— Majesté, il demande à monter sur le pont et à vous parler.

Elle fait signe qu'il peut monter, mais que non, il ne vienne pas jusqu'à elle.

« Cléo, ma Cléo », elle chante, oui, elle chante tandis qu'elle balance son corps d'avant en arrière, inlassable comme elle le faisait enfant, enfant jamais prise dans des bras. Elle se berce et se chante : « Cléo, ma Cléo, tout est perdu, tout est fini pour toi... Et lui, lui est un lâche, un pauvre lâche qui a abandonné ses hommes. Sauver, cacher les enfants. Puis mourir en reine... »

Marc Antoine est assis à l'arrière du bateau. De loin, les yeux noyés de larmes, il voit la mer en feu...

« Une épicière en gros, une matrone enrichie, j'ai cru que l'argent pouvait tout, que l'argent achetait tout. L'argent suprême... J'ai cessé de penser, cessé de comprendre, obnubilée : acheter, acheter... Une fois déjà, d'un grand homme usé par l'âge, j'ai voulu le pousser, le faire roi. Et à nouveau, d'un grand enfant à vie j'ai voulu faire un grand stratège. »

Aveuglée, tout pour Césarion. « Mais était-ce seulement vraiment pour Césarion ou pour le plaisir de dominer, oui, avec mon argent ? "On ne fait pas d'une bique un cheval de course", répétait Nounou. Moi, j'ai cru que je pouvais. Ne m'en prendre qu'à moi... Je ne dois m'en prendre qu'à moi. Qu'au moins je sache redevenir une mère et les protéger, mes petits, et les cacher dans des terriers, qu'ils y grandissent, à l'abri. Ne plus jamais lui en vouloir. C'est trop facile. C'est moi, moi seule la coupable : lui que je traite de bique, et qui n'en est pas une. On ne se glisse pas dans la peau d'un autre. On ne commande pas à deux. Je n'avais qu'à lever, moi, des armées, en prendre la tête. Deux fois j'ai voulu me servir d'un Romain pour vaincre des Romains. C'est ma faute, ma faille. C'est moi la bique ! La vieille bique au pis sec, qui, occupée à gagner, gagner, n'a plus même protégé, gardé une prairie verte pour ses petits. César, j'ai voulu te faire chausser mes cothurnes, et toi, Marc Antoine, j'ai voulu aussi te faire entrer dedans. »

Alors à l'instant elle est submergée par une pitié qui l'ouvre, éperdue, bouleversée de pitié pour Marc Antoine : cet homme écroulé, la tête repliée, assis là à l'arrière de son bateau. Aussi bouleversée de pitié qu'elle l'avait été de désir-amour pour lui. Et c'est un sentiment, une sensation aussi intense, aussi démesurée qu'avait été autrefois son désir pour lui. Qu'il vienne ! « Que Marc Antoine vienne près de moi. »

Éperdu, il se jette à ses pieds.

— Méchante, méchante, pourquoi es-tu partie ?

— Mon Dieu, quel enfant, quel pauvre enfant ! Je savais qu'il allait me dire « méchante, méchante ». Il l'a dit, voilà. Mais notre plan, Antoine, la diversion...

— J'ai cru... j'ai cru...

Il sanglote tant qu'il ne peut pas parler.

« C'est à cause de moi qu'il s'est enfui ? Alors je suis, aussi, responsable de ce désastre ? Il n'a pas compris ma manœuvre ? »

Il veut encore parler :

— Tu sais, je ne pouvais plus, toi partie, rester au combat. L'âme d'un amour vit dans le corps de l'autre. Et toi tu étais partie avec mon âme, alors... Alors il m'a fallu te suivre.

Elle sursaute, elle connaît ces mots. Qui, qui les a déjà dits ? Mais elle, bien sûr, Cléopâtre, quand César est mort ! « Tu as emporté mon âme. » Quelle horrible répétition !

Et pourtant, même si elle est toujours horrifiée, elle ressent comme une détente en elle. Certes, tout est perdu : il a perdu, elle a perdu, mais ensemble !

Et elle pleure et elle rit, tandis qu'elle demande qu'on le lave — il est noir de suie. « Il ne m'a pas trahie, il ne m'a pas trahie... » La reine est vaincue, mais pas la femme. « Moi qui disais qu'il ne m'avait jamais aimée ! Il m'aime plus que je ne l'ai jamais aimé. Jamais, jamais je n'aurais abandonné une bataille pour lui. »

— Ô mon pauvre petit (horrifiée de ce gâchis irrémédiable, calme devant la mort qu'elle envisage pour eux deux, elle le berce, le cajole, le coiffe), mon pauvre petit... (tandis qu'elle pense : « Je suis la plus grande coupable des deux... C'est moi qui ai mis l'avenir de Césarion — peu importe le mien — entre les mains d'un adulte attardé, d'un innocent »).

Bouleversée, maternelle, elle blottit sa tête entre ses seins et murmure :

— Me voilà maintenant avec cinq enfants. Que de soucis !

Et elle chantonne, folle un instant : « Que de soucis, que de soucis », jusqu'à ce qu'il s'endorme.

Alors elle l'allonge, le couvre et lui murmure encore :

— Si tu veux, nous mourrons ensemble. Mais moi j'ai encore à faire, toi tu as fini. Comme tu as de la chance...

En effet, elle est sûre que Marc Antoine va respecter le code d'honneur et se tuer. Il n'a plus aucune autre issue. Aucune.

Finir de vivre ensemble lui paraît logique, doux même, puisque le temps, pour lui et pour elle, du héros triomphant est fini, bien fini, et que, inéluctable, la défaite est là.

« Je le tuerai, il me tuera ; ensemble, chacun sera le bourreau de l'autre. Ça, au moins, nous pouvons encore nous le donner ! Tu verras, mon Antoine, nous en ferons une fête sublime, et échapperons à Octave. Ça, c'est encore en notre pouvoir. Dors, dors, mon chéri, dors, mon petit. Si las. » Et toute la nuit elle garde sa tête sur ses genoux, seule avec le bruit des rames qui s'enfoncent et ressortent des vagues, inlassables, et le bruit que fait l'étrave en ouvrant les eaux.

Seule. Les hommes sont muets. Toute la nuit, elle prépare la fuite de ses enfants...

Césarion, avec l'or qui lui reste — comme c'est peu, elle a si honte de tous ses gaspillages passés ! —

partira avec son précepteur, deux généraux et la petite Circassienne — qu'il y ait une femme près de lui — partira caché dans une caravane vers l'Inde. Il a plus de quinze ans, lui, il saura revenir le moment venu. Sa tête lasse, perdue, mélange des mots, des images. Collier cassé et, dans le même instant, elle se dit que non : aucune fuite n'est sûre ; Octave saura le retrouver partout et alors il l'assassinera après l'avoir humilié... Peut-être, peut-être va-t-il lui falloir, elle, tuer Césarion de ses propres mains ? Serrer un fil d'or autour de son cou ? Tandis qu'il dormira... « Moi, reine et fille, et petite-fille, et arrière-petite-fille d'assassins, je dois pouvoir le faire. Réussir au moins ça... dans mon chef-d'œuvre de loupures. »

Tandis qu'elle se murmure ces mots atroces, d'autres se bousculent aussi fort à la porte de ses lèvres : « Et si, même chevrier, il vivait ? Oui, qu'il vive ! Que la pluie et le soleil viennent caresser sa peau et qu'il écrase encore des abricots trop mûrs contre sa bouche pour la parfumer ! Il a de si belles dents... » Elle sourit tandis qu'elle berce — qui croit-elle bercer ? — Marc Antoine. « Oui, que le soleil lui tanne la peau, et qu'il ose le fixer de face et longtemps... Et que son sexe se dresse lorsqu'il sortira nu de la mer. Prêt à aimer. Qu'il vive, lui... »

Il est décidément des rêves trop grands pour ce monde.

« Alexandre en est mort, César, et maintenant nous, nous allons... (elle regarde l'homme endormi, calme enfin...) donner notre fête de départ à Alexandrie. Mais que lui, le petit, lui que j'ai dressé à être roi, oublie tout cela... et moi, idiote, qui le punissais parfois, irritée, quand il disait enfant : "Quand je sera grand, je sera cuisinier, pour manger rien que ça que j'aime !" Des rêves trop grands pour l'humain... » et dans le même instant, visage tendu, yeux plissés, elle fixe au loin une image : Césarion à la tête d'une armée, qui entre dans Rome, et Octave traîné derrière son char !

« Insatiable, incurable Cléopâtre, quand accepteras-tu ta vraie histoire ? que c'est fini, fini ? »

Et les trois autres ? Les trois autres si petits encore... mais eux, au moins, elle ne les a pas dressés à être des Alexandre... Où les cacher ? « Je sais, je sais. Je vais les envoyer chez Octavie, la femme de Marc Antoine. Tout mon corps, tout mon sexe me dit que je fais le bon choix. Cette femme n'a jamais, jamais été petite. Ça m'a même assez dérangée ! J'aurais tant voulu pouvoir la mépriser ! Oui. » Elle fait signe à une de ses femmes :

— Écris : *Madame, je vous donne mes trois enfants, les trois enfants que j'ai eus de Marc Antoine, parce que je sais que vous, vous les aiderez à vivre. J'allais faire écrire : « Je vous demande pardon », mais ne le peux. Ce que j'ai fait, il le fallait, et vous le savez bien aussi...*

Elle s'arrête un instant de dicter. Ainsi elle ne lui demandera pas pardon ? Toujours au-dessus des lois, Cléopâtre ? Et l'autre, Octavie la douce humaine, elle comprendra encore cela ? Oui, encore cela !

Et elle signe simplement *Cléopâtre*.

« Mais lui, là, qui dort enfin, je ne lui demande rien ? Ce sont ses enfants aussi ! Césarion n'est qu'à moi, mais les trois autres ? » Et, un peu confuse, enfin elle déchire la lettre.

Toutes ses pensées, ses rêves, ses projets vont à nouveau vers Césarion. Tout va aller si vite maintenant ! Organiser la fuite des enfants et mourir avant qu'Octave ne mette la main sur eux. Mais, avant, donner un ordre à la Circassienne : « Qu'elle lui apprenne, à Césarion, à me haïr si mon souvenir l'englue par trop, et surtout, surtout, qu'il n'éprouve jamais pour moi une douce, une lasse pitié filiale ; je ne le tolérerai pas, même morte. » Là, elle sourit d'elle-même enfin ! « Même morte je déciderai ! Quand cesseras-tu, femme qui brilles par ton incompétence à gagner les batailles et à gérer la vie des tiens, quand cesseras-tu de vouloir aussi changer les sentiments des humains même morte ! IM.BÉ.CI.LE, tu ferais mieux de dormir ! »

Mais elle ne dormit pas un instant cette nuit-là.

Au matin, Marc Antoine, voûté, vieilli, l'œil terne, se traîna jusqu'à l'arrière du bateau, et là resta des jours. Muet. Simplement, doucement, il avait dit : « Laisse-moi, laissez-moi. » Prostré. Vaincu. Il fallait presque de force le nourrir.

Au bout de près d'une semaine de navigation, ils approchèrent des côtes de l'Égypte et longèrent un minuscule promontoire de roches noires sur lequel avaient réussi à pousser deux pauvres palmiers rabougris, affolés de sécheresse et de vent. Accrochées à quelles terres ? apparaissaient trois ou quatre huttes de pisé : Paretonium, un camp romain. Le plus reculé, le plus petit qui existât... Marc Antoine fit un geste de la main, se dressa et dit :

— Je veux descendre. Vivre ici...

Vivre là ? Ainsi il n'envisageait pas d'obéir au code du vaincu ? Code évident pour Cléopâtre. Il disait qu'il voulait vivre ? Elle demanda autour d'elle, bien qu'elle ait parfaitement entendu :

— Qu'est-ce qu'il a dit ?

« Alors, même sa mort, il va la louper ? »

Pourtant elle fit signe que l'on s'arrête, qu'une barque le fasse accoster, plus, qu'on lui donne des vivres, et même quelques hommes, une mini-garde.

— J'ai besoin de me retrouver seul...

« Peut-être veut-il mourir seul ? Eh bien, nous n'aurons pas bien vécu ensemble — tu te mens, Cléopâtre, c'est lui, lui seul durant au moins un an, qui t'a rendue heureuse — et nous ne mourrons pas non plus ensemble. Mais cela n'a plus aucune importance. » Elle se sent même presque soulagée, elle sera plus libre pour faire ce qui lui reste à faire...

Et tandis qu'elle avance vers sa capitale, qu'elle commence à reconnaître les odeurs, les parfums, les couleurs des roches, elle se sent mieux. Certes tout est perdu, fini, mais il y a la manière de perdre. Et elle va encore donner du fil à retordre à Octave avant de lui tirer sa révérence ! Et Césarion, Césarion ? Plutôt que de le faire s'enfuir comme un paria, comme un lépreux, elle a peut-être encore le temps de lui reconstituer une flotte avant qu'Octave n'arrive ? Mais d'abord entrer en reine à Alexandrie. Et, comme à Actium, elle prie sa flotte de ralentir, que son navire entre le premier. Triomphant ! Il sera toujours temps que son peuple apprenne la déroute après. Ses musiciens revêtus de leurs plus beaux costumes jouent des airs joyeux que le vent porte jusque dans les rues d'Alexandrie tandis qu'elle s'approche.

« La reine revient, la reine revient. »

Habillée encore une fois en déesse d'Isis, assise sur son trône d'or, elle se fait conduire à son palais. Orgueil dément ? Non, courage surhumain. A peine arrivée, elle convoque ses ministres.

— Écoutez-moi, je ne le dirai qu'une fois, tous les

bateaux qui nous restent vont traverser le désert entre la Méditerranée et la mer Rouge, qu'ainsi Césarion dispose d'une flotte là-bas pour revenir conquérir le royaume que je lui ai perdu ! Oui, moi, reine d'Égypte, j'ai perdu le royaume de mon fils, mais vous, toi, toi aussi, non, pas toi, et encore toi, vous partirez en Inde pour entourer Césarion et plus tard vous reviendrez reconquérir l'Égypte. N'est-ce pas ?

Tous l'ovationnèrent, et jurèrent qu'ils suivraient Césarion. Tandis qu'ils s'éloignaient à reculons, soumis encore une fois : « Combien me mentent ? » Elle n'a plus le temps de se le demander vraiment. Elle veut voir ses enfants, leur parler. Et les trois plus jeunes ? Il faut qu'elle redicte cette lettre déchirée. Elle n'en a pas parlé avec Marc Antoine, mais son corps est si calme, si serein depuis qu'elle a pris cette décision... — c'est qu'elle est la bonne. L'unique.

Les voir encore une fois, rire avec eux. Se soûler de leur odeur, les toucher, encore une fois, avant qu'ils ne partent tous, dès demain.

Et ils partirent dès le lendemain. Les trois plus jeunes vers Rome, les plaçant ainsi, démoniaquement, sous la garde de la République de Rome. Et Césarion vers un lieu secret avant qu'il rejoigne la caravane de marchands, tous achetés, pour qu'elle l'achemine, lui et ses hommes, jusqu'en Inde. Elle cherche, fouille, fait argent de tout ce qu'elle peut : que les hommes prévus auprès de Césarion ne l'abandonnent pas, ne le trahissent pas, enfin pas trop vite : qu'il ait au moins le temps d'arriver dans son abri lointain.

Les nouvelles étaient épouvantables, tous les Romains amis de Marc Antoine se rendaient à Octave. Tous les rois amis de Cléopâtre faisaient acte d'obédience envers Octave. Octave retourné à Rome se faire ovationner — ce qui laissait quelques semaines à la reine avant de s'en aller, elle aussi, définitivement.

Elle était sans nouvelles de Marc Antoine. Elle l'avait oublié. Puis on lui annonça qu'il arrivait en vue d'Alexandrie et demandait à sa femme de le recevoir.

— Qu'il vienne.

Elle ne se sentait pas le droit de le chasser... Elle avait dépassé tout reproche.

Elle ne pensait qu'à Césarion, Césarion, qu'il était beau dans son armure ! Un Jules César, en jeune, comme elle ne l'avait jamais connu.

Quand il était venu la saluer, lui dire adieu, ses genoux avaient plié. Elle s'était agenouillée et lui avait baisé les pieds. « Pardon, je te demande pardon, Césarion, je n'ai pas su te garder ton dû. » L'adolescent s'était incliné, l'avait relevée et lui avait murmuré : « Je regagnerai tout, madame », alors qu'il savait, lui, jeune, et ignorant certes, alors qu'il savait que tout était perdu. Il tenait dans sa main le petit morceau de corail rond qu'elle lui avait rapporté un jour de la plage. Un jour où, il s'en souvenait, il avait fait une énorme colère, une de ses crises de jalousie. « Pour toi, maman », et il avait souri. C'était le même, absolument le même sourire que son père.

Puis il la salua de son casque, en fit bouger les plumes bleues et blanches et disparut, vite ; qu'elle ne voie pas ses yeux pleins de larmes. Elle se serait encore crue obligée de le morigéner et il voulait garder pour lui le visage qu'elle avait là, tout menu, tout tiré, si griffé déjà : « Pas son visage de reine. »

... Avant que Lune ne parte à jamais, elle avait longuement caressé son petit bras abîmé et Lune, fière, avait serré dans sa main un gros caillou, enfin un presque gros caillou... « Tu vois, ça va mieux. Tu peux. Bien, ça, bien, ça. » Mais elle dut s'enfuir, que les trois plus petits ne la voient pas hurlante de désespoir. « Mais qui t'a donné cet orgueil dément ? Inhumain ? Pourquoi ne pleurerais-tu pas enfin devant tes enfants ? »

Ses quatre enfants partis, elle pria Marc Antoine d'aller vivre seul dans une des maisons des enfants reculée dans le parc. Depuis qu'il était revenu, il restait des heures sur la terrasse du palais à la regarder — buvant à nouveau — à la regarder convoquer ses prêtres, armer les hommes qui lui restaient : essayer de faire encore construire des bateaux, niant ainsi qu'elle n'en avait plus le temps, et il ricanait, Marc Antoine.

— De toute façon, tu vas tout te faire prendre ! Tu ferais mieux d'essayer de t'entendre avec Octave. Tu as déjà possédé deux Romains, tu as plus d'un tour dans ton sac ; tu auras bien le troisième.

— Ne deviens pas plus petit que tu n'es, Marc Antoine !

Il était si malheureux, si amer, si perdu qu'il n'avait plus pour survivre qu'à faire mal à la seule personne qui lui restât fidèle : elle.

Cléopâtre était ulcérée à nouveau : Marc Antoine avait demandé à Octave la permission de vivre dorénavant comme un anonyme — persuadé qu'il

261

allait devenir un anachorète ; des heures durant il ratiocinait, sûr d'être un grand philosophe.

Cléopâtre reculait à sa vue. Demander la permission de vivre à Octave. Oui, il avait fait cela. Il avait osé aller jusque-là.

*
**

... Ses bateaux, à dos d'homme, étaient presque arrivés sur la mer Rouge, que des Arabes venus de Nabatée les brûlèrent ainsi que ceux mis en chantier dans le port...

*
**

Les émissaires qu'elle avait envoyés chez quelques rois voisins pour leur acheter une alliance avec Césarion ne revenaient pas. Assassinés sûrement.

*
**

Elle restait des heures pieds nus sur la plage... et ramassait, là où le vent les déposait en une longue vague rose, des morceaux de corail. Et puis accroupie, la tête entre les genoux, yeux fermés, elle parlait, parlait, à Jules César...

« Jules, il faut que tu saches : j'ai tout perdu. Ton fils, ton fils sera peut-être chamelier... au mieux ! »

Un jour où il y avait eu tempête, elle avait trouvé une belle nacre rejetée par la mer, et de son arrondi avait réécrit mot après mot le testament de Jules César. Puis à voix haute, lentement, calmement, comme une enfant appliquée, elle avait lu les mots tracés sur le sable comme si c'était la première fois qu'elle les lisait. Mais comment ? Et elle rit, comme elle rit, Cléopâtre ! Elle pleure, en suffoque : mais comment a-t-elle pu croire à une trahison ? La ruse est là, écrite : ÉVIDENTE. D'ailleurs ceux qui voulaient sa mort, à César, eux ne s'y sont pas trompés un instant, puisque c'est au reçu de ce testament qu'ils ont précipité l'assassinat, sûrs, eux, que ce testament les protégeait, elle et son fils ! Et lui qui courait vers elle et Césarion ! Encore une fois, sa colère, sa peur d'être trahie lui avaient fait croire qu'elle l'était.

Elle s'est arrêtée de rire aussi net que l'éclat a été spontané, violent : « Arrête, arrête, ma vieille Cléopâtre, comme si tu ne savais pas que l'amour, ce que les humains appellent l'amour, n'est qu'affaire d'imagination ! Alors ces mots, cette lettre, quand ça t'arrange, ils te crachent à la figure la trahison de César, et quand ça t'arrange encore, ils te chantent l'amour de César ! Et César, tu l'aimes, tu l'as aimé. Ton imagination l'a souvent cru en tout cas ! Alors aujourd'hui il faut qu'il t'ait aimée aussi. Qu'au moins un amour, tu ne l'aies pas loupé, ma grosse ! Eh oui, ma grosse ! Sinon pourquoi serrerais-tu tes hanches dans ces bandelettes rigides si tes chairs n'étaient pas en train de s'étaler autour de toi comme une vieille méduse échouée sur la plage : corolle aplatie ! Hein ? Tu te tais !

» Et en plus j'ai le mauvais œil. C'est vrai que je devrais charmer Octave. Avec moi pour compagne, il lui arriverait malheur, et vite ! »

**

Elle aurait pu s'enfuir. Tenter de rejoindre Césarion, caché, bien caché.

Elle aurait pu. Elle n'y pensa jamais.

*
**

Marc Antoine s'endort par trop d'ennui en s'écoutant philosopher, aussi il recommence à boire et à inventer ce qu'il croit être encore des fêtes dans le palais de Cléopâtre, des fêtes où il habille les valets d'habits de ministres ou de prêtres.

Il invente, perdu, grotesque, pathétique, des cérémonies dérisoires auxquelles la reine n'assiste pas.

En proie, plus que jamais, à cette fatalité qu'il porte au plus profond de lui et qui lui fait sans cesse abandonner, laisser échapper, perdre les grandes choses qu'il est en train de réaliser pour se vautrer dans l'immédiat de ce qu'il s'obstine à appeler des plaisirs et des voluptés dont il ressort encore plus amer, encore plus perdu...

*
**

Les enfants, au loin, à jamais.

Cléopâtre est calme, plus que calme. Détachée. Inhabitée. Elle donne, distribue sa vaisselle d'or, ses bijoux, ses meubles à ceux qui sont restés près d'elle. Césarion est parti avec les plus importants, cachés dans ses bagages.

Son palais s'est bien vidé. Chaque matin il manque des ministres, des prêtres, des notables, des proches. « Ne pas être près d'elle quand Octave arrivera. Ne pas être fait prisonnier avec la reine. » Se cacher, se terrer, et, le moment venu, réapparaître, faire allégeance, et surtout, surtout, pouvoir prouver qu'on l'a trahie : elle, la vaincue.

Du jour où elle a dit adieu à Césarion, la reine n'a plus dormi dans son palais mais dans son tombeau. Elle avait ordonné, il y a quelques années déjà, qu'un mausolée de marbre rose soit construit pour recevoir sa dépouille. C'est après la défaite de Marc Antoine contre les Parthes qu'elle a fait doubler les équipes de marbriers et d'ébénistes : que sa dernière demeure, haute de plus de soixante mètres, soit vite achevée. On y entre par une gigantesque porte faite en bois de cèdre. Là, au milieu d'une immense salle vide, son cercueil d'albâtre translucide est posé sur un catafalque d'ébène et d'or. Par de larges escaliers, toujours de marbre, on monte, trente mètres plus haut, jusqu'à un appartement. C'est là, dorénavant, que Cléopâtre se tient le plus souvent avec deux ou trois de ses servantes. Des baies elle peut voir toute sa capitale, et la mer.

Il arrivait encore que saisie de compassion, non, de pitié, elle s'inquiète de Marc Antoine, de Marc Antoine qui, pour peu qu'elle lui sourît, reprenait à l'instant vie, à la manière d'un enfant puni, qui croit que la punition vient d'être levée. Il reprenait vie, et recommençait à rêver d'un futur, envoyant des lettres à Octave : que celui-ci lui permette de vivre comme un simple citoyen, là, en Égypte. Il avait oublié ses rêves de devenir philosophe, il se rêvait pêcheur.

Lorsqu'il lui dit qu'il avait envoyé une nouvelle lettre à Octave, la honte lui monta au visage. Dressée, elle crut qu'elle allait l'assassiner de ses propres mains. Puis, cette humiliation-là aussi, elle la domina. Elle pouvait dorénavant tout surmonter. Et, comme on parle à un enfant incurablement innocent, elle lui demanda — sa voix était si lasse :

— Mais, Marc Antoine, comment peux-tu croire qu'Octave t'accordera cela ? Il va venir ici en conquérant. En conquérant romain. Tu sais encore ce que cela veut dire ? Tu l'as été, non ?

— Mais (et là il eut un de ces moments de lucidité, si rares, hélas !) nous avons encore des armes. Nous allons nous battre, Cléo ! Et d'ailleurs, cette fois, je vais le confondre en un combat singulier. En un corps à corps.

C'est vrai qu'elle pourrait mourir en se battant ? Ou essayer de traiter avec cet oxyure d'Octave, qu'il redonne l'Égypte à Césarion en échange de sa reddition totale à elle, Cléopâtre la reine ?

Bien sûr qu'elle y pensait, et souvent. Usée, mais toujours lucide, elle savait qu'elle n'avait plus d'armée capable de battre un Octave qui possédait, lui, tout. « Le voir ? lui parler ? Tenter une dernière alliance pour Césarion ? Je me mens. Il n'y a là aucune possibilité. »

Un matin, alors qu'elle sortait de son mausolée pour se rendre à son palais, portée sur son trône — elle faisait ainsi et chaque jour ce trajet pour rencontrer les ministres qui lui restaient : hier il y en avait encore deux —, un homme courut, se prosterna devant elle.

— Une lettre d'Octave, Majesté.

D'Octave qui osait lui promettre la vie, plus, qui lui promettait de lui laisser le trône d'Égypte si elle faisait assassiner Marc Antoine !

266

Une fois de plus, Octave, pour son image de « républicain », répugnait à assassiner de ses propres mains Marc Antoine, ou à le traîner à Rome en vaincu, de crainte que le peuple ne se retourne contre lui. Il n'était que de voir le culte qui entourait la mémoire de Jules César assassiné. Il n'allait pas recommencer la même colossale erreur, les Romains adoraient par trop les martyrs !

« Le lâche ! l'immonde ! Oser me demander un acte pareil ! » Elle marche, et d'une baguette d'or frappe les colonnes de son mausolée où elle est retournée s'enfermer. « L'immonde ! L'ordure ! » Certes elle a honte, plus que honte, elle se sent même déshonorée, pour lui, que Marc Antoine, vaincu, ne se soit pas donné la mort. Mais que l'autre lui demande, à elle, de faire ce qui lui revient à lui de faire ! Non, c'est trop ! Mais qui sont-ils, ces Romains ? Des palefreniers ! Et sans plus réfléchir, mais parfaitement conscient de ce qu'elle fait, de sa main écrit à Octave maître dorénavant de toutes les terres qui revenaient de droit à Césarion, à Octave dont l'arrivée dans son royaume est imminente (elle sait qu'elle n'engagera aucun combat contre lui, elle ne veut plus qu'un seul cœur égyptien cesse de battre à cause d'un Romain, ce peuple-là n'est plus digne ; qu'elle, Cléopâtre, reine d'Égypte, descendante d'Alexandre, se batte contre eux. Il est des souillures qu'aux confins de sa défaite elle a encore les moyens d'éviter), elle lui écrit en latin et en grec un bref et magnifique : *Allez vous faire foutre.*

*

L'air était étouffant à Alexandrie, ce mois de juillet de l'an 30 était par trop brûlant.

La reine a cessé de se rendre chaque matin à son

palais. Il est dorénavant vide. Parfois, le soir, avec Charmion et Iras, ses deux servantes, parfois, le soir, elle va encore vers la mer et, accroupie contre le rocher où Césarion aimait tant se cacher, elle attend l'aube, imaginant le bruit que feront les bateaux d'Octave en arrivant. Parfois aussi, du regard, elle cherche si dans l'aile du palais où vit Marc Antoine il y a de la lumière, et femme-mère il arrive même que plusieurs fois par jour elle demande :

— Est-ce que Marc Antoine se nourrit correctement ? Il faut qu'il mange ! Veilles-y, Charmion...

A la fin de juillet, les bateaux d'Octave arrivèrent devant les murs d'Alexandrie. Marc Antoine, une fois encore, retrouva sa lucidité et demanda audience à la reine, la pria de lui donner les troupes qui lui restaient et de réarmer encore une fois son armée. En effet, quelques milliers de soldats romains de sa garde, après la déroute d'Actium, étaient venus, désemparés, se regrouper à Alexandrie où ils vivaient pour la plupart de rapines.

« Il veut mourir en soldat, je ne peux lui refuser cela, au contraire. » Alors elle donne encore de l'or à Marc Antoine ; qu'il réarme du mieux qu'il peut ses bateaux sauvés d'Actium et réorganise une troupe de choc pour son dernier combat. Redevenu presque beau, il ne quitte plus son armure, et lui qui, hier encore, pouvait à peine marcher, tant il était embrumé de vin, a recouvré toute son agilité.

Il retrouve dans la ville les musiciens de la reine et commence une étrange fête, un étrange banquet. Toute son armée, ce qu'il en reste, avant d'engager la bataille contre les hommes d'Octave qui ne se montrent pas, festoie, danse, chante. Cléopâtre, retournée dans son mausolée, entend leurs voix ; le vent les lui apporte par goulées successives, tandis que les mouettes et les puffins, habitués à l'engourdissement d'Alexandrie, terrorisés, s'envolent.

Une volée de jeunes puffins vient se poser sur la terrasse qui court tout le long du mausolée de Cléopâtre et, inlassables, poussent leurs effroyables cris. Elle, accroupie, recroquevillée, se griffe le visage. Ce sont de véritables cris de bébés qu'on égorge. « Qu'on les tue, qu'on jette un filet plein de glu sur eux, mais que ces cris s'arrêtent ! »

Paniquée, elle est paniquée, Cléopâtre.

« Il faut faire revenir Césarion. C'est un signe, c'est lui qui crie. » C'est évident qu'elle morte Octave le retrouvera.

Il faut qu'elle le fasse retrouver, et qu'ils meurent ensemble : elle l'a envoyé à la torture en croyant lui sauver la vie.

— Iras, Iras, prends (elle va à un coffre quasi vide maintenant, si ce n'est qu'il y a là son sceptre d'or, de diamants et d'émeraudes et un petit sac de cuir). Cours, Iras, cours au-dehors de la ville, retrouve le chamelier de la caravane, donne-lui ce sceptre. Mais qu'il me ramène Césarion ! Il faut que je vive jusque-là.

Alors elle qui ne voulait rien voir de ce dernier combat — cette bataille ne la concernait plus — se dresse, court sur la terrasse, court pour voir ses bateaux s'avancer vers la haute mer, vers la flotte d'Octave. Mais soudain, en un seul élan, alors que le mur de bateaux est parfaitement réalisé, prêt à l'attaque frontale, elle voit toutes les rames de ses bateaux à cinq rangs, à quatre rangs, à deux rangs et même à un rang, toutes les rames de sa flotte se lever et faire le salut que se font les flottes amies qui se retrouvent au large. Et les autres, les rameurs d'Octave, de répondre par le même salut. C'en est fini, la flotte entière de Cléopâtre vient de se rendre à Octave. Depuis la trop longue attente de la bataille d'Actium, tous ces hommes, Romains d'Antoine, Romains d'Octave et Égyptiens mêlés, se connaissaient bien trop et puisqu'ils avaient la chance d'avoir survécu à l'attente et à l'enfer d'Actium, pourquoi s'entre-tuer encore et pour une bataille de trop ?

Charmion lui dit que seule une barque revient vers le port, et qu'à l'avant, immobile, se dresse un homme en cape rouge et or. C'est Marc Antoine. Il rentre, lui.

***

« Cette fois, le temps ne me sera pas donné d'attendre Césarion. Ça non plus, je ne l'aurai pas réussi ! »

Elle ordonne que l'on verrouille les portes de son tombeau, que l'on accumule derrière tous les objets de bois lourds que l'on puisse trouver. Elle y fait même ajouter son trône d'or et son petit char. Elle fait jurer à Charmion qu'une fois la reine morte elle jette de l'étoupe en flammes ; que tout s'embrase avant de mourir à son tour si elle le désire.

***

Marc Antoine, lorsqu'il accoste, jure, sacre, et tout le long du chemin ne cesse de maudire Cléopâtre, sûr que c'est elle qui a payé les hommes pour qu'ils ne se battent pas. A nouveau fou, et décidé à ce que la coupable soit encore cette mégère, cette vieille, cette salope au mauvais œil :

— A boire ! que l'on m'apporte à boire ! et plus vite que ça ! Personne ne m'écoute ?

*
* *

Près du lit de repos de Cléopâtre, des dizaines de gros coffres cadenassés sont empilés : le trésor de la reine ; à côté, un coffre plus petit, ouvert, lui... Elle va vers lui, s'agenouille, nue. Ses femmes l'ont lavée, coiffée. Charmion lui a même arraché un cheveu blanc que la suivante garde enroulé autour de son petit doigt. La reine revêt une étrange tunique de lin. Une tunique sale, tachée et constellée de sable qui, lorsqu'elle la soulève, tombe. De sa main, à plat, alors, elle le ramasse en un lent mouvement, puis s'en caresse le corps, et des grains de mica brillent par-ci, par-là sur elle. Elle revêt cette tunique, et sort encore du coffre un petit sac de cuir, le petit sac de cuir pendu au bout d'un collier d'or où elle a glissé, le soir de sa fuite de Rome, les éclats de la rose des sables jetée, cassée, puis ramassée bribe par bribe, plus le morceau de corail offert par Césarion. Lentement, elle l'élève au-dessus de ses yeux, le regarde doucement. Doucement, elle le fait glisser autour de son cou avec le même rituel que si elle se coiffait de sa couronne de déesse. Au fond du coffre, vide, seulement une fleur en or. Autrefois, lorsqu'on appuyait sur le déclic, des oiseaux en sortaient et chantaient. Rouillée, cassée depuis longtemps, la mécanique... Cette fleur, enfant, elle l'avait volée à son père, puis offerte à César qui aussitôt offerte l'avait oubliée. Elle l'avait déposée plusieurs fois près de lui pourtant, qu'il se souvienne. Mais non, la fleur ne lui disait rien, ne lui parlait pas ! Alors elle l'avait reprise et cachée dans ce coffre où elle rangeait ses trésors, des riens. Sa vie.

Elle s'apprête calmement à mourir. Mais un homme qui cherchait quelque chose à voler, terrorisé à l'idée de brûler avec les quelque dix femmes qui n'ont pas voulu quitter la reine, a réussi à s'enfuir avant que la porte ne soit définitivement bloquée, et il court, hagard, vers le palais en criant :

— La reine est morte.

Et le peuple, qui était resté terré depuis le matin, sort et crie et pleure :

— Notre reine est morte...

Marc Antoine qui entend la rumeur sort. « C'est Octave qui arrive ? »

— Général, la reine est morte, son mausolée est en feu...

A ces mots, Marc Antoine arrache son armure et, torse nu, se précipite vers son esclave Éros :

— Éros, tue-moi, moi qui n'ai pas su mourir avant le seul être pour lequel je tenais à vivre. Tue-moi, je te l'ai fait promettre il y a longtemps déjà. Le moment est venu, plus que venu maintenant. Va !

Et Éros, comme il l'avait promis à son maître, tira son épée et, le regardant droit dans les yeux, enfonça l'épée, mais dans son propre cœur.

Alors Antoine se pencha vers lui :

— Bien, Éros, bien ! Tu as montré à ton maître comment faire ce que tu n'avais pas le cœur de faire toi-même. Je sais, maintenant. Merci, ami...

Et, ce disant, Marc Antoine s'enfonce le fer de l'épée d'Éros dans le bas-ventre, remontant la lame le plus qu'il peut avant de s'écrouler dans une mare de sang.

Cléopâtre est prête... Elle va vers sa couche, mais au moment d'ouvrir le panier rond où demeurent ses deux amies — deux petites vipères noires —, son cerveau, trop las, trop usé, est soudain sûr d'autre chose... Avant, avant il faut empêcher Césarion de revenir ; qu'il reste au contraire caché ! Et elle supplie une des femmes de courir, il faut arrêter le caravanier.

— Mais, Majesté, comment ? Nous sommes emmurées !

Alors elle prend des draps, les arrache tous, plus les tentures murales, elle les attache, en fait une corde :

— Descends, je t'en supplie, cours !

Et la petite esclave, qui aurait tant voulu mourir avec sa maîtresse, descend, et court, court. Elle ne sait pas même très bien où.

Cléopâtre, comme si ces derniers mouvements l'avaient épuisée, sourit tristement, si tristement... Elle sait que ses ordres et ses contre-ordres ne veulent plus rien dire. *Et que les hommes, même s'ils s'ignorent — et ces deux-là ne s'ignorent pas ! — doivent se retrouver un jour, tout peut arriver à chacun d'entre eux ; ils peuvent suivre des chemins divergents, au jour dit, inexorablement, ils seront réunis dans le cercle rouge.* Elle avait dix ans lorsqu'elle avait lu — comme l'air était frais dans la grande bibliothèque d'Alexandrie ! — lorsqu'elle avait lu cette phrase de Bouddha. Dix ans lorsqu'elle avait lu ce texte pour la première fois ? Non, huit à peine... C'était au plus fort de l'été, et pour aller jusqu'à la bibliothèque elle passait sur un chemin dallé où les lézards — ils avaient si chaud ! — écartelés, comme écrasés, essayaient de trouver un peu de fraîcheur à la limite du mur qui longeait la voie. Elle avait même, comme cela, vite, tiré sur la queue d'un ou deux ; que la peau vienne sans effort. « C'est un porte-bonheur », disaient les femmes de la rue.

Au fort de l'été ? Non, sûrement pas. Les giroflées sortaient encore en touffes entre les dalles, et les bourdons... le bruit des bourdons...

La première fois qu'elle avait lu ce texte — le matin encore il y avait eu une séance de lutte avec son frère et ce jour-là elle avait, d'entrée — mais pourquoi tous ces souvenirs et cette odeur de giroflée qui recouvre tout ici ? elle sourit d'elle, Cléopâtre — elle avait ce jour-là, avec un petit bâton, joué à agrandir le lin de sa culotte de lutteur, là à l'avant, comme si elle y avait, niché, un petit sexe d'homme, pour affoler ce pauvre petit connard débile !

« I-nex-orablement », le mot l'avait pétrifiée, enchantée.

Et puis plus jamais ces mots n'étaient revenus, plus jamais elle ne les avait retrouvés. Et là revenus. *Inexorablement, ils seront réunis dans le cercle rouge...*

Du destin de Césarion elle n'était pas maîtresse, et, elle avait beau s'agiter, l'inexorable était en marche.

**
*

Des cris. Des appels. « Césarion ? » Elle se dresse.
— Majesté, on crie votre nom.
Elle se penche, elle, et ses femmes...
— Majesté, Antoine est mourant, il souffre tant ! On lui a dit que vous vous étiez tuée, alors il s'est enfoncé son épée au milieu du corps, et maintenant on a vu votre esclave courir, on sait que vous

êtes encore en vie, et il le sait, et supplie qu'on l'amène ici. Il veut mourir dans vos bras, Majesté.

— Montez-le ! Faites une civière, accrochez-la à ces draps. Vite ! Vite ! Dites-lui que je l'aime, que je suis là, que je l'attends.

Que je l'aime, que je suis là, que je l'attends... Ces mots résonnent dans sa tête. Tapent.

Elles sont trois à tirer les draps, que la civière mal attachée arrive pourtant à être hissée. Elle cogne, brinquebale. Antoine se tord de douleur, les yeux fixés sur Cléopâtre, il tend ses bras vers elle qui, muscles tendus, tire. Elle chasse les deux femmes — leurs mouvements sont trop mal coordonnés et quand une, fatiguée, relâche son effort, la civière redescend trop brutalement et alors tout le corps d'Antoine hurle.

C'est seule qu'elle le hisse et le porte sur sa couche. Évanoui.

Les secousses pour le hisser jusqu'à la terrasse, plus de soixante mètres, lui ont fait sortir les tripes par la déchirure qu'il s'est faite à l'épée. Des tripes en corolles. Irisées. Par endroits crevées. Il reprend vie pourtant. Elle s'est jetée contre lui, a arraché à ses femmes leurs robes. Il faut essayer d'arrêter ce flot de sang. « Attends, attends, tu vas voir... »

— Aide-moi, tue-moi, tu vois bien que ça aussi je l'ai loupé !

(« Oh ! non, mon petit, tu ne t'es pas loupé » — elle le chante, le psalmodie en elle — « oh ! non, tu ne t'es pas loupé, mais que ça doit te faire mal ! »)

— Ô mon petit, mon maladroit, mon tout fou... Attends, attends, ça ne sera rien, je te le promets.

Et elle lui sourit, lui sourit du mieux qu'elle sait.

— Méchante, méchante ! (Comme à Actium !) Tu ne m'as pas attendu pour mourir. J'ai cru que tu l'avais fait avant moi, sans moi.

C'était quand déjà qu'elle avait rêvé d'au moins mourir avec lui ?

— Ô mon enfant, ô mon aimé, attends, attends, n'aie pas peur, ça n'est rien.

Des mots de mère pour un enfant qui tombe...

— ... Ça n'est rien, je suis là.

Et de ses petites mains, doucement, mais fermement, elle lui rentre ses tripes percées, qu'il ne s'affole pas. La pièce sent le ventre ouvert, la pire des odeurs. Elle fait signe à ses femmes que l'on apporte des brûlots, que l'on brûle de l'encens, beaucoup d'encens, et qu'on verse sur les feux de l'huile de jasmin, leur odeur préférée.

— A boire ! A boire !...

Il délire, croit que c'est le petit soldat enfoncé dans la boue qui est là et que c'est Marc Antoine qui les lui réenfonce, ses boyaux, au plus creux de son ventre. Distinctement il dit :

— Brûlez des parfums près de lui, qu'il ne sente pas cette odeur immonde, qu'il ne sache pas qu'elle sort de lui.

Alors dans son vin Cléopâtre verse quelques gouttes d'une bouteille qu'elle avait donnée à Charmion ; qu'elle s'en serve une fois le grand feu allumé, si elle le désirait.

— Voilà, mon petit, mon grand, ça va aller maintenant. Tu vois, ça va déjà mieux. (Elle lui sourit, rayonnante, qu'il parte avec cette image d'elle.) Tu n'as presque plus mal, tu souris même, je te l'avais dit, je te l'avais promis...

Accroupie tout contre lui, sa petite tunique de lin alourdie de sang, de glaires, d'excréments, elle le serre contre ses seins tandis que d'une main elle lui caresse le visage, doucement, si doucement que la crispation atroce de son visage s'efface. Ses traits se détendent. Le liquide fait son travail. Il veut dire

quelque chose, presse sa bouche contre son oreille :
« Tu m'aimes ? » mais ça n'est plus la peine qu'elle
réponde, qu'elle mente peut-être. Peut-être pas...

Il est mort, Marc Antoine, ses fossettes au mitan
de chaque joue merveilleusement réapparues un
instant.

*
**

Des coups, des cris qu'elle n'a pas entendus
emplissent la chambre. On est en train de défoncer
la porte de son mausolée. Des Romains casqués-
bottés arrivent : Octave l'attend au palais. Elle
aurait dû prendre le poison en même temps que
lui, mais il n'en serait plus resté pour Charmion, et
elle, elle a une autre solution.

Qu'importe : rencontrer Octave, elle le peut
aussi. « Je peux tout maintenant », se murmure-
t-elle. Couverte de sang, hagarde, pieds nus, elle
suit les gardes et pénètre prisonnière, arrachée à
son tombeau et à sa mort, dans son propre palais
qui n'est plus son palais.

*
**

Octave est assis dans la grande salle d'audience
sur le trône de Cléopâtre. Mais quand il la voit,
menue, arriver, vaincue, il se lève, vient vers elle.
« Ainsi elle est là, cette chienne, cette femme qui a
failli gagner sur Rome. Mais elle est vieille déjà et
lourde. C'est ça, Cléopâtre ? »

*
**

... Elle marche, obsédée — il faut qu'elle trouve
une solution pour retourner encore une fois dans

son mausolée ; sinon elle va être jetée dans une cage et traînée à Rome — il n'est que de voir ses yeux.

On est tard déjà dans la journée, et ses mains sont pleines du sang caillé de Marc Antoine. Pourtant elle sent, elle sent Octave ! Cela a toujours été son obsession ; à Rome déjà elle disait à César : « Peux-tu me dire pourquoi ton neveu pue ? Au réveil, cet homme sent la sueur, et la pisse dès midi. » « Et là, tout mon palais sent son odeur. »

Cléopâtre s'incline. Elle le méprise, mais il a gagné, et il est des lois qu'une reine même vaincue doit respecter. Cléopâtre s'agenouille devant Octave, et alors, cet homme qui la hait plus que tout vient la relever.

« Mais, ma parole, il bande ! A moins qu'il ne se promène avec son petit goûter et qu'il ne l'ait rangé là ; mais non, il bande vraiment. Ah ! non, pas ça ! »

C'était vrai, l'excitation d'avoir vaincu à jamais cette femme, d'être dorénavant le maître de cet empire, cette excitation provoquait l'autre chez lui. César et Antoine l'avaient aimée, alors il la lui fallait, là, tout de suite !

Après, après, il serait bien temps de la traîner à Rome derrière son char.

Un instant, Cléopâtre se redresse. Et si... ? Peut-être sauverait-elle ainsi Césarion ?

Il sent qu'elle fléchit, alors il a comme un geste vers elle, avide, pressé, fixant son sexe nu sous la robe, qui apparaît en transparence...

Elle peut le regarder, bien le regarder tandis qu'il la désire, et elle pense : « C'est toi, Octave, qui seras le César de cet empire que Jules César a perdu par précipitation et Antoine par velléités successives. Tu as gagné et tu gagneras toujours, parce que toi, tu as le sang froid et que pauvre, maigre du cœur, tu n'obéis qu'à la haine. Tu ne sais rien, rien de la douceur, rien de l'horreur de l'amour. Tu as beau fixer mon sexe et bander comme il y a longtemps que cela n'a pas dû t'arriver... Rideau, Cléopâtre ! tu as trop marché contre le vent, tu n'en peux plus, reconnais-le. Tu n'as jamais rien fait que survivre sans vraiment même savoir pourquoi, pour qui. Joue-lui encore un tour à ta manière et finis-en. »

Et, majestueuse, droite — elle a l'air grande soudain —, elle murmure de sa voix de gorge faisant chanter les voyelles, appuyant sur les graves et regardant Octave aux lèvres — des ciseaux fermés, sa bouche :

— Toi, grand et unique conquérant, c'est en reine que tu me veux. Attends que je me prépare pour toi, je reviens.

Et Octave, subjugué un instant, croasse un :

— Je t'attends, fais vite.

Alors — mais elle a la force de le taire — elle sent monter jusqu'à sa bouche un « Poil à la bite ». Toujours cette manie de bousculer les mots ! De proférer des énormités lorsqu'elle est à bout, et elle l'est ! Ça, au moins, elle ne l'a pas perdu !

Elle recule et, avant de passer pour la dernière fois le seuil de son palais, dit haut et fort :

— Octave, je te fais de suite apporter les étriers de mon cheval (cheval qu'elle a fait conduire aux portes d'Alexandrie : que là, on lui lance au cul un essaim de taons pour qu'il s'emballe et s'enfonce loin de la ville ; qu'il vive, lui !... et que si un homme jamais le capture et le monte à nouveau, ça ne soit pas Octave). Et, bien sûr, mon trésor de reine. Ton dû.

— J'y compte bien, répond Octave qui commence à retrouver ses esprits.

Son cheval, elle lui donne son cheval. « Dressée, la reine ! Je l'ai matée. »

*
**

Elle court vers son mausolée, à la porte éventrée. Monte à sa chambre. Le corps de Marc Antoine a été enlevé.

— Vite, habille-moi ! Non, je ne veux pas quitter cette robe souillée. Habille-moi en déesse d'Isis par-dessus, Charmion. Dépêche-toi, le temps va nous manquer !

Avant de monter, elle a prié des gardes de venir prendre ses coffres et de les porter à Octave. Le temps qu'ils cassent les chaînes et les cadenas lui laisse une heure, une heure peut-être avant qu'ils n'ouvrent et ne trouvent que le sable qu'elle y a fait mettre.

Elle sourit, rit, la petite reine. « S'il a cru que je croyais à son désir ! — vrai au demeurant — et qu'en l'acceptant j'espérais me sauver, il saura en recevant mon présent que jamais être la conquête d'un Octave n'a été mon intention ! »

*
**

Elle a certes sa robe de déesse, mais n'a plus de couronne. Partie, la couronne, avec Césarion, et son sceptre avec lequel elle voulait pourtant mourir, parti lui aussi, que l'homme devant un tel présent coure à en mourir.

Allongée dans son cercueil d'albâtre, elle a revêtu sa perruque noire.

Alors, elle entrouvre le panier où vivent ses deux petites vipères. Ce matin encore, Charmion leur a donné des figues fraîches. Elle en saisit une, la pose au mitan, à la pliure de son bras ; elle s'y love. Calme. « Allons, fais ce que tu as à faire, et vite. » Mais, habituée à elle, à son odeur depuis si longtemps, la vipère noire ne désire pas mordre. Cléopâtre a beau presser du lait de figue, là, sur sa veine qui saille. En vain. Alors elle la frappe, excédée, et dans un réflexe de peur la bête enfonce enfin ses deux crocs en elle.

*
**

Il était temps, plus que temps. Elle partie, Octave, le désir à nouveau engourdi, s'est ressaisi. « Elle m'a menti ! Il me la faut et vivante ! » Il court vers le mausolée. Arriver avant, l'empêcher de se tuer. Il la lui faut ! Il ne trouvera le sommeil et le bonheur qu'une fois son corps traîné dans les rues de Rome, enfin crevé.

Trop tard. Elle est là, Cléopâtre. Couchée. Ses deux mains paumes à nouveau ouvertes. Calme.

Morte.

Il écume, flanque des coups de pied contre le catafalque, brandit même son épée comme pour l'en transpercer, et s'écroulent alors les dernières suivantes de la reine qu'il croyait agenouillées, en pleurs. Mortes elles aussi...

Elle lui a échappé. Elle a gagné.

*
**

« Qu'on fasse à ces deux-là, Marc Antoine et Cléopâtre, de gigantesques obsèques, de grandioses funérailles. Affirmons ainsi notre force. »

Dans un coin se tient un soldat inutile, un soldat payé par la reine, il y a des semaines de cela, pour qu'il vole son corps et l'abandonne aux oiseaux et aux bêtes sur le bord du Nil. «Qu'aucune main romaine ne me touche.» Là, elle a perdu, la petite reine. Les funérailles auront lieu, de très grandes funérailles que lui offrira Octave. «Les habitants d'Alexandrie, enchaînés, devront y assister.» Puis des bateaux emmèneront, prisonniers, les plus valides.

Déjà on tue, massacre ceux qui ont servi de près la reine.

*
* *

Octave fouille les appartements. Arrache les ors, les pierreries, fait casser, briser les colonnades d'onyx qu'il ne peut emporter. Il s'est arrêté, figé. Dans la salle d'eau, il y a, dans un coin, abandonné à même le sol, un petit tableau — un homme, une femme : Jules César et Cléopâtre — peints par un peintre de Fayoum lors de leur voyage sur le Nil.

Jules César et Cléopâtre, les deux êtres qu'il a le plus haïs et qui l'ont le plus subjugué !

Alors, après s'être assuré d'un regard que personne ne peut le voir (honteux ?), Octave prend le petit tableau et le cache sous sa toge. Tandis qu'un cri, comme sorti d'un vol de puffins affolés, ou de la gorge d'un adolescent, s'élève, long, continu, puis s'arrête net. Tranché.

Les gardes d'Octave viennent d'assassiner Césarion.

*
* *

Et c'est alors que le sable commença, lentement, de recouvrir Alexandrie.

Lentement. Inexorablement.

Littérature

Cette collection est d'abord marquée par sa diversité : classiques, grands romans contemporains ou même des livres d'auteurs réputés plus difficiles, comme Borges, Soupault, Goes. En fait, c'est tout le roman qui est proposé ici, Henri Troyat, Bernard Clavel, Guy des Cars, Alain Robbe-Grillet, mais aussi des écrivains tels que Moravia, Colleen McCullough ou Konsalik.

Les classiques tels que Stendhal, Maupassant, Flaubert, Zola, Balzac, etc. sont publiés en texte intégral au prix le plus bas de toute l'édition. Chaque volume est complété par un cahier photos illustrant la biographie de l'auteur.

ADAMS Richard	**Les garennes de Watership Down** 2078 ★★★★★★
ADLER Philippe	**C'est peut-être ça l'amour** 2284 ★★★
AMADOU Jean	**Heureux les convaincus** 2110 ★★★
ANDREWS Virginia C.	*Fleurs captives :*
	- Fleurs captives 1165 ★★★★
	- Pétales au vent 1237 ★★★★
	- Bouquet d'épines 1350 ★★★★
	- Les racines du passé 1818 ★★★★
	Ma douce Audrina 1578 ★★★★
APOLLINAIRE Guillaume	**Les onze mille verges** 704 ★
	Les exploits d'un jeune don Juan 875 ★
AUEL Jean-M.	**Les chasseurs de mammouths**
	2213 ★★★★★ & 2214 ★★★★★
AVRIL Nicole	**Monsieur de Lyon** 1049 ★★★
	La disgrâce 1344 ★★★
	Jeanne 1879 ★★★
	L'été de la Saint-Valentin 2038 ★★
	La première alliance 2168 ★★★
BACH Richard	**Jonathan Livingston le goéland** 1562 ★ illustré
	Illusions 2111 ★★
	Un pont sur l'infini 2270 ★★★★
BALTASSAT Jean-Daniel	**La falaise** 2345 ★★
BALZAC Honoré de	**Le père Goriot** 1988 ★★
BARBER Noël	**Tanamera** 1804 ★★★★ & 1805 ★★★★
BATS Joël	**Gardien de ma vie** 2238 ★★★ illustré
BAUDELAIRE Charles	**Les Fleurs du mal** 1939 ★★
BEAULIEU PRESLEY Priscillia	**Elvis et moi** 2157 ★★★★ illustré

BENZONI Juliette	*Marianne* 601 ★★★★ & 602 ★★★★	
	Un aussi long chemin 1872 ★★★★	
	Le Gerfaut :	
	- *Le Gerfaut* 2206 ★★★★★★	
	- *Un collier pour le diable* 2207 ★★★★★★	
	- *Le trésor* 2208 ★★★★★	
	- *Haute-Savane* 2209 ★★★★★	
BLOND Georges	*Moi, Laffite, dernier roi des flibustiers* 2096 ★★★★	
BOLT Robert	*Mission* 2092 ★★★	
BOMSEL M.-C. & QUERCY A.	*Pas si bêtes* 2331 ★★★ illustré	
BORGES & BIOY CASARES	*Nouveaux contes de Bustos Domecq* 1908 ★★★	
BOVE Emmanuel	*Mes amis* 1973 ★★★	
BOYD William	*La croix et la bannière* 2139 ★★★★	
BRADFORD Sarah	*Grace* 2002 ★★★★	
BREILLAT Catherine	*Police* 2021 ★★★	
BRISKIN Jacqueline	*La croisée des destins* 2146 ★★★★★★	
BROCHIER Jean-Jacques	*Odette Genonceau* 1111 ★	
	Villa Marguerite 1556 ★★	
	Un cauchemar 2046 ★★	
BURON Nicole de	*Vas-y maman* 1031 ★★	
	Dix-jours-de-rêve 1481 ★★★	
	Qui c'est, ce garçon ? 2043 ★★★	
CALDWELL Erskine	*Le bâtard* 1757 ★★	
CARS Guy des	*La brute* 47 ★★★	
	Le château de la juive 97 ★★★★	
	La tricheuse 125 ★★★	
	L'impure 173 ★★★★	
	La corruptrice 229 ★★★	
	La demoiselle d'Opéra 246 ★★★	
	Les filles de joie 265 ★★★	
	La dame du cirque 295 ★★	
	Cette étrange tendresse 303 ★★★	
	La cathédrale de haine 322 ★★★	
	L'officier sans nom 331 ★★	
	Les sept femmes 347 ★★★★	
	La maudite · 361 ★★★	
	L'habitude d'amour 376 ★★	
	La révoltée 492 ★★★★	
	Amour de ma vie 516 ★★★	
	Le faussaire 548 ★★★★	
	La vipère 615 ★★★★	
	L'entremetteuse 639 ★★★★	
	Une certaine dame 696 ★★★★	

DJIAN Philippe	*37°2 le matin* 1951 ★★★★
	Bleu comme l'enfer 1971 ★★★★
	Zone érogène 2062 ★★★★
	Maudit manège 2167 ★★★★★
DORIN Françoise	*Les lits à une place* 1369 ★★★★
	Les miroirs truqués 1519 ★★★★
	Les jupes-culottes 1893 ★★★★
DOS PASSOS John	*Les trois femmes de Jed Morris* 1867 ★★★★
DUMAS Alexandre	*La dame de Monsoreau* 1841 ★★★★★
	Le vicomte de Bragelonne
	2298 ★★★★ & 2299 ★★★★
DUTOURD Jean	*Henri ou l'éducation nationale* 1679 ★★★
DYE Dale A.	*Platoon* 2201 ★★★
DZAGOYAN René	*Le système Aristote* 1817 ★★★★
EGAN Robert & Louise	*La petite boutique des horreurs* 2202 ★★★ illustré
EXBRAYAT Charles	*Le Château vert* 2125 ★★★★
FEUILLÈRE Edwige	*Moi, la Clairon* 1802 ★★
FLAUBERT Gustave	*Madame Bovary* 103 ★★★
FRANCOS Ania	*Sauve-toi, Lola !* 1678 ★★★★
FRISON-ROCHE	*La peau de bison* 715 ★★
	La vallée sans hommes 775 ★★★
	Carnets sahariens 866 ★★★
	Premier de cordée 936 ★★★
	La grande crevasse 951 ★★★
	Retour à la montagne 960 ★★★
	La piste oubliée 1054 ★★★
	La Montagne aux Écritures 1064 ★★★
	Le rendez-vous d'Essendilène 1078 ★★★
	Le rapt 1181 ★★★★
	Djebel Amour 1225 ★★★★
	La dernière migration 1243 ★★★★
	Le versant du soleil 1451 ★★★★ & 1452 ★★★★
	Nahanni 1579 ★★★ illustré
	L'esclave de Dieu 2236 ★★★★★★
GALLO Max	*La baie des Anges :*
	1- La baie des Anges 860 ★★★★
	2- Le palais des Fêtes 861 ★★★★
	3- La promenade des Anglais 862 ★★★★
GEDGE Pauline	*La dame du Nil* 1223 ★★★ & 1224 ★★★
	Les Enfants du Soleil 2182 ★★★★★
GERBER Alain	*Une rumeur d'éléphant* 1948 ★★★★★
	Le plaisir des sens 2158 ★★★★
	Les heureux jours de Monsieur Ghichka 2252 ★★

2359

Impression Brodard et Taupin
à La Flèche (Sarthe) le 30 mai 1988
6539-5 Dépôt légal mai 1988
ISBN 2-277-22359-X
1er dépôt légal dans la collection : avril 1988
Imprimé en France
Editions J'ai lu
27, rue Cassette, 75006 Paris
diffusion France et étranger : Flammarion